本项目由教育部人文社会科学规划项目（12YJA790004）资助

我国个人所得税免征额制度研究

曹桂全 著

南开大学出版社

天 津

图书在版编目(CIP)数据

我国个人所得税免征额制度研究 / 曹桂全著. 一天
津：南开大学出版社，2017.3
ISBN 978-7-310-05344-5

Ⅰ. ①我… Ⅱ. ①曹… Ⅲ. ①个人所得税－税收制度
－研究－中国 Ⅳ. ①F812.424

中国版本图书馆 CIP 数据核字(2017)第 040402 号

南开大学出版社出版发行
出版人：刘立松
地址：天津市南开区卫津路 94 号　　邮政编码：300071
营销部电话：(022)23508339　23500755
营销部传真：(022)23508542　　邮购部电话：(022)23502200
*
唐山新苑印务有限公司印刷
全国各地新华书店经销
*
2017 年 3 月第 1 版　　2017 年 3 月第 1 次印刷
230×160 毫米　16 开本　15.75 印张　2 插页　223 千字
定价：38.00 元

如遇图书印装质量问题，请与本社营销部联系调换，电话：(022)23507125

序 言

　　个人所得税（简称个税）在我国社会经济生活中逐渐起到越来越大的作用，国家也越来越重视个人所得税的作用。2000 年，个人所得税收入只有 659.64 亿元，到 2015 年已经达到 8,618 亿元，个人所得税占总税收的比重也从 5.24%上升到 7.79%，占国内生产总值（GDP）比重从 0.66%上升到 1.27%。但是，我们也看到，我国个人所得税还存在一些问题值得研究和思考。首先，与经济发达国家相比，我国个税在社会经济中的作用还相对较小，不仅个税规模较小，而且人们期望的个税再分配调节作用也很有限。其次，我国个税税法进行了多次修正，免征额（即税法中的"费用扣除标准"）进行了 2006 年、2008 年和 2011 年三次调整，明确对一些新收入形式的征管方法，加强了对高收入者的征管，从起初的地方税种改革为中央和地方共享税种，但是，我国个税税制仍有很多方面需要完善，比如税制模式方面仍然采取分类税制，免征额标准方面对工资薪金所得规定了单一的费用扣除标准（也就是当前的每个纳税人每月 3,500 元），而且免征额多年调整一次而没有规范的调整秩序，个税税收增长波动远高于经济增长和总税收波动，缺乏稳定性。最后，免征额制度不健全，在免征额调整的热点中，形成了关于免征额调整的诸多不同认识，比如认为免征额调整弱化了个税应有的功能，使免征额调整陷入尴尬境地。这表明，尽管我国个税作用明显增强，但个税税制尤其是免征额制度还存在不少问题，而如何认识这些问题还需要进一步的研究。

　　本书是作者承担的教育部人文社会科学规划项目（12YJA790004）的部分研究成果，是关于我国个税免征额制度的专题研究，力图梳理个税免征额制度理论，认识我国个税免征额标准确定方法和免征额调整方式，从而对我国个税免征额标准及其调整方式对税收规模、个税功能的影响做出合理解释，发现其中的不足，指出改革方向。全书从个税免征额的内涵、价值、免征额标准确定方法、免征额调整方式等方面对免征额理论进行了梳理，对我国个税免征额制度及其实践从个税免征额标准确定方法、免征额调整方式及其对税收规模的影响进行了考察，提出了关于改革我国个税免征额制度的建议。其中突出的理论创新和发现主要有以下几个方面：

第一，明确了免征额价值理论。免征额价值是保证居民基本生活费用支出不纳税，是实现个税成为良税的基础，对形成税收累进性也具有积极意义，实现免征额价值在个税税制中具有优先地位。免征额调整不过是免征额价值的动态体现，是持续实现免征额价值的要求，由于存在通货膨胀等因素，免征额调整具有必然性，免征额不调整将有损免征额价值，危及个税良税性质，在这个基础上追求个税功能是不现实的。按照当前我国的免征额确定方法，3,500元的标准化免征额在 2016 年将出现不足，应当在 2017 年进行调整，否则危害很大。我们认为通过降低免征额来扩大税收规模、提高个税功能、发挥个税在提高直接税比重中的建议是不可取的。

第二，提出了免征额确定方法理论和免征额局限性理论。作者对个税免征额的内涵、价值和免征额标准确定方法进行了考察，发现了免征额标准确定处于完全标准化免征额和依据纳税人实际进行确定的完全差异化免征额的选择范围。我国选择的是完全标准化免征额，而美国个税免征额标准确定方法体现了标准化和差异化的结合。但无论如何，免征额标准确定都不可能避免在税收公平和效率方面的局限性，免征额局限性理论是本书的创新性之一，有助于增强对免征额制度的认识，也有助于对免征额制度实践效果的认识。比如，有一些学者认为，我国提高个税免征额后，原来收入低于免征额的低收入者没有从中获得任何利益，而原来收入高于免征额的高收入者则获得利益，是不公平的，并以此为由不赞成提高免征额。根据免征额局限性理论，我们不能仅仅因为免征额具有这方面的问题，就放弃免征额调整，关键的问题是比较局限性的危害程度与免征额调整保证持续实现居民基本生活费用支出不纳税的价值。

第三，提出了免征额适应性调整方式及其对税收规模影响理论。作者认为，免征额应当进行适应性调整，比如适应通货膨胀进行及时调整，适应居民基本生活实际费用支出增加而及时调整。同时，在进行适应性调整过程中，免征额调整幅度不会超过居民收入增长幅度，居民收入增长在个税累进税率结构之下必然带来税收规模扩大而不会降低，免征额价值与个税功能具有可协调性。我们可以推断，实际居民收入增长是个税规模的决定性因素。

第四，提出了标准化免征额理论。通过对中国个税免征额确定方法实践的考察，作者提出了标准化免征额理论，这是我国个税免征额确定方法的特征，即参考城镇居民人均消费支出、城镇职工平均负担系数确定标准化免征额。我国工资薪金所得税免征额实际是纳税人免征额，不是不考虑家庭赡养负担，而是平均考虑的，因此不是个人免征额。标准化免征额完全平均化考虑纳税人及其家庭基本生活费用支出、赡养负担，完全放弃了关于纳税人及其家庭在基本生活费用支出、赡养负担方面存在差异化的考虑，不公平性问题突出，应当进行改革。

第五，提出了免征额累积性调整方式及其对税收规模影响理论。通过对中国个税免征额调整实践的考察，作者提出我国个税免征额没有采取适应性调整方式，而是采取集中性、大规模、长周期的调整，这就是累积性调整方式。累积性调整包括后向型、前向型和混合型三种类型。我国实际采取的是混合型累积性调整方式，与应有免征额标准相比，存在偏高、适当和不足三种情形，导致与应有税收规模相比的税收不足、合理、过度三种情形，从而成为税收规模波动的原因。当然，税收规模是否实际下降，还要看决定税收规模的居民收入增长情况，这样才能客观评价免征额调整对税收规模以及个税再分配效应的影响。免征额累积性调整方式在我国个税纳税人较少、税收规模不大、个税重要性不高的情况下，问题也不是很大，而在当前情况，弊端已经很突出，尤其是 2011 年 9 月的免征额调整具有很大的前向型累积性（有人称之为"前瞻性"），考虑可以多年适用，但成为 2012 年税收规模比 2011 年下降的重要因素，这种累积性调整方式应当转变。

第六，对我国个税免征额调整对个税规模的影响进行了实证分析。作者通过对免征额调整、城镇职工工资增长、城镇职工负担的消费支出增长在各个免征额适用期间、混合型免征额累积性调整期间的比较，预期免征额调整不会总体上降低税收规模，但是免征额调整年与调整前一年相比，存在不同程度的税收规模波动，而我国2000—2014 年的税收规模变动实际与此相符。无论从理论上，还是从实践上看，累积性调整方式存在严重问题，导致了税收规模的不合理波动（从而个税功能也会波动），这与前述理论相符。认为个税免征额调整恶化了个税再分配效应的判断依据之一是免征额调整年的税收规模比前一年下降，显然忽略了免征额适用期间的总体效果，而且调整前一年存在过头税，不适合作为比较的基础；依据之二是同一收入分配之下高免征额对应低税收，这显然忽略了居民收入增长的税收效应，总体上缺乏理论支撑，也不符合我国税收规模变动实际。如前所述，2015 年在保持 3,500 元免征额不变的条件下，个税占国内生产总值的比重已经达到 1.27%，超过了存在过头税的 2011 年（1.25%）。我国个税免征额标准确定方法和调整方式的确存在问题，甚至问题也很严重，但没有必要较大范围地否认之前进行的改革。科学研究应当尽可能客观。

第七，提出了关于免征额制度改革与税制模式改革的关系的看法。我国当前面临的个税税制改革的重要任务是实行综合和分类相结合的税制模式。一方面，我们看到，进行免征额确定方法改革，如果采取类似美国联邦个税的个人免征额和分项扣除（同时设立标准化扣除）相结合的、标准化与差异化相结合的免征额确定方法，必须以建立综合和分类相结合税制模式为前提，税制模式改革具有基础性。而且，我们之所以进行税制模式改革，不仅仅是为了实行计算综合税基，也是为了免征额制度改革的推进；另一方面，如果税制模式改革缓慢，那么，在 2017 年也应当及时进行免征额调整，同时改变长周期的、大幅度前向型免征额累积性调整方式，不大幅提高免征额，保证其能在当年使用即可。所以，我们也不需要将免征额调整与税制模式改革对立起来。

本书留下了两个问题值得进一步研究。一是，我国当前个税免征额标准参照城镇居民消费支出确定，经济不发达条件下的消费支出较大部分都属于基本生活费用支出，而在经济逐渐发达的条件下，这种情况将会发生变化，参照城镇居民消费支出确定免征额标准将出现偏高的情况，这需要国家组织力量进行研究。二是，免征额标准中引入考虑纳税人及其家庭基本生活费用支出实际的因素是必然趋势，但是究竟引入哪些支出项目，以及如何处理个人免征额与分项扣除关系，如何处理免征额与其他税制因素的关系，本书作者进行了一些分析，但还没有具体方案。这恐怕是免征额制度改革的难点，也是个税税制整体改革需要攻坚的课题。

本书作者希望通过序言对本书做一个介绍，帮助读者初步了解本书，如果能引导读者对本书产生兴趣，就达到了撰写序言的目的，书中观点和论证要靠读者自己评判。

目 录

第 1 章

绪 论

1.1 研究背景和研究主题

1.1.1 我国个人所得税的功能和作用仍然较弱

个人所得税具有筹集财政收入和调节收入分配的重要作用，是当代经济发达国家重要的税种。2003 年，30 个经济合作与发展组织（OECD）国家的个人所得税占总税收比重平均（不加权）达到 24.9%，其中比重最高的是丹麦，达到 53.1%，最低（除墨西哥没有个税外）的是斯洛伐克，比重为 10.8%。典型的国家如法国为 17.5%，德国为 23.9%，日本为 17.5%，瑞典为 31.3%，英国为 28.7%，美国为 35.3%（欧尼斯（Ownes），2006）。我国个人所得税制度始于 1980 年，1993 年颁布修改后的个人所得税法实现了税制统一，自 1994 年开始实施，标志着我国个税制度的形成。21 世纪之前，我国城乡居民收入水平较低，税收规模较小。进入 21 世纪以来，税收绝对规模增长较快，从 2000 年的 659.64 亿元增加到 2014 年的 7,376.57 亿元。从个税税收占 GDP 比重表示的相对规模看，21 世纪也有较快增长，但 2011 年达到的峰值也只有 1.25%。同时，尽管我国强调建立所得税和流转税并重的双主体税种结构，但个税收入比重最高也只有 2005 年的 7.28%（见表

1.1)。

表 1.1 我国个税收入规模（2000—2014 年）

年份	个税税收 （亿元）	个税税收 增长率 （%）	总税收 （亿元）	总税收 增长率 （%）	个税占总 税收比重 （%）	GDP （亿元）	GDP 增长率 （%）	个税占 GDP 比重 （%）
2000	659.64	—	12,581.51	—	5.24	99,776.3	—	0.66
2001	995.26	50.88	15,301.38	21.62	6.5	110,270.4	10.52	0.90
2002	1,211.78	21.76	17,636.45	15.26	6.87	121,002.0	9.73	1.00
2003	1,418.03	17.02	20,017.31	13.5	7.08	136,564.6	12.86	1.04
2004	1,737.06	22.5	24,165.68	20.72	7.19	160,714.4	17.68	1.08
2005	2,094.91	20.6	28,778.54	19.09	7.28	185,895.8	15.67	1.13
2006	2,453.71	17.13	34,804.35	20.94	7.05	217,656.6	17.09	1.13
2007	3,185.58	29.83	45,621.97	31.08	6.98	268,019.4	23.14	1.19
2008	3,722.31	16.85	54,223.79	18.85	6.86	316,751.7	18.18	1.18
2009	3,949.35	6.1	59,521.59	9.77	6.64	345,629.2	9.11	1.14
2010	4,837.27	22.48	73,210.79	23	6.61	408,903.0	18.31	1.18
2011	6,054.11	25.16	89,738.39	22.58	6.75	484,123.5	18.4	1.25
2012	5,820.28	-3.86	100,614.3	12.12	5.78	534,123.0	10.33	1.09
2013	6,531.53	12.22	110,530.7	9.86	5.91	588,018.8	10.09	1.11
2014	7,376.57	12.94	119,158.1	7.81	6.19	636,138.7	8.18	1.16

注：各项收入指标均为名义量。
资料来源：国家统计局，国家数据网站，http://data.stats.gov.cn/。

从收入分配功能看，根据瓦斯塔夫（Wagstaff，1999）的研究，丹麦等 12 个 OECD 国家之中，再分配效应最强的芬兰达到了 16.09%，再分配效应最弱的法国也达到了 4.78%。其他典型国家如美国为 9.29%，英国为 8.54%，德国为 10.79%，瑞典为 13.18%。限于数据可得性，对我国个税再分配调节效果的研究结论差别比较大，且仅能测算个税对城镇居民收入分配的调节作用，但普遍认为我国个税再分配调节效果很弱。其中，根据城镇住户调查的税收数据估计个税降低城镇居民收入差距低于 1%，例如佘红志（2010）、万莹（2011）、彭海艳（2011）、石子印和张燕红（2012）、曹桂全和任国强（2014）；而利用住户调查的收入数据和微观模拟方法测算税收，估计个税调节能力则要强一些，再分配效应可以达到 2% 到 4%，例如，张世伟和万相昱（2008）、岳希明和徐静（2012）以及徐建炜、马光荣和李实（2013）。

总体上看，之所以我国个税税收规模较小、再分配调节效果弱，可以从税制、征管和居民收入水平三个方面寻找原因，但是不同研究者强调的侧重点不同，有的强调税制不公平，有的强调征管不利，有的强调居民收入水平低。税制公平是税收制度的基础，不能期望一个不公平的税制去发挥税收再分配调节作用，我国的个税分类税制模式、平均化免征额制度和免税收入过宽存在较大问题，改革和完善税制是重要的。个税征管相对复杂，加之重视不够，手段相对落后，征收率低是个税调节效果弱的重要因素，通过加强征管提高税收和扩大再分配效应有较大空间。个税为中央和地方共享税而由地方政府征收，为地方政府实行个税优惠政策创造了空间，一些地方政府利用个税返还政策实施招商引资和招揽人才。但比较而言，个税规模小、平均税率低、再分配效应弱的决定性因素是居民收入水平低，提高个税再分配效应和扩大个税功能必然是长期任务。

2006 年以来，我国个税税制改革实施主要是在免征额调整问题上，这就使研究者对免征额调整对税收规模、个税再分配效应的影响给予了特别关注，并观察到个税规模变动与免征额调整的关联性，不少研究者将个税免征额调整与个税规模小、再分配效应弱、个税功能不强联系起来。

1.1.2 免征额调整对个人所得税功能的影响引起关注

免征额是个税税制的重要因素，我国 1993 年修改后的税法规定了适用于工资薪金所得每月 800 元的免征额扣除方法（本书除非注明，否则中国个税免征额均指工资薪金所得的每月免征额），并从 1994 年一直适用到 2005 年。2006 年，工资薪金所得税免征额从 800 元调整为 1,600 元，开始了个税税制改革的新时期。自 2008 年 3 月 1 日起，免征额由 1,600 元调整为 2,000 元，这是工资薪金所得免征额的第二次调整。从 2011 年 9 月开始，免征额调整为 3,500 元，这是工资薪金所得免征额的第三次调整。第三次免征额调整的同时，减少了工资薪金所得的税率累进级次，从九级超额累进税率减少为七级，将最低边际税率降低为 3%，将适用 25%的税率等级降低到 20,000 元，将适用 45%边际税率的应纳税所得额从 100,000 元降低到 80,000 元。

为表示免征额调整与个税税收变动对比关系，表 1.2 给出了 2000—2014 年个税免征额、居民收入（以城镇职工工资衡量）和税收增长的对比情况，其他相关情况参见表 1.1。直观地看，税收规模变动明显受到免征额调整的影响。2006 年免征额调整时，GDP 和居民收入增长超过了 2005 年，但个税税收增幅低于 2005 年，2006 年税收占 GDP 比重仅与 2005 年持平（1.13%）。2008 年免征额调整时，税收增长率比 2007 年大幅下降了 13 个百分点，比 GDP 和居民收入增长下降幅度大得多，税收占 GDP 比重也小幅下降了 0.01 个百分点。2011 年 9 月免征额调整的效果从 2012 年开始显现，而 2012 年税收绝对规模和税收占 GDP 比重双双下降，尤其是出现了税收绝对规模的唯一一次下降。

表 1.2 我国个税的免征额、居民收入与税收规模（2000—2014 年）

年份	月标准免征额（元）	月平均工资（元）	月平均工资增长（%）	个税税收（亿元）	个税税收增长率（%）
2000	800	778	—	659.64	—
2001	800	906	16.45	995.26	50.88
2002	800	1,035	14.23	1,211.78	21.76
2003	800	1,170	13.04	1,418.03	17.02
2004	800	1,335	14.10	1,737.06	22.5
2005	800	1,517	13.63	2,094.91	20.6
2006	1,600	1,738	14.57	2,453.71	17.13
2007	1,600	2,078	19.56	3,185.58	29.83
2008	2,000	2,408	15.88	3,722.31	16.85
2009	2,000	2,728	13.29	3,949.35	6.1
2010	2,000	3,045	11.62	4,837.27	22.48
2011	2,000	3,483	14.38	6,054.11	25.16
2012	3,500	3,897	11.89	5,820.28	-3.86
2013	3,500	4,290	10.08	6,531.53	12.22
2014	3,500	4,695	9.44	7,376.57	12.94

注：（1）2008 年 1—2 月的免征额实际为 1,600 元，2011 年 9—12 月的免征额实际为 3,500 元，表中统一写为 1,600 元和 2,000 元。（2）月平均工资为城镇单位就业人员平均工资。（3）工资等收入指标均为名义量。

资料来源：国家统计局，国家数据网站，http://data.stats.gov.cn/。

从个税占总税收比重看，2000—2005 年，个税占总税收比重持续增长，2005 年达到最高（7.28%），但 2006 年转而下降。2008 年和 2012 年个税占总税收比重也明显由于免征额第二次、第三次调整而下降，尤其是 2012 年比 2011 年下降了 0.97 个百分点，幅度很大。税制稳定下来之后，2013 年和 2014 年的税收相对规模开始小幅爬升。因此，将个税占税收比重下降与免征额调整联系起来是很正常的。

基于此，出现一些很重要的文献，从免征额调整的角度分析我国个税规模小、再分配效应弱的原因，详细的文献评述可以参见本书第 1.2 节和第 6.4 节。这里着重指出，将我国个税规模小、再分配效应弱归结为免征额调整甚至进而不赞同免征额调整的原因大致有六种。①我国个税免征额已经足够高，且我国缺乏合适的物价指数进行调整，不具备调整的条件，美国联邦个税的个人免征额只相当于其贫困线的一半，我国个税免征额没有必要提高。②将免征额调整等同于提高，看不到免征额调整部分原因是针对通货膨胀的调整，并不是实际免征额提高，也认识不到存在实际免征额提高的需要，从而否认免征额调整。③认为提高个税免征额对低收入者没有利益或者利益很少，而高收入者获益更多，存在明显不公平，甚至扩大收入差距，不利于发挥个税再分配调节功能，从而认为提高免征额不公平。④提高免征额减少应税所得，降低平均税率，不利于增加个税税收，也不利于实现提高直接税比重的政策目标。⑤个税再分配效应取决于个税税收累进性和平均税率，提高免征额尽管可能提高税收累进性，但降低了平均税率，而平均税率对再分配效应起决定性作用，提高免征额的结果是弱化再分配效应。也有文献认为，3,500 元的免征额已经使我国个税税收累进性达到最大，进一步提高免征额已经没有任何必要，只能降低再分配效应，不利于扩大个税再分配调节功能。岳希明和徐静（2012）认为，2011 年的免征额调整与扩大个税再分配调节功能的要求是背道而驰的，应该做的不是提高免征额，而是提高税率和降低免征额。徐建炜、马光荣和李实（2013）进行了实证分析，验证了提高免征额降低再分配效应的结果，认为 2006 年以来的以免征额调整为核心的税制改革恶化了个税再分配效应。⑥将免征额调整与发挥个税功能、进行综合和分类相结合税制模式对立起来，认为税制模式改革重要，发挥个税功能重要，而免征额调整是局部的小事，不应过度关注，否则会误导我国个税改革。

应当说，免征额调整具有税收变动效应。但是，上述认识没有对我国免征额制度的特征和调整方式的特点进行考察，缺乏对免征额调整机制的理解，存在夸大免征额调整对个税功能影响的倾向，这将是本书研究的重点内容。本书的研究观点为：①个税免征额价值在于使居民基本生活费用不课税。免征额标准应当以居民基本生活费用支出充分扣除为基本准则，尽管关于居民基本生活和基本生活费用支出缺乏严格的界定，但如果认为当今中国每个城镇居民每月只需要 400 元（对应于 800 元的免征额）就能满足基本生活需要，则显然与实际情况距离太远了。美国个税免征额不仅包括个人免征额一项，还有比个人免征额更高的分项扣除（或者标准扣除），A. 马斯格雷夫和 B. 马斯格雷夫早就指出美国个税免征额相当于贫困线的界定标准。[①]按理来说，美国联邦政府不会向收入不到贫困线一半的居民征收个人所得税的，任何理性的政府也都不应该如此。②个税免征额是决定个税性质的基础性税制要素，免征额价值不能实现的个税将丧失良税的性质，也就不能奢谈个税功能。由于物价水平上升、居民基本生活内涵和范围扩大，免征额调整（名义量提高）和提高（实际量提高）都具有必然性。免征额随物价进行调整，并不等于免征额的实际提高。除了免征额，其他个税的收入量比如纳税等级也应进行指数化调整，不调整将导致通货膨胀税。我国个税免征额调整还有一个重要原因，那就是经济体制改革导致居民承担的基本生活费用支出增加（原来为国家或者所在单位承担），免征额应当将这部分变动考虑进去，以配合改革的进行。③个税免征额与其他公共制度一样，也有局限性。个税免征额一旦设立就存在局限性，因为没有收入的居民不能得到免征额带来的税收减少利益。存在免征额的条件下，调整免征额也存在类似的问题，无法使本来收入低于原免征额的居民获得利益，而高收入者能够

---

①A. 马斯格雷夫，B. 马斯格雷夫. 财政理论与实践（第五版）. 北京：中国财政经济出版社，2003：337-338.

扣除的收入则是充分的。但是，不能夸大免征额的局限性，更不能因为有局限性就否认免征额和免征额调整的价值，而是要认识局限性形成的原因，并通过一些制度设计，抑制局限性。美国免征额制度之所以复杂，一部分原因就在于抑制免征额的局限性，比如纳税人个人免征额数量缩减制度、分项扣除限制制度。④现有文献缺乏对免征额调整实质的认识，只能从静态上看待免征额调整。免征额调整应当是适应物价水平等变化而进行的调整，而不是其他因素都不变条件下的调整。假定免征额是适应物价水平而调整的，物价涨了 10%，即使实际居民收入没有增长，名义收入增加了 10%，免征额也提高 10%，平均税率也就不会降低。如果物价涨了 10%，免征额不变，相当于提高了税率，税收当然增加了，但这不是国家税收追求的目标，没有一个理性的国家通过通货膨胀来征税的。实际上，税收增加应当来源于实际居民收入增加，这就是居民收入增加的税收效应。假定居民名义收入增长 15%，物价上涨 10%，实际居民收入增长 5%，免征额适应物价变化增长 10%，平均税率必然将提高。认为免征额提高必然降低平均税率的观点一方面陈述了一个简单算术关系，另一方面对国家政策来说则是荒谬的。其实质是静态地看待免征额调整，忽略了经济动态变化过程中的居民收入增长的税收效应。表 1.1 显示，2007 年、2009 年和 2010 年免征额没有调整，但是个税占总税收比重也出现了下降；2009 年免征额没有调整，也出现了个税税收占 GDP 比重的下降。所以，简单地将个税税收的变化全部归结于免征额的提高是不合理的，居民收入才是决定税收规模和平均税率的关键因素。⑤现有文献缺乏对我国个税免征额确定方法和调整方式特征的认识。我国个税免征额的特征之一是采用统一的标准化免征额，加剧了免征额制度的局限性。我国个税免征额的特征之二是采取多年集中累积性调整一次的调整方式，每次调整并不（只）是针对上一年免征额的调整，2006 年的调整并不（只）是针对 2005 年，2008 年 3 月的调整不（只）是针对 2007 年，2011 年 9 月的调整不（只）是针对 2010 年。在这种情况下，用免征额调整年的税收规模、平均税率与再分配效应与调整前一年相比较，并不能说明调整结果合理与否，而是在更大程度上说明这种调整方式合理与否。2006 年调整免征额，假定从 2005 年的 800 元提高到 2006 年的 1,600 元是合理的，则肯定 2005 年适用 800 元也已经过低、不合理了，而 2005 年已经实际采用了 800 元的免征额，必然存在过重的税收负担、过头税。那么，即使 2006 年平均税率比 2005 年降低，也没有什么理由说这种降低是不合理的。

基于此，有不少关于我国个税免征额制度的理论问题需要认识，有不少实践问题需要解决，研究我国个税免征额制度是非常必要的。本书认为，正是由于缺乏系统的个税免征额制度和免征额调整理论，导致了对我国个税免征额调整效应的认识存在片面化、不科学的问题，这将是本书研究的重要内容。免征额制度和免征额调整理论大致应当包括的内容是：免征额的内涵、价值和标准，免征额标准的确定方法，免征额调整的必要性和调整方式，免征额调整的税收效应，等等。为此，本书将首先对这些内容进行研究。

1.1.3 正确认识个人所得税免征额调整与税制改革关系

从国家对个税及其改革的要求看，大致提出了三个政策方向。一是建立实行综合和分类相结合的个人所得税制。税制改革的目标是使应税所得额更公平衡量纳税能力，实现更公平的税负，同时能够更合理地实施费用扣除。二是加大个人所得税调节力度。税收、社会保障、转移支付是主要的再分配调节机制，个税调节是税收调节的重点。三是个人所得税肩负着提高直接税比重的任务。《中共中央关于全面深化改革若干重大问题的决定》提出，要完善税收制度，逐步提高直接税比重。提高直接税比重将依靠个人所得税。

当前，我国个税改革正处于方案制定阶段，如何进行税制改革以有利于上述政策目标的实现，是迫切需要研究的领域。但是，一些文献认为调整免征额减少了税收、降低了平均税率，甚至导致扩大收入差距的结果，与加大个税再分配调节的政策方向、扩大直接税比重的政策方向不符合，从而提出将个税改革的重点放到建立综合和分类相结合的税制上去，甚至出现停止免征额调整的政策倾向，这是值得深入研究的。

这实际上是提出了免征额调整与个税功能关系、免征额调整与税制改革关系的课题。税制改革方向无疑是正确的，加强个税调整功能的方向也是正确的，提高直接税的作用也是世界各国的普遍经验。但是，免征额调整具有其客观性，以税制改革来否认免征额调整并无道理。我国个税改革面临的问题是如何在税制改革中对免征额制度进一步完善，而不是简单放弃免征额调整，但是实际上又缺乏关于免征额调整与个税功能发挥之间关系的成熟理论。极端的例子是，从免征额与平均税率关系看，给定居民收入，高免征额伴随低平均税率，那么，为提高个税比重，就要降低免征额，这表面上符合国家提高直接税比重的政策方向，但是将损害个税性质，很难说是发挥个税应有功能。个税具有优良的性质，一个国家才去追求发挥个税功能，如果个税的优良性质不能保证，那么个税功能也就无从谈起。问题的实质是，在免征额价值实现的基础上，能否逐渐提高个税税收规模、扩大再分配效应。为此，本书将研究个税功能与免征额价值的关系，分析免征额调整对个税功能的影响机制，建立在免征额价值实现的基础上，个税税收增长和再分配效应扩大的持续有效机制。

1.1.4 我国个人所得税免征额标准和调整问题面临新选择

应该说，2006 年以来的三次免征额调整政策实践已经形成了关于免征额调整的必要性和免征额调整机制的初步认识，也对免征额调整与建立综合和分类相结合税制的关系给出了合理的解释。2005 年 8 月，财政部向全国人大常委会报告个税税法修正案时，提出了调整免征额的建议和理由，也提出了免征额调整的预期效果。报告提出，我国个税改革目标是建立综合与分类相结合的税制，更好地发挥个税组织财政收入和调节收入分配的作用，但是当时面临的紧迫问题是工资薪金所得免征额标准偏低。随着经济快速发展，职工工资收入和居民消费价格指数都有了较大的提高。1993 年，就业者中月工薪收入在800 元以上的约为 1%，2002 年升至约 52%。但是，职工家庭生活消费支出也呈上升趋势，一方面是物价水平上升，2003 年居民消费价格指数比 1993 年提高 60%；另一方面是教育、住房、医疗等社会化、市场化改革深入，导致居民消费支出明显增长。2004 年城镇职工的人均负担消费支出为 1,143 元/月，超过了每月 800 元的免征额，消费支出不能在税前完全扣除，税负明显加重。为使工资薪金所得免征额标准适应客观实际，建议将免征额从 800 元/月提高到 1,500 元/月，高于城镇职工的人均负担消费支出水平，以解决城镇居民生活费用税前扣除不足的问题，使中低工薪收入者不缴个人所得税或者税负较轻（金人庆，2005）。2011 年 4 月，财政部向全国人大常委会报告个税税法修正案时，对免征额调整的理念进行了进一步阐述。报告提出，个人所得税税法规定工薪所得免征额的目的，是为了体现居民基本生活费用不纳税的原则。当居民维持基本生活所需的费用发生较大变化时，免征额标准也应相应调整。到 2010 年，城镇职工的人均负担消费支出为 2,167 元/月，预计 2011 年达到 2,384 元/月。建议免征额标准由 2,000 元/月提高到 3,000 元/月。调整后，工薪所得纳税人占全部工薪收入人群的比重将由 28%下降到 12%左右（谢旭人，2011）。

但是，我国当前尚缺乏关于个税免征额制度和免征额调整的系统的和成熟的理论框架，政策实践并未全面推进，理论研究随政策基调而改变。2011 年 9 月第三次调整后的免征额已经持续了 4 年多，是否应当继续调整呢？2014 年 3 月第十二届全国人大二次会议记者会上，财政部部长楼继伟就个人所得税问题回答记者提问时表示，简单地提高个人所得税免征额并不公平，不能体现每个家庭的差异。我国个税面临着税制不合理的问题，要改革成为综合与分类相结合的个人所得税制，除了设立起点比较低的起征点之外，设立可以结合纳税人实际情况的分项扣除政策，这样的税制比较科学。[1]2015 年第十二届全国人大三次会议记者会上，楼继伟部长继续坚持了这个说法，个人所得税面临着税制不合理的问题，简单地提高个人所得税起征点并不公

---

① 楼继伟. 财政部长楼继伟答记者问（实录）. 2014 年 3 月 6 日. http://news.china.com/2014lh/news/11151572/20140306/18378676.html.

平，最根本的应该是改税制。①2016 年 3 月第十二届全国人大四次会议记者会上，楼继伟部长阐述说，简单地提高免征额是不公平的，是指统一费用减除标准本身就不公平，在不公平的统一费用减除标准之下持续提高减除标准就不是一个正确方向，需要增加专项扣除来考虑纳税人实际。②实际上，记者提出的问题是，2011 年 9 月以来，物价已经较大幅度上升，是不是免征额需要调整？楼继伟部长并没有回答，或者回避回答。其实，如果将免征额调整与个税税制改革结合起来，将是更加合理的选择。

虽然 2006 年以来我国个税政策实践落在了免征额调整上，但并不意味着这是国家政策关注的唯一问题，我国个税免征额的另一个重要问题是免征额标准的确定原则和确定方法的问题。无论是 2006 年前的 800 元，还是现在的 3,500 元，统一的标准化免征额是我国个税制度的重要特征之一。免征额调整是重要的问题，免征额标准的确定方法也是重要的问题。标准化免征额有简单易行的优势，在纳税人不多、税收规模不大的情况下，不公平问题也不明显，但是这种优势已经逐渐弱化，而不公平问题突出，免征额标准确定方法亟须改革和完善。我国个税免征额采取了个人基本生活费用完全平均化、纳税人赡养负担完全平均化的免征额确定方法，存在较大的不公平。我国个税免征额当前的标准是 3,500 元，实际上是纳税人家庭免征额，不过这个家庭是由纳税人及其平均赡养的人口组成的。也就是说，每个纳税人允许扣除的基本生活费用不是纳税人自己的基本生活费用，还包括纳税人赡养人口的基本生活费用，但是赡养人口是按照全国城镇职工平均（赡养）负担系数确定的，2013 年以来为 1.9，那么，个人的基本生活费用支出就是 1,842 元/月。我们知道，每个居民在正常情况下的基本生活费用可能相差不多，但是有时差别是很大的，应该予以考虑，差别对待。每个纳税人的赡养负担是不同的，不考虑是不公平的。楼继伟部长在记者会上提出，要考虑教育、住房贷款利息、医疗

---

① 楼继伟. 财政部长楼继伟就"财政工作和财税改革"答记者问. 2015 年 3 月 6 日. http://www.china.com.cn/zhibo/zhuanti/2015lianghui/2015-03/06/content_34947634.htm.

② 楼继伟. 逐步建立综合与分类相结合的个人所得税制. 2016 年 3 月 7 日. http://www.cs.com.cn/zt/2016lh/13/160307/01/201603/t20160307_4918290.html.

费用等进行扣除，这个方向是正确的。但是，究竟应当考虑哪些项目可以按照纳税人家庭实际支出允许扣除，是需要研究的。免征额标准确定方法和免征额调整是两个问题，改革了免征额标准确定方法并不排除免征额调整的问题。美国联邦个税免征额方法非常复杂，建立了诸多相对公平的扣除制度，但是免征额仍然需要逐年调整。2006 年我国实施免征额调整以来，有很多文献对个税免征额制度进行了研究，并从一开始就存在免征额调整的不同观点，开始的时候比较多的文献支持免征额调整，但是 2011 年后开始转变，认为免征额调整缺乏必要性甚至具有不利于个税功能发挥的负效应的观点逐渐增加。华生（2011）的观点具有代表性，他提出，大幅提高个税基本扣除额，就经济学分析而言，可以说是并无道理，大幅提高扣除额不是缩小而是扩大了收入差距，会进一步扭曲税收结构，个税扣除额的真正问题是要引入动态机制、特殊扣除和调整社保扣除的负担，但个税扣除额只是个税中小的局部问题。①总体上看，免征额标准的确定方法和免征额调整是我国个税免征额制度的两个核心问题，都需要进行改革和完善。那么，将免征额标准确定方法、免征额调整与个税税制模式改革协同推进，也是合理的。相反，将免征额调整与免征额标准、税制模式改革对立起来是不必要的。

虽然免征额制度是个税制度的一个方面，但毕竟也是一个重要方面，更不能简单地说是"局部的小问题"。免征额制度究竟应当如何改，是值得研究的问题。在税制改革的背景下，免征额制度改革如何纳入个税税制整体改革中去，也显得非常重要，简单地以税制改革重要而忽视免征额调整是不合适的。综合和分类税制之下，免征额也需要调整，不仅免征额需要调整，税制中涉及的名义收入量都需要调整。这需要建立一个科学合理的免征额标准来确定制度和免征额调整方式制度，并与税制模式改革协同推进。这将是本书研究的重要内容。

---

① 华生. 个税免征额调整的三大问题与改革方向. 中国证券报，2011 年 6 月 9 日第 A19 版.

1.1.5 研究的主题

我国个税和与个税免征额有关的事实、国家政策和相关文献提出了关于免征额制度研究的重要课题。我们看到，虽然国家立法文件明确了免征额的确定原则和调整依据，但对我国个税免征额的讨论缺乏理论共识。现有文献对我国个税免征额制度特征有所认识，对免征额调整的不良后果也有所认识，但认识仍是不清晰的，尤其是对免征额调整的税收效应和再分配效应的评价并没有结合我国个税免征额制度的特征，有很大的不合理性，值得商榷。从政策影响看，当前的文献将免征额调整在税制改革的背景下置于尴尬境地，本来顺理成章的免征额调整却被作为个税功能不足的"罪魁祸首"，似乎以实现免征额价值为目标的免征额调整与提高个税税收规模以至提高直接税比重的个税功能目标之间存在尖锐的对立，以至于要推进个税税制改革、发挥个税功能必须将免征额及其调整看作是小问题，推进税制改革就不能关注免征额问题。这迫切需要对免征额制度以及免征额与个税功能、免征额调整与税制改革的关系做出科学回答。

免征额的内涵和价值究竟是什么？免征额及其调整在个税改革和发展中应该扮演什么角色？免征额调整究竟是否公平，如果存在不公平，又是什么原因导致的不公平，怎么才能使免征额更加公平？免征额制度怎么改？免征额调整与个税功能实现之间是否存在冲突？为此，我们有必要深入认识个税免征额的内涵和功能，有必要深入认识我国个税免征额制度和免征额调整方式的特征，有必要认识免征额调整对税收、税收公平和再分配效应的影响。

本书研究包括免征额的内涵和价值理论、免征额标准确定方法、免征额调整方法、免征额调整效应等免征额制度理论，并对我国个税免征额标准确定方法、免征额调整实践及其效应进行分析，回答免征额调整与个税功能、税制改革关系等问题。首先，对个税免征额制度进行理论阐述，阐明个税免征额的内涵和价值、免征额标准确定的原则和操作的难题、免征额调整的必然性和应有的调整方式，以及免征额调整对税收收入、再分配效应等的影响机理；其次，分析我国个税免征额制度、免征额标准确定方法、免征额调整方式，充分认识我国个税免征额制度特征，并对我国免征额制度及其调整的效应进行分析，尤其是指出存在的不足和问题，同时对有关文献提出的观点进行辨析；最后，总结提出对我国个税免征额制度的认识，并提出改革建议。这些内容广泛，而且包括免征额理论和我国个税免征额制度实践两个方面的问题。本书的主题可以概括为：个税免征额制度理论与我国政策实践，相应地，本书书名确定为我国个人所得税免征额制度研究。

1.2 研究现状

现有文献是比较丰富的，对个税免征额理论和政策实践进行了研究，提出了很多新的认识，对一些问题做出了科学认识，但并不是对所有的问题都做出了很好的回答，一些文献提出的问题和观点还有待深入探讨。

1.2.1 关于免征额的内涵、功能和标准

随着 2005 年将免征额调整列为议事日程，国内关于免征额制度认识的研究开始出现。首先，在免征额概念的理解上，尽管存在差异，但是并没有原则性分歧，将免征额理解为对居民基本生活费用支出（生计支出）的扣除。对于免征额的英文一词，国内有的称之为exemption，如魏明英（2005），岳树民、卢艺（2009）；有的称之为allowance，如代金涛和宋小宁（2009），曹桂全和任国强（2014）；高亚军和周曼（2011）则强调免征额原为 personal allowance，之后演变为 exemption；彭月兰、李霞和王丽娟（2008）则称免征额为threshold；刘汉屏（2005）称免征额为 volume of exempt from taxation。但是，不同英文用语都表示免征额是税基的减除项，是对纳

税人及其家庭基本生活费用支出的减除。OECD 国家的文献倾向于使用 allowance 或者 personal allowance 表示免征额，[1]本书采取这种用法。

　　但是，对免征额定义的范围是有差异的。瓦斯塔夫和万·多斯勒（Wagstaff & Van Doorslaer，2001）将涉及个人所得税税基减少分为免征额（allowance）和扣除（deduction）两项，免征额减除未必是已经发生的支出，而扣除原则上是实际支出扣除。普法勒（Pfähler，1990）则将 exemption 和 allowance 合起来称为免征额（exemption and allowance），可见关于免征额的具体用词确有差异。但是，各国实际税制中并非任何扣除都一定属于免征额或者不属于免征额。美国联邦个人所得税的免征额包括两个部分，即个人免征额和分项扣除（或标准扣除），为了使免征额更能体现纳税人基本生活费用支出的实际，确定了标准化的个人免征额，并按照家庭赡养负担人口人均一份；而分项扣除则可以由纳税人根据法定项目据实申报扣除，也可以选择标准扣除。我国个税免征额是税法规定的从应税所得中减除的"费用"，扣除是由《个人所得税法实施条例》第 25 条阐明的，即按照国家规定，单位为个人缴付和个人缴付的基本养老保险费、基本医疗保险费、失业保险费、住房公积金，从纳税义务人的应纳税所得额中扣除。我国个税中的扣除与美国联邦个税的分项扣除是不同的，不属于免征额构成部分。基于此，我们进行免征额效应分析和国际比较的时候，应当区分其口径。

　　现有国内文献对免征额制度的内涵、基本功能和确定方法已形成总体一致的看法，但也有不同的表述。免征额作为应税所得的减除项目，首要目的是维持劳动力的生产和再生产，保证不因征税而使个人的基本需要丧失保障（魏明英，2005）。刘树艺（2010）认为，免征额是税法确定的最低生活费不课税原则的体现。如果国家一方面从最低生活费用中获取财政收入，另一方面又通过财政支出保证公民的最低生活待遇，那么这种征税方式是徒劳有害的，而且是对人身自由的一种限制，是对纳税人生存权的一种危害。在更高层次的意义上，免

---

[1] OECD 统计数据库. http://stats.oecd.org/Table I.1. Central government personal income tax rates and thresholds.

征额使个人所得只有超出其个人及家庭最低生活所需费用的部分始有负担能力，体现了宪法保障生存权的要求（岳树民和卢艺，2009）。关于免征额标准的依据的看法大同小异，魏明英（2005）认为免征额包括在正常状况下维持劳动者本人生活所必需的生活资料价值、维持劳动者家属所必需的生活资料的价值和劳动者的教育和训练费用三个部分。刘树艺（2010）认为，免征额应当相当于最低生活保障标准。彭月兰、李霞和王丽娟（2008）则认为，免征额作为对个人基本生存费用扣除，由纳税人为取得收入所必须支付的经常费用和养家糊口的生计费两部分组成。但是，按照通常的理解，纳税人为取得收入而必须支付的经常费用（或者称为工作费用）应当在确定应税所得时减除，以使应税所得反映真实纳税能力，而不是在确定应税所得额时减除。免征额是根据生计收入不课税的原则，将居民基本生活费用从应税所得中减除，这是总体上的共识。

除了具有实现居民基本生活费用不纳税的价值外，也有文献强调免征额的税收累进性效应，是个税再分配功能的基础之一。国际文献显示，免征额是个税税收累进性的重要来源。瓦斯塔夫和万·多斯勒（2001）对15个OECD国家的个税税收累进性分解分析表明，除澳大利亚之外的英语国家的个税税收累进性主要来源于免征额。曹桂全和任国强（2014）以天津城镇居民为样本的实证分析也指出，我国个税税收累进性的主要来源是免征额。因此，免征额基本价值是保障居民基本生活费用支出不课税，但是也具有税收累进性效应，从而使个税具有再分配调节功能。从原理上说，同样的免征额对于低收入者降低税负的作用更大，这就使税收呈现累进性。当然，这里的税负是指税负率（平均税率），而且具有累进性是指一般情形。文献中有一种观点，认为提高免征额没有给原来不纳税的居民带来任何利益，好处都让高收入者获得了。但是，我们可以设想，没有收入的人与有收入的人相比，设立免征额同样没有给没有收入的人带来利益而利益都让有收入的人获得了，按照这个逻辑，免征额就不应该存在了。所以，免征额的利益应该主要给予有收入的低收入者，免征额提高后，利益主要给予在原来免征额下纳税的低收入者。至于其他低收入者不能从免征额或者不能从免征额提高中获得利益，是个人所得税的局限，可以通过社会保障制度、基本公共服务制度来保障这些低收入者的利益。个税的税收累进性是从总体上看的，不能仅仅看本来就不纳税的部分居民或者其他低收入居民，这部分居民的确并不能从免征额调整中获得利益或者获得较多的利益。

对免征额的价值和功能也有不同的认识。高亚军和周曼（2011）认为，免征额属于税收优惠的范畴，是征税主体考虑到纳税人或者课税对象在社会和经济中的意义而给予的税收优惠，以减轻纳税人的负担或者鼓励纳税人从事某种产品生产或产业发展，是发挥税收政策导向作用的工具。虽然没有很多文献表达这种观念，但实际上一些研究者是持有这种态度的，这种观念的影响是深远的。如果免征额标准确定的依据是居民基本生活费用，那么，在一定条件下，免征额就应该是一个特定的数量。曹桂全和任国强（2014）认为，免征额设计和免征额调整会影响税收累进性和再分配效应，但是免征额本身并不是为再分配效应或者宏观税负的考虑而设计的，其依据是"生计收入不课税"的基本原则，免征额在特定条件下是一个"死数"，而不是相机抉择的政策变量。如果免征额作为税收优惠范畴，则免征额就将成为一个相机抉择的政策变量。免征额应当是一个特定的变量还是一个可以选择的政策变量，将会决定不同的政策方向。在免征额作为特定量的条件下，免征额制度改革和免征额调整的目标将是更好地反映居民基本生活费用支出实际；而在免征额作为一个相机抉择变量的条件下，免征额就会被根据各种宏观经济、资源配置、分配公平目标进行优化。不同的理念将导致不同的选择，而且这些政策选择又可能产生严重分歧。

还有研究者将个税功能进一步加以拓展。王万洲（2005）将免征额标准和调整问题上升到社会和谐的高度，阐述个人所得税免征额的确定如何达到一个社会和谐点，使免征额符合民心，符合调节收入差距的功能，能发挥社会公平效应，使个人和国家之间达到和谐状态。周伟和武康平（2011）将个税免征额引入拉弗曲线（Laffer Curve），发现最优税率有随个税免征额提高而下降的趋势，论证了适应地区收入水平和居民收入分布差异而设立不同的最优免征额和实行差别化税制。这些研究是沿着将个税免征额作为相机抉择的政策变量的方向进行的，而这样就可能产生政策选择冲突：如果个税免征额要实现对每个纳税人的基本生活费用扣除的价值，可能就无暇顾及社会和谐、最优税率的问题；如果以社会和谐、最优税率为目标，则可能否定免征额具有一个特定的数量。我们认为，应当以免征额价值为基础，同时也要分析，对居民基本生活费用扣除的免征额制度是否与社会和谐、最优税率追求的目标具有一致性。

1.2.2 关于我国个人所得税免征额标准的确定方法

研究我国个税免征额标准确定方法的文献相对较少，现有研究成果初步揭示了我国个税免征额确定方法中存在的问题。

首先，现有文献对我国个税免征额采取标准免征额扣除方法有所认识。魏明英（2005）提出，我国确定个税免征额标准时，没有充分考虑纳税人的实际状况，有悖于公平原则。在现实生活中，由于纳税人的婚姻状况、所赡养人口的多少各有不同，赡养人口中老人、儿童、残疾人的情况有所不同，与收入分配制度相关的住房、医疗、教育、就业、养老等制度的改革不同，使相同收入纳税人的生计费用支出不同。我国个税在免征额制度上采用定额扣除方法，没有考虑影响纳税人负担能力的具体因素，这种做法的好处是简便易行，但明显有失公允。

其次，针对全国各地区统一适用一个标准化免征额的情况，刘树艺（2010）提出，全国统一实施的免征额数额没有从具体国情出发，应该综合考虑我国各地的生活水平、居民收入和基本生活支出水平的差异性。全国统一实施免征额无法真实反映不同区域纳税人实际支出的基本生计扣除标准，会造成新的税负不公，有违税法中的税收公平原则，在实践中会遇到各地区调整或变相调整的问题。

最后，提出了我国个税免征额的平均化倾向。曹桂全和任国强（2014）认为，我国当前的免征额采取给予纳税人的、单一的费用扣除，是一般地、平均化地考虑了纳税人家庭基本生活消费支出确定的，这会导致实际基本生活费用支出不同的家庭之间税负不公平，实际基本生活费用支出高的税负重而支出低的税负轻，赡养负担系数高的税负重而系数低的税负轻。这是标准化免征额的弊端。

1.2.3　关于免征额调整的必要性

从我国个税第一次免征额调整之始，就存在免征额是不是应该调整（提高）的不同看法。按照免征额保障基本生活费用不纳税的原则来说，免征额调整要求是显然的，因为物价水平在变，免征额不调整就无法实现免征额对居民基本生活费用支出不课税的基本要求。现有文献从三个方面阐述了免征额调整的原因。第一个原因是免征额标准所依据的居民基本生活费用随社会经济发展而变化，人的基本生存需要不断提高，居民生存成本不断提高，免征额应当进行动态调整（彭月兰、李霞和王丽娟，2008）。第二个原因是物价水平是动态变化的，免征额长期不调整，其实际价值下降，数额偏低，原本按税法规定不必纳税的个人成了纳税人，违背了基本生活费用不纳税的原则（魏明英，2005）。第三个原因是我国处于经济体制改革时期，市场化、社会化改革使居民基本生活费用支出增加，免征额也应当进行相应调整（金人庆，2005）。

我国个人所得税免征额调整的立法精神已经全部包含了上述 3 个因素。2005 年 8 月，财政部向全国人大常委会报告个税税法修正案时，阐述了调整免征额的理由。我国个税改革目标是建立综合与分类相结合的税制，更好地发挥个税组织财政收入和调节收入分配的作用，但是当前面临的紧迫问题是工资薪金所得免征额标准偏低。随着经济快速发展，职工工资收入和居民消费价格指数都有了较大的提高，工薪收入在 800 元以上的比例从 1993 年约 1%提高到 2002 年的约 52%。但是，职工家庭生活消费支出也呈上升趋势，一方面是物价水平上升，另一方面是教育、住房、医疗等社会化、市场化改革深入导致居民消费支出明显增长，原来每月 800 元的免征额条件下，消费支出不能在税前完全扣除，税负明显加重，故建议提高免征额，以解决城镇居民生活费用税前扣除不足的问题，使中低工薪收入者不缴个人所得税或者税负较轻（金人庆，2005）。2011 年 4 月，财政部向全国人大常委会报告个税税法修正案时，进一步指出，当居民维持基本生活所需的费用发生较大变化时，免征额标准也应相应调整（谢旭人，2011）。总之，如果免征额不调整，随着经济增长和居民收入提高，纳税人增加，国家税收增加。但是，这是以居民基本生活费用扣除不足为代价的，违背了基本生活费用支出不课税、税收不侵蚀居民基本生活的原则，所以，免征额调整是非常必要的。

但仍然有不少文献持反对调整免征额的意见，这可以概括为 3 个方面：当前免征额已经足够高；免征额提高并不能使低收入者获益和提高再分配效应；提高免征额不利于提高个税占总税收比重，不利于税收结构的优化。刘汉屏（2005）认为，参照社会贫困线、城镇居民收入状况、最低工资标准等指标，个税免征额水平是合适的；提高免征额不利于发挥个税组织财政收入的作用，不利于提高个税在税收中的地位和作用；再分配调节作用也是以税收规模大为基础的，提高免征额将减弱其调节功能；该做的不是提高免征额，降低个税的收入比重，减弱其调节功能，而是相反。代金涛和宋小宁（2009）认为，2,000 元的免征额已经使工薪所得税纳税人主要为高收入群体，无须再指数化；且我国的居民消费价格指数（CPI）并不是生活费用指数，通货膨胀表现短期化，不具备指数化的条件。高亚军和周曼（2011）认为，免征额标准调整并不能真正发挥降低工薪收入者个人所得税税负、改善居民生活质量的根本作用，更别提利用个人所得税的"自动调节器"功能发挥对收入的调节作用，免征额远不如税率、税收优惠和税级设计、按家庭申报和实行综合所得税制在调节收入分配方面的作用。王韬、朱跃序和鲁元平（2015）认为，经过 2011 年 9 月的税制改革，税制已经能够很好地发挥福利改善和收入分配调节的功能；受我国工薪阶层的收入结构对税收累进性的限制和统一的免征额对区域间横向公平的不利影响，免征额能够发挥的调节作用有限，提高免征额使得纵向不公平更加"等级分明"，横向不公平有所加剧，重点应该放在税制改革而不是免征额调整上。

综合上述文献的观点，免征额应当调整的实质理由在于，根据免征额依据居民基本生活费用确定的原则，居民基本生活费用支出变化了，免征额需要随之变化，免征额调整只不过是免征额内涵和价值的动态表现和实际变化的反映。这种观点与我国个税免征额的实际调整相符，免征额调整贯彻居民基本生活费用不纳税的原则，在免征额对居民基本生活费用扣除不足的条件下，通过提高免征额来降低工资薪金收入群体过重的税收负担。比较而言，免征额不应调整的实质理由则不同，可以按照其性质分为三种。第一种实质理由坚持免征额是对居民基本生活费用支出扣除的原则，但是认为当前的免征额水平已经足够，所以不必调整，这与免征额应当调整观点的出发点是一致的，差异在于对当前免征额水平是否已经能使居民基本生活费用得到充分扣除。第二种实质理由是免征额调整不能很好地实现预期目标，最主要的是免征额调整并不能为最低收入者（原来不纳税的人）带来利益，甚至产生逆调节，有违个税宗旨。第三种实质理由则不再坚持免征额是对居民基本生活费用扣除的原则，而以提高免征额有损于国家税收、税收再分配效应为由拒绝免征额调整，实质是将免征额价值与个税功能对立起来，从发挥个税功能的角度考虑免征额调整问题，甚至忽略了个税免征额本身的价值。第一种理由表明，究竟什么是居民基本生活费用的标准是重要的。从实际情况看，我国调整免征额标准依据或者说参考城镇居民消费支出水平确实没有一个精确的计量，这方面的工作的确需要做细做实。尽管如此，如果说 2005 年 800 元的免征额扣除是充分的，可能并不符合实际。第二种理由的主要依据是提高免征额并不能给原来免征额下已经不纳税的低收入者带来利益，如前所述，这不能成为否定提高免征额的理由，这是个税自身的局限，不能因为有局限性就否认免征额和免征额调整。第三种理由的部分内容肯定是不成立的，因为免征额存在与不存在相比，也是有损于税收规模的，如果照此逻辑，免征额就不应当设立。我们应当看到的是，不设立免征额、免征额不调整尽管有利于增加税收，但是将丧失免征额保障居民基本生活费用不纳税的原则，也弱化了免征额带来的税收累进性，破坏了个税作为良税的基础。第三种理由剩下的问题是，免征额扣除的充分性与增加税收、提高再分配效应是否存在冲突；如果存在冲突，是需要牺牲免征额的充分性来获得税收增长和再分配效应，还是实现免征额价值而放弃更多的税收增长，也就是说，如何看待和协调免征额价值与个税功能目标之间的冲突。这是需要进一步研究的。

现有文献分析了免征额长期不调整的不合理性。魏明英（2005）认为，免征额长期不调整，导致过高税负，不利于充分发挥个税免征额的功能。刘树艺（2010）提出，免征额偏低不利于充分发挥个税的调节功能，难以体现公平的精神。月薪 2,000 元是工薪所得阶层，免征额偏低使得工薪所得阶层成为个税的纳税主力军，使个税起不到真正调节贫富差距的功能。但是，现有文献对于免征额调整的认识仍然停留在长期不调整的特征上，从而将讨论焦点集中在是否应当调整的问题上。实际上，2006 年前，我国个税免征额是不调整的；2006 年以后，已经不是不调整，而是若干年集中调整一次，现有文献缺乏对这种调整方式的特征及其对税收、再分配效应的影响的研究。

1.2.4 关于免征额调整的税收效应和再分配效应

近期看，对免征额调整效应研究是研究的热点。国内一些重要文献倾向于认为我国提高免征额的改革降低了平均税率和再分配效应，其论证方法有两种。第一种方法是，使用同一年收入数据，但适用高低不同的免征额来计算不同情况下的平均税率和再分配效应，其结果表明高免征额具有更低的平均税率和更低的再分配效应。岳树民、卢艺和岳希明（2011）认为，随着免征额提高，平均税率下降，而税收累进性和再分配效应则经历从增强到减弱的变化，存在一个使再分配效应最大化的免征额。岳希明、徐静和刘谦等（2012）利用 2009 年的全国城镇住户数据证明，随着免征额提高，不仅平均税率下降，而

且再分配效应下降，只有税收累进性呈现先增强后减弱的趋势，而
2011 年的税制改革使原税制具有的 3.03%的税率降低为 1.26%，原税
制具有的 3.79%的再分配效应降低为 1.83%。基于此，免征额调整导
致再分配效应弱化。徐建炜、马光荣和李实（2013）采取了类似的方
法，分别估计了 2006 年和 2011 年免征额调整的影响，2006 年改革使
税率从 3.62%降低到 2.01%，再分配效应从 3.51%降低到 2.75%；2011
年的改革（仅考虑免征额变动）则使税率从 2.91%降低到 1.42%，再
分配效应从 3.48%降低到 2.04%。基于此，税制改革恶化了再分配效
应。第二种方法是，比较免征额调整年与调整前一年的平均税率和再
分配效应，其结果表明调整年比调整前一年的平均税率降低、再分配
效应减弱，进而认为提高免征额的税制改革恶化了再分配效应。徐建
炜、马光荣和李实（2013）测算了 1997—2009 年我国城镇居民的个
税再分配效应，其中平均税率由 2005 年（调整前一年）的 3.12%降低
到 2006 年（调整年）的 2.01%，由 2007 年（调整前一年）的 2.78%
降低到 2008 年（调整年）的 2.75%；再分配效应由 2005 年的 3.07%
降低到 2006 年的 2.74%，由 2007 年的 3.61%降低到 2008 年的
3.27%，调整年与调整前一年相比，再分配效应降低了。

　　这两种论证方法看似有道理，但值得商榷（具体内容详见第 6.4
节）。先看第一种方法，对同一收入数据适用不同免征额的条件下，
高免征额必然导致低平均税率，且由于平均税率对再分配效应起到决
定性作用，再分配效应随之降低的可能性极大，这是由免征额本身的
性质决定的。但实际不会发生这样的免征额调整，实际的免征额调整
一定是适应居民基本生活费用支出增长而提高的，而这又与居民收入
增长具有同步性，免征额是适应居民收入增长而调整的。同一收入分
配适用更高免征额当然降低平均税率，如果以此来证明免征额调整改
革的失败，那么，任何一个国家个税免征额调整都将是失败的。尤其
是，岳希明、徐静和刘谦等（2012）以及徐建炜、马光荣和李实
（2013）都使用 2009 年的全国城镇居民收入数据测算适用 2,000 元和
3,500 元免征额不同结果来说明 2011 年 9 月免征额调整降低平均税率

和再分配效应，这是不合理的。2011 年收入必然比 2009 年有所增长，这是简单的事实，却是不能忽略的。再看第二种方法，这种方法看起来更有道理，但是忽略了我国个税免征额调整的特征，这就是免征额累积性调整方式。所谓免征额累积性调整，就是免征额确定之后的几年内都适用这一数量，直到进行新的免征额调整。这样就会产生一个问题，免征额在最初适用的一年可能是适合的，但随着居民收入增长和物价上涨等，该免征额就会偏低，无法对居民基本生活费用支出进行充分扣除，出现征收"过头税"的现象。在这种条件下，将调整年的再分配效应与调整前一年对比不仅过于简单化，而且存在严重问题，因为前一年的免征额已经不合理了，也就不能作为比较的基础。以 2006 年的免征额调整为例，就不能简单将 2006 年的平均税率和再分配效应与 2005 年对比。2005 年实际适用 800 元的免征额，但是 800 元免征额至少到 2004 年、2005 年的时候已经严重不足了，或许应该提高到 1,400 元、1,500 元，当实际上还适用 800 元时，已经征收了"过头税"，是不合理的了，从而无法作为比较的基础。比较免征额调整过的 2006 年与没有调整的 2005 年的再分配效应，能说明什么呢？是 2005 年的免征额不合理，还是 2006 年的免征额不合理？因此，在免征额累积调整方式之下，在个税免征额调整之前，原有免征额就已经过低，由此计算出的再分配效应也就不再适合与调整年适用新的免征额条件下的平均税率、再分配效应进行比较，当然更不能用来解释税制改革成败问题。换句话说，即使改革后的免征额不合理，也不能通过这种方法证明。

由于缺乏对我国个税免征额调整方式的认识，对免征额调整效应的分析存在表面化、简单化倾向，关于免征额调整导致平均税率降低、再分配效应弱化的结论是值得商榷的。但是这种认识在理论界影响较大，也对政策制定产生了较大的影响，这是值得重视的。

1.3 研究内容

本书关注个人所得税免征额制度理论和我国个税免征额制度存在的实际问题，力图结合中央提出的关于个税改革和发展要求，对涉及个税免征额制度的重要理论和实践问题进行研究，为我国个税改革和完善免征额制度提供理论指导。本书主要研究以下 7 个问题：

（1）免征额制度的基础理论研究。本书包括免征额的内涵、价值和免征额的确定方法，分析免征额的效率和公平价值，提出免征额价值理论、免征额局限性理论。

（2）免征额标准和免征额确定方法研究。本书根据免征额内涵和价值的要求，建立免征额标准确定原则，提出免征额确定方法中需要权衡标准化免征额和考虑纳税人基本生活费用支出实际的差异化免征额，并与税收抵免等税制因素相协调。

（3）免征额调整的必要性和调整方式研究。本书根据免征额内涵和功能的要求，对免征额如何调整进行理论阐述，建立免征额适应性调整方式理论，分析免征额适应性调整的税收效应和再分配效应。

（4）我国个税免征额确定方法的特征和弊端研究。本书结合我国个税税法和免征额调整实践，概括我国个税免征额确定方法的特征，并对其弊端进行深入分析，提出改革我国个税免征额确定方法的必要性。

（5）我国个税免征额调整方式的特征和弊端研究。本书结合我国个税免征额调整实践，概括我国个税免征额调整的特征，分析这种调整方式的弊端。针对现有文献的分析，本书对我国个税免征额调整的总体效应进行评价。

（6）个人所得税制度理论和美国联邦个税免征额制度的比较研究。本书的主题是个税免征额制度，但不脱离个税税制整体，为此对个税制度整体进行了阐述。为强化对个税免征额理论的认识，本书以美国联邦个税免征额制度作为典型案例，并进行中美个税免征额制度的比较研究，以期获得理论认识和经验启示。本部分研究不独立成章，分布在各章之中。

（7）我国个税免征额制度改革对策建议。对策建议具体体现在强化对个税免征额制度重要性认识、完善免征额确定方法、改进免征额调整方式三个方面。本书结合我国个税改革和发展的政策要求，对免征额制度与个税功能的关系、免征额制度改革与综合和分类相结合税制模式改革的关系进行阐述。

1.4 研究方法

1.4.1 理论与实践相结合

个税免征额虽然一直存在，但是对免征额的内涵、价值和确定标准等基础理论问题认识不足，并成为政策分歧产生的重要原因。免征额调整是 2006 年以来我国个税税制改革的核心内容，但也产生了争议，是不是应当调整、如何调整成为当前重大实践课题。为此，本书力图做到理论和实践相结合，在建立基础理论、形成关于免征额制度科学认识的基础上，对我国个税免征额政策实践做出更好的回答。

1.4.2 定性和定量分析相结合

个税免征额的问题是理论问题，需要研究个税和个税免征额制度的历史演变，广泛运用现代财政学建立的税收效率和公平原则，认识免征额确定的标准，进行定性分析。个税免征额问题的研究也需要进行统计测量，了解个税免征额对税收规模和再分配效应的影响，需要科学的评估和测量方法，进行定量分析。为此，本书将采取定性和定量分析相结合的方法，更加侧重定量分析，以更好地评估免征额调整的税收效应和再分配效应。

1.4.3 宏观和微观分析相结合

个税免征额是税基的减除，导致税收减少，这就使免征额问题涉及税收规模和宏观税负问题，也涉及提高个税在税收中比重的问题，涉及当前中央提出的提高直接税比重的问题，这需要个税免征额制度的研究具有宏观视野。同时，个税是对个人收入的课税，不仅仅涉及宏观税负，也直接影响到每个人和家庭的收入和生活。当前，我国个税免征额采取标准化、平均化的方式，实际上侧重了宏观税负的公平，但是对于微观税负却没有足够的考虑。微观税负主要是公平问题，也就是说，是否对不同的纳税人考虑了应当考虑的因素，以使税收更加公平。为此，本书将注重宏观分析和微观分析相结合，以使国家宏观经济目标具有坚实的微观基础。

1.4.4 文献研究方法

任何科学研究都应当重视相关文献，在现有的认识基础上进行研究，同时也能够辨析现有认识的不足和局限，找出进一步研究的方向。在关于我国个税免征额研究领域，2005 年以来出现了大量文献，对个税免征额的内涵、价值和免征额标准确定方法做了大量的理论研究，也对免征额调整的税收规模效应和再分配效应进行了研究，提出了很多有价值的观点，但也存在一些不同的意见，有的观点和意见也值得商榷。为此，本书将重视文献研究，区分不同的问题，梳理不同的观点，学习借鉴有价值的研究成果，评论现有文献的不足，找出问题的焦点和实质，以深入开展研究。

1.4.5 比较研究方法

应该说，社会科学的一些问题还缺乏完美的理论指导，这些理论既完整又能够在实践中取得预期效果。社会科学的很多问题是多个方面的权衡，比如典型的效率与公平的权衡、收益和成本的权衡，利弊得失权衡，而理论上的权衡和政策决策需要实践检验。我国个税制度的实施相比世界上一些国家要晚得多，这些国家的实践值得我们比较借鉴，这样就能避免一些不必要的、有社会风险的试验，也能为理论提供支持。

1.4.6 微观模拟研究方法

微观模拟是指以个人、家庭或企业等微观个体作为描述和处理的对象，根据一定的条件，模拟计算社会经济系统的运行和结果。在微观模拟模型中，宏观经济由大量微观个体组成，宏观经济的运行态势和经济政策的变动会对微观个体的状态产生深刻影响，微观个体状态的变动自然累积成宏观经济运行态势的变动。人们掌握的微观数据与待分析的经济环境存在一定时滞，通常需要应用"时化"（aging）技术将原始数据转化为能反映目标期经济现实的数据。时化技术分为静态时化和动态时化，静态时化是把基础期数据一步时化到目标期，通常采用重新加权和属性调整的方法；动态时化是根据微观个体的生命事件和政策实施事件，逐步通过状态转换将基础期数据时化到目标期。静态模型适合于分析经济政策的即期效应，如税收制度和最低生活保障制度的收入分配效应和财政效应，而动态模型适合于分析经济政策的长期效应，如养老保险制度和失业保险制度的收入分配效应和财政效应（张世伟、万相昱和樊立庄，2006）。

由于我国居民个税税收数据缺乏（或者缺乏准确性），本书将采用微观模拟方法对提出的假设进行检验。但是，为了微观模拟得以进行，有时要舍弃某些因素，其优势是能够很好地分析特定变量的关系，其不足是不能很好地全面反映实际情况。

1.5 研究的创新和不足

1.5.1 研究的创新

（1）本书辨析免征额概念，明确免征额价值，提出个税免征额不应是相机抉择政策变量的观点。笔者提出，免征额是对居民基本生活费用支出的减除，按照居民基本生活费用的特定概念和标准，免征额在特定时期是一个固定数，不宜通过免征额设计追求更多的个税功能目标。免征额保证居民生计收入不课税，从而使个税成为"良税"，已经非常重要了。

（2）本书分析免征额与个税功能关系，提出免征额是个税基础、免征额价值优先于个税功能的观点。笔者提出，免征额是个税之所以受欢迎的基础性税制要素，是实现处理国家和人民关系的一个良好准则，"居民生计收入不课税"避免了"苛政猛于虎"现象发生。个税免征额也形成税收累进性，与累进性税率结构共同形成税制累进性，从而实现税收再分配调节功能，成为"罗宾汉税"。个税税收的经济增长弹性充分，税收规模随着经济增长和居民收入水平提高而扩大，能够成为主体税种。但是，比较而言，免征额实现居民收入不课税的价值是基础性的，这个价值优于再分配调节功能和筹集财政收入功能，需要优先保证，而能否发挥个税再分配调节功能和成为主体税种，不在于税制，而在于经济增长和居民收入水平。

（3）本书分析免征额及其调整的公平效应和再分配效应，提出了免征额局限性理论。免征额制度有固有的局限性，无法实现按照每个纳税人基本生活费用支出实际进行扣除，无法全面实现纵向公平，无法充分照顾没有收入的人和所有低收入者的利益，会在局部导致低收入者与高收入者之间的收入差距扩大。但是，局限性不是免征额的主流，不能夸大免征额的局限性，也不能用免征额局限性否定免征额的价值和免征额调整的必要性。

（4）本书研究我国个税免征额确定方法，提出了我国个税免征额标准确定存在的过度平均化问题和免征额确定方法的基本原则。个税免征额原则应该考虑每个纳税人及其家庭的实际情况，但是实际很难这样做，不仅征管成本太高，而且也会导致一些消极激励，所以免征额标准较多采取平均化的标准。但是，我国个税免征额存在完全平均化、过度平均化的倾向，比如纳税人赡养负担也平均化，是不合理的，也是应该改变的。当然，像美国联邦个税那样，设立一些分项扣除并允许纳税人据实申报，可以避免部分平均化，但是征管成本是必须考虑的。美国避免平均化的另外一个做法是采取税收抵免（tax credit）措施，允许纳税人就某些情形申请退税。为此，实行部分标准化免征额和部分考虑纳税人基本生活费用支出实际的差异免征额就是合理的选择，考虑免征额制度与个税其他税制要素有效衔接也显得非常重要。

（5）本书分析免征额调整的实质和理由，分析我国个税免征额调整实践，提出个税免征额适应性调整方式理论，提出我国个税免征额累积性调整的特征。笔者将 2006 年以来我国个税免征额的调整方式概括为"累积性调整方式"，并分析了其弊端，提出能够保证个税功能充分实现的免征额调整方式应当是适应性调整方式，也就是根据居民基本生活费用的变化、通货膨胀的变化、经济改革引起居民承担基本生活费用支出的变化进行及时的，能够实现居民基本生活费用充分扣除的调整。笔者也提出，免征额调整不能简单等同于免征额提高。

（6）本书对我国个税免征额累积性调整方式下的税收效应和再分配效应进行了分析，认为其主要效应是导致税收规模、平均税率和再分配效应的不合理波动，而有关文献提出的税制改革恶化个税再分配效应缺乏合理论证。现有文献认为免征额调整降低了再分配效应的观点存在分析方法上的错误，累积性调整方式并不一定导致再分配效应降低，而是导致税收规模、平均税率和再分配效应的不合理波动。免征额调整方面的改革政策不是转变为不调整，而是从累积性调整方式转变为适应性调整方式。

（7）本书分析了免征额适应性调整的税收效应，提出了以免征额价值为基础，建立免征额适应性调整与个税功能持续扩大机制的免征额制度改革目标。针对现有文献和理论界认为免征额调整与实现个税功能相冲突的观点，笔者论证了合理的免征额调整并不妨碍个税功能的实现，可以在免征额价值的基础上，很好地实现个税功能。

（8）本书分析了免征额制度改革和税制模式的关系，提出了免征额制度完善与个税税制模式改革具有一致性的观点。针对现有文献和理论界认为个税改革重点是实行综合和分类相结合税制模式而个税免征额不应当继续调整的观点，笔者提出，免征额适应性调整要求在免征额不能对居民基本生活费用充分扣除的条件下就应当调整，与实行综合和分类相结合税制模式不构成冲突，即使实行综合和分类相结合的税制模式，免征额仍应当实行适应性调整，不应当因为进行税制改革而停止免征额调整。如果税制模式能够及时推进，将免征额制度完善与税制模式改革相结合，将更加有效推进免征额制度完善，而税制模式完善的一个重要方法就是完善免征额制度。将免征额调整与税制模式改革对立起来是不必要的，税制模式改革必然要与包括免征额在内的税制要素联系起来才有意义。

1.5.2 研究的不足和展望

（1）按照免征额的宗旨是对居民基本生活费用在税前扣除的理念，我国免征额制度设计的基础问题是居民基本生活费用的调查和免征额标准的确定，但是本书没有对居民基本生活的构成、基本生活费用支出项目进行调查研究，这是本书没有能力研究的课题，应当是我国个税免征额未来研究的重点。

（2）笔者提出了免征额确定的原则和构成部分；提出了标准化免征额部分与考虑纳税人基本生活费用支出实际的差异化免征额部分相结合作为免征额标准的理念；提出了建立我国个税免征额标准的两种

方式，但是缺乏实际调查；对策建议侧重于理念和框架，但是缺乏相关知识和相关数据，没有进行实际调查，不能提出具体项目和实际数量标准的建议，这有待于充分的调查研究。

（3）笔者认识到，需要统筹考虑各种个税免税收入、免征额、税前扣除和税收抵免政策，但研究深度不够。应该说，我国税制总体比较简单，这是与过去我国居民收入总体不高、纳税人不多、税收规模不大、实行相对简易的征收办法相适应的，转移性收入基本全部免税、"三险一金"全部税前扣除、工资薪金所得实行完全平均化的免征额、没有税收抵免，都是与这种税制相适应的。当前，个税已经提高到国家财政、税收和再分配的重要位置，要建立综合和分类相结合的税制，居民收入水平逐步提高，需要建立符合公平、效率要求，有利于个税主体税种建设，有利于全面发挥个税功能的日益完善的税制和征管体系。在这种情况下，免征额制度也需要与免税收入、社会保障缴纳扣除、税收抵免制度设计等统筹考虑，笔者初步提出了转移性收入中最重要的养老金（包括机关事业单位的离退休工资）全部免税，可能就存在较大的不公平性，工资收入高的缴纳的社会保险费和住房公积金比平均水平高很多，全部允许税前扣除也存在很大不公平，但是，具体对策还需要进一步研究。

第 2 章

个人所得税理论与我国个人所得税制度

本章研究个人所得税制度和我国个人所得税制度的形成和实施的一般情况。个人所得税免征额的问题是个人所得税制度的一部分，免征额调整不仅是税制改革的重要内容，而且对个税税制的实施效果具有重要影响。本书重点研究个税免征额的问题，但不脱离整个个税制度孤立地研究个税免征额。

2.1 国际视野中的个人所得税

2.1.1 个人所得税的产生和发展

个人所得税最早出现在英国。1795 年，英法战争爆发，为筹集战争经费，英国于 1799 年颁布法令，开征个税。1802 年，英法短期休战，个税暂时废止，但随着 1803 年战争恢复又重新开征，直到 1815 年法国战败，之后个税废止了相当一段时间。1842 年，个税重新开征，之后实际上持续下来，但是英国财政部每年都要在年度财政法案中提出并获得通过后才能实施。第一次世界大战期间，英国个税发展较快，1918 年个税收入曾经占到财政收入的 83%。第二次世界大战期间，个税再次得到发展，采取降低扣除额和增加累进性的办法，使纳税人范围扩大。第二次世界大战之后，英国个税税制改革仍持续进行，目的是建立公平、合理、高效、完善的个税税制。就税制模式而言，1799—1909 年，英国个人所得税采用分类征收模式，将纳税人的各项所得，根据其来源及性质不同分为四类所得项目，不同的所得项目采用不同的税前扣除标准和税率结构计算应缴纳的个税税额，再将不同所得项目所应缴纳的税额加总，计算出纳税人应缴纳的税收。自 1909 年开始，英国将个税征收模式改革为分类与综合相结合的征收模式，对分类所得分别征收个人所得税后，再对全部所得征收一个较低的税率的"附加税"，其目的是发挥分类与综合两种征收模式的优势。1929 年，英国将个税征收模式改为综合征收模式，并一直沿用至今（陈炜，2013）。[①]2003 年，英国税收收入中，个人所得税收入占比 28.7%，仅次于商品和劳务税的 32.7%（欧文斯（Owens），2006）。

美国征收个税始于南北战争期间。1861 年，南北战争爆发，为了筹集战争经费，对年所得 800 美元以上的个人开征 3% 的个人所得税。之后的一段时间内经历过废止和重新开征，1913 年通过的新个人所得税法，起征点高，每 271 人中只有一人能达到起征点，最高税率只有 7%，使个税制度稳定了下来。第一次世界大战开始后，美国对个税依赖增强，最高边际税率曾达到 77%，个税收入占财政收入比重达到 60%。随着第一次世界大战结束，个税最高税率削减，1926 年最高税率降低到 25%，1928 年甚至降到 5%。但是，第二次世界大战开始之后，个税最高边际税率再次提高，1939 年达到 79%，1944 年甚至达到 94%。随着第二次世界大战结束，美国个税进入优化稳定时期。美国联邦个税被认为是比较完善的个税税制，也是最复杂的税制，其主要特点是实行综合所得税制、免征额考虑纳税人家庭实际因

---

① 陈炜. 英国个人所得税征收模式的实践经验与启示. 中国财税法网. http://www.cftl.cn/ArticleInfo.aspx?Aid=48429&LevelId=002002005001.

素、有很多抵免项目和税基扣除项目，是联邦财政收入最重要的主体税种。2003 年，美国个人所得税占总税收比重为 35.3%，其他比较重要的税种有工薪税（占比 26.4%）、商品和劳务税（占比 18.2%）、财产税（占比 12.1%）等（欧文斯，2006）。

多数欧洲国家都是在 19 世纪中后期开征个人所得税的。但法国开征较晚，而且不像英美那样重视个人所得税，虽然第二次世界大战之后个税税制也已经完善，边际税率较高，但是税收优惠很多，税前扣除范围宽，个税收入占财政收入比重不高，没有成为最重要的主体税种。2003 年，法国个人所得税占税收比重为 17.5%，比个人所得税收入比重高的税收是社会保障税（占比 40.2%）、商品和劳务税（占比 25.5%）（欧文斯，2006）。

2.1.2 个人所得税制度的税制设计

个人所得税是以个人所得为课征对象的税种。比较而言，个人所得税具有最复杂的税制。个人所得税是良税，也是税收中的奢侈品，税制设计复杂导致税收征管成本、纳税人奉行成本都很高，除非个人所得税能够在国家政治、经济和社会生活中发挥较大的作用，否则在个税规模不大、作用有限的条件下，简便易行的税制也是合理的选择。就此而言，我国实行简便易行的税制在一定时期内也是合理的选择。但是，当我国高收入群体不断增长，收入来源多样化，国家整体进入中上收入水平行列之时，改革和完善税制就成为现实的、合理的需要。

美国联邦个人所得税是普遍认为比较完善的，在美国财政和社会中发挥了重要作用。下面对个税税制的阐述，集中以美国联邦个人所得税为典型案例加以说明。

1. 所得理论和所得的确定

所得税中的所得即收入（income），个人所得税是对个人所得即个人收入（individual income or personal income）或者直接称为收入为课征对象的税种。我们确定个人所得，就是要确定个人所得税的具体课征对象。

财政学家经常引用黑格—西蒙斯定义（Haig-Simons definition，H-S）的所得概念，这就是：所得是在一定时期个人消费能力净增加的货币价值。罗森和盖亚（2009）评论说，如果采用 H-S 定义，实践中会遇到很多难题，比如尽管扣除了经营费用之后的所得才能体现消费能力增加，但是经营费用和消费有时是难以区分的；资本利得可以增加消费潜力，但是资本利得本身就有不确定性；实物形式的服务难于估价。然而，H-S 定义是有吸引力的，它引导决策者致力于理想的目标：所得的定义在可行条件下应当尽可能宽泛，个人从各种来源取得的所得应当普遍、同等纳税；H-S 定义既符合税收公平原则，要求所有收入同等纳税，又符合效率原则，对不同来源收入同等课税，保持税收中性，避免税收扭曲经济活动。实践中，哪些项目被列入个人所得税的课征对象，具有一定的政策随意性。按照美国联邦个人所得税法，州和地方政府债券利息、雇主向福利计划的缴款、个人退休账户、教育储蓄账户、赠予及遗产等排除在所得之外，这种做法并不符合 H-S 定义，但体现了美国政府政策和税收的系统安排，比如赠予及遗产不征收个税但通过财产税来征税。

消费能力增加的定义要求取得收入过程中的经营费用等支出需要从所得中减除。美国联邦个人所得税设计了所谓"线上项目"予以减除，如贸易和经营费用、搬家费、教育费、个体户健康保险费、学生贷款偿还、学杂费等。因此，美国联邦个税确定的所得实际上包括两个步骤：确定所得基础（income base or base income）或者毛所得（gross income），之后从所得基础中减除经营费用，得到调整后毛所得（adjusted gross income，AGI）。需要注意的是，我国并没有对所得进行扣除经营费用的调整制度设计，或者可能被综合考虑在免征额之中了。

2. 所得计算和税制模式

接下来的问题仍然是个税税制非常重要的课题，这就是各种来源收入是否像 H-S 定义的那样无差别地对待而加总统一纳税，这就是所谓的税制模式，财政学家经常把个税税制模式分为三种：分类制、综合制和混合制。

分类制是指对于不同来源（性质）的所得，适用不同的税率以及税基减除方法分别课税。分类制的理由有两个方面。第一，不同来源收入的性质不同，比如资本所得和勤劳所得（earned income）不同，应当适用不同的税率，这样才更加公平。第二，个税应当课征于经常性的收入，比如经营、服务、劳动等，而对于临时性、偶然性所得不课征。1799 年英国开征个人所得税之初，实行分类制，具体包括不动产租赁收入，占有土地和山林等取得的收入，境内支付和公债利息，经营所得、自由职业所得、利息及特许使用费收入、外国有价证券收入、境外财产经营所得等，工资薪金所得，从英国公司取得的股息。

综合制是指综合加总个人全年各种来源所得，统一减除各种法定免征额和扣除额后的余额为应税所得额，适用统一税率表计算应纳税额。综合制的特点是宽税基、量能纳税。综合制下的课税对象比较宽泛，并通过各种来源收入加总来体现个人纳税能力。与分类制相比，综合制往往是经济发展到一定水平后的产物，分类制下的观念已经不适应社会经济发展需要，并且具备征收条件。

混合制原本指在分类征收的基础上，再综合计征一次，这样就使综合制和分类制的优势都发挥出来，此时综合计征的税率是附加税，已经通过分类征收的税收可以扣减，比如 1909 年英国实施的混合税制。以日本、韩国和我国台湾地区的个税为代表，混合制演变为综合计征和分类计征相结合的税制，部分收入实行综合计征，另一部分收入实行分类计征，而不是两次计征。韩国的个人所得分为四类：第一类是综合收入，包括工薪所得、利息所得、不动产租赁所得、经营所得和其他所得；第二类是退休金收入；第三类是资本利得；第四类是林业收入。四类收入分别计算税基和适用税率，分别计征。其中第一类收入就是综合收入，采用标准化累进税率结构，实际上就是综合制，而第二、三、四类收入是分类制，总体上就是综合和分类相结合的税制模式。世界上个税实行混合制的国家最多，但是其中综合制的成分不同，有的综合制的成分比较大。

美国联邦个税实行综合制。美国法律对个人所得税课征的所得没有限制，税基宽泛，只不过规定了一些排除项目收入，排除项目收入之外，都需要课征个人所得税。实行综合计征，应税所得适用统一的税率表，但资本利得的税率稍有差异。纳税所得不是完全不分类，而是分为劳动所得（勤劳所得，earned income）和非劳动所得（unearned income），资本利得（capital gain）就是非劳动所得的一种，可以适用25%、28%或者其他所得的实际边际税率。比如，如果纳税人的纳税等级在最高边际税率 15%的位置，那么资本利得就可以适用 15%的税率；如果纳税人的纳税等级在最高边际税率 39.6%的位置，那么资本利得可以选择适用 28%的税率。因此，尽管总体上是综合税制模式，也不是100%的综合税制，有时也考虑一些分类收入的特殊情况。

3. 生计收入和免征额

生计收入即居民基本生活费用支出，是个人所得税的关键概念。个人所得税制度中有一条公认的规则：生计收入不课税。对此，可以有多种解释，比如说，税收不应当侵蚀居民基本生活；生计收入不课税有利于保护劳动力再生产；税收对生计收入不课税体现了人权保障原则；对基本生活费用支出课税不符合效率原则，因为政府税收之后，还要根据社会保障原则将收入提供给纳税人，纯属浪费。实现居民生计收入不课税的方式方法就是免征额制度，对该部分收入在应税所得中允许予以减除。谢旭人（2011）向全国人大常委会报告个人所得税法修正案（草案）时，有明确阐述："个人所得税法规定，个人工资薪金所得以每月收入减除一定费用后的余额为应纳税所得额。规定工薪所得减除费用的目的，是为了体现居民基本生活费用不纳税的原则。"

美国联邦个税设计了复杂的免征额制度。首先是个人免征额（personal exemption amount）和个人免征额递减制度。以 2015 税年为例，个人免征额为 4,000 美元，这意味着一个四口之家可以有 20,000 美元的纳税人个人免征额。个人免征额递减制度是指，当调整后毛所得（AGI）超过一定水平后，个人免征额将递减。2015 年，单身报税的纳税人个人免征额递减的起点阈值收入为 258,250 美元的调整后毛所得，调整后毛所得每超过递减区间起点 2,500 美元，纳税人个人免征额将减少 2%，到递减区间的终点，全部的个人免征额将递减为 0。设计个人免征额递减制度，目的是避免高免征额使高收入者获得更多的利益和免征额累进性效应降低。此外，从 1986 年开始，美国联邦个税的个人免征额实行指数化调整，以避免由于通货膨胀降低免征额的购买力。美国联邦个人所得税个人免征额阶段递减范围（2015 年）如表 2.1 所示。

表 2.1　美国联邦个人所得税个人免征额阶段递减范围（2015 年）

报税单类型	起点阈值收入（美元）	终点阈值收入（美元）
单身报税	258,250	380,750
夫妻联合申报	309,900	432,400
夫妻分别报税	154,950	216,200
户主报税	284,050	406,550

资料来源：http://www.irs.com/articles/2015-federal-tax-rates-personal-exemptions-and-standard-deductions。

除了个人免征额之外，美国联邦个税规定了分项扣除（itemized deductions）作为免征额的组成部分，以对一些重要生活费用支出项目较高的纳税人进行充分扣除。对于多数纳税人来说，往往用不上分项扣除，因为纳税人在这些支出项目上所费不多，为此，美国联邦个税设立了标准扣除（standard deduction amounts）。标准扣除既是对纳税人的照顾（实际分项支出达不到标准扣除额的，也能获得该扣除额），也降低了征管成本。纳税人可以自行选择分项扣除或者标准扣除。但从逻辑上说，分项扣除在先，因为如果不考虑分项扣除的话，可以直接将标准扣除额和个人免征额相加。表 2.2 给出了美国个税 2015 年标准扣除数量。

表 2.2　美国联邦个人所得税标准扣除额（2015 年）

报税单类型	标准扣除额（美元）
单身报税	6,300
夫妻联合报税	12,600
夫妻分别报税	6,300
户主报税	9,250
符合条件的遗属	12,600

资料来源：http://www.irs.com/articles/2015-federal-tax-rates-personal-exemptions-and-standard-deductions。

分项扣除的规定是比较复杂的，最常见的几种扣除是：①医疗支出；②缴纳的州税收，比如州所得税和销售税，但只能选择扣除其一，而不能同时都扣除；③房地产费用，比如利息、不动产抵押贷款保险费和财产税；④慈善捐赠；⑤被盗或者其他原因导致的财产损失。

分项扣除额并不是任意的。美国税法规定，当调整后毛所得超过一定水平（与个人免征额缩减起点阈值相同）的时候，分项扣除按照超出额的一定比例减少（2015 年是 3%），但减少额不能超过分项扣除总额的 80%。

美国个税的分项扣除中的各类扣除无法用同样的理由进行解释，但总可以直接或者间接地与居民基本生活费用联系起来。比如，医疗支出、房地产费用支出可以理解为基本生活费用支出，从而可以将这些扣除解释为免征额的补充；缴纳的州税收、财产税（实际上就是地方政府税）可以扣除，可以理解为处理联邦和州、地方政府关系的一种政策，使州和地方筹集财政收入更加容易，但纳税毕竟减少了所得，如果不减除该部分税收，生计收入将得不到保障；慈善捐赠可以扣除，作为一种社会政策，为个人参与慈善捐赠提供激励，为慈善事业发展提供支持，但慈善捐赠最终将用于他人的基本生活。美国个税的分项扣除（标准扣除）有与个人免征额类似的地方，并不完全一致，但本书倾向于做统一解释。

4. 应税所得额

应税所得额是适用税率表计算税收的税基。按照美国联邦个人所得税，所得基础减除排除项目收入得到调整后毛所得（AGI），毛所得减除免征额（含标准扣除或分项扣除）之后，就得到应税所得额。应税所得额体现居民纳税能力，也决定了国家个税税收收入的规模。

2004 年，美国 GDP 为 11.69 万亿美元，调整后毛所得（AGI）约为 6.8 万美元，约占 GDP 的 60%。从 AGI 减除免征额后，应税所得额变为 4.6 万亿美元，比 AGI 减少了 32%，占 GDP 的比重降低为 40%。①2004

---

① 〔美〕罗森，盖亚.财政学[M].北京：中国人民大学出版社，2003：381.

年，美国总人口约 3 亿人，纳税人占 60%，约 1.8 亿人，平均每个纳税人减除了约 12,200 美元的免征额。免征额减除规模还是比较大的，这也可以反映出免征额的重要性。

5. 税率表和毛税收

税率表是个税的关键税制要素之一，体现税收深度。个人所得税设立之初，税率不高，也没有很好的累进性税率结构，有时实行单一比例税率。在个税再分配调节职能得到重视的条件下，累进税率结构普遍实行。美国个税在经历第二次世界大战期间最高达 94% 的边际税率后，边际税率总体下降，1988 年最高边际税率曾经降低为 28%。20世纪 80 年代，经济与合作组织（OECD）国家推行"宽税基、简税制、低税率"为方向的税制改革，最高边际税率也普遍降低。英国2000 年的时候实行 10%、20% 和 40% 的初始税率（starting rate）、基本税率（basic rate）和高税率（high rate）的三档税率，2014 年以来实行20% 的基本税率、40% 的高税率和 45% 的附加税率（additional rate）。

一些国家设立零税率等级，实际上就是设立免征额，比如澳大利亚、奥地利、芬兰、法国、德国和瑞士。但也有一些国家既有零税率等级，也有免征额，比如卢森堡和瑞典。

2015 年，美国联邦个税实行七级超额累进税率表（见表 2.3），最低边际税率为 10%，最高边际税率为 39.6%。美国联邦个税税率表的一个特点是，分为单身报税、夫妻联合报税、夫妻分别报税和户主报税四种类型，设计四个税率表，其中夫妻联合报税和分别报税是可以选择的。

表 2.3 美国联邦个人所得税 2015 年税率表

边际税率 %	应税所得（美元）			
	单身报税	夫妻联合报税	夫妻分别报税	户主报税
10	9,225 以下部分	18,450 以下部分	9,225 以下部分	13,150 以下部分
15	9,226 至 37,450	18,451 至 74,900	9,226 至 37,450	13,151 至 50,200
25	37,451 至 75,600	74,901 至 151,200	37,451 至 75,600	50,201 至 129,600
28	75,601 至 115,225	151,201 至 230,450	75,601 至 115,225	129,601 至 209,850
33	115,226 至 205,750	230,451 至 411,500	115,226 至 205,750	209,851 至 411,500
35	205,751 至 232,425	411,501 至 464,850	205,751 至 232,425	411,501 至 439,000
39.6	232,426 及以上部分	464,851 及以上部分	232,426 及以上部分	439,001 及以上部分

资料来源：http://www.irs.com/articles/2015-federal-tax-rates-personal-exemptions-and-standard-deductions。

应税所得适用税率表就可以计算出毛税收（gross tax）。之所以称为毛税收，是因为对部分纳税人还存在税收抵免，毛税收扣除税收抵免，才得到净税收，也就是应纳税额。

6. 税收优惠、税收抵免和应纳净税额

美国联邦个税重要的税收优惠采取税收抵免（tax credit）的方式，即从应纳税额中允许扣减的税收，是美国计算个人纳税义务的最后一个阶段。应纳税额减去税收抵免，就是纳税人的应纳净税额。值得注意的是，税收抵免是税款的直接减少，而与纳税人的适用税率没有关系。

美国税法中有很多税收抵免的规定。未成年子女税收抵免、希望抵免和劳动所得抵免是最主要的三项税收抵免（罗森和盖亚，2009）。一个家庭可以获得每个儿童 1,000 美元的税收抵免，被称为未成年子女税收抵免。上大学的费用也可以抵免，上大学的头两年，每个学生抵免额最高可以达到 1,500 美元，被称为希望抵免（hope credit）。未成年子女税收抵免、希望抵免都是随 AGI 逐步降低的。还有一项重要的税收抵免，就是 1975 年开始实施的劳动所得税收抵免（the earned income tax credit，EITC），实质是对低收入工人家庭提供的补贴，当抵免额高于应纳税额时，工人实际上是获得净补贴的。税收抵免申请资格和抵免额与申报身份、抚养的符合条件的儿童数量有关，比如 2015 年，调整后毛所得低于 14,820 美元（或者夫妻联合报税 20,330 美元）但是没有符合条件的儿童，最高可以申请抵免 503 美元；调整后毛所得低于 39,131 美元（或者夫妻联合报税 44,651 美元）且同时有一个符合条件的儿童，可以最高申请抵免 3,359 美元。

7. 税收缴纳和征管

税收缴纳和征管是税收实施阶段的税务行政管理活动。个税税收征缴一般分为源泉课征和纳税申报两种类型。源泉课征即支付应税所得的个人或者单位进行代扣代缴，纳税申报即取得收入的纳税人自行向税务机关申报纳税。一般来说，分类税制模式下将采取源泉课征方式，而综合税制模式采取纳税申报方式。但是也有例外，英国个税属于综合税制模式，但是实行源泉课征。美国个人所得税收入占整个联

邦税收收入的 45% 左右，是对财政收入贡献最大的税种，这不仅与税制有关，也与比较成熟和完善的征管制度有关。美国有严密的个税征管制度，纳税人能自觉申报纳税，偷逃税现象很少。美国个人所得税的征收率达到 90% 左右，且主要来源于占人口少数的富人，而不是占纳税总人数绝大多数的普通工薪阶层。

美国联邦个人所得税征管制度主要有以下几个特征：①严密的收入监控体系。个人所得税纳税人数量庞大，征收率高与严密的个人收入监控体系密切相关。信息化程度非常高，纳税人的基本信息、收支记录和交易行为等都在银行的计算机中有记录，税务机关通过信息交换和数据集中处理，便可全面快捷地掌握纳税人的相关信息。个人身份证号码、社会保障号码、税务代码三者统一，个人所有收入项目都可以该号码进行汇总和查询。个人不受银行监控的收入项目十分有限，税务机关与银行通力合作，从各银行获得纳税人的收入信息，通过大型计算机的集中处理，可实现对纳税人各项应税收入的汇总与监控。②双向申报制度。一方面，支付个人收入的雇主履行税款预扣义务，原则上，雇员的各种收入都由雇主预扣个税；另一方面，纳税人必须自行申报其全年各项收入。纳税人的自行申报包括两部分：一是预缴申报，凡没有扣缴义务人的所得均由纳税人自行估算并分期缴纳税款，自由职业者取得转让资产所得、退休金所得以及社会保障金所得的纳税人，在纳税年度开始时就本年度总所得进行估算，并在一年中按估算额分四期预缴税款；二是年终汇总申报，纳税人都在规定的申报期内进行汇总申报，对于由雇主预扣缴纳的税款和自行预缴的税款可从全年应缴纳的税款中扣除，多退少补。③交叉稽核措施。税务机关通过强大的计算机系统，将从银行、海关、卫生等部门搜集的纳税人信息集中在纳税人的税务代码之下，与纳税人自行申报信息、雇主预扣申报信息进行比对和交叉稽核。交叉稽核采取人机结合的方式进行，稽核软件可以实现自动比对，对异常情况进行报告。对申报异常的进行重点稽核，稽核占申报表总数的 1%～2%，且高收入者比低收入者更有可能被稽核。④有效的处罚与约束机制。对偷逃税行为惩罚严厉，执法刚性强，增加了纳税人的违法成本。偷税数额小的案件，一般只是罚款；对于偷税数额大的案件，则要提起诉讼。如果偷税罪名成立，偷税者除要缴纳数倍于应纳税款的罚款外，还可能被判刑入狱。

2.1.3 个人所得税的税种特点

根据个税税制理论和以美国为典型的个税实践，可以总结个税具有以下几个特点。

1. 个税以个人所得为课征对象，为直接税

直接税有两种概念，一种概念是说直接税是向个人或企业开征的税，包括对所得、劳动报酬和利润的征税，而间接税是对商品和服务征收的，从而只是间接地以个人为征税对象，包括销售税以及对财产、酒类、进口品和汽油等所征的税。这种区分的理念是，企业和个人是所得的实际拥有者，对商品和服务课税并不确定向哪个个人或者企业课税。另外一种关于直接税与间接税概念的分类是以税收负担能否转嫁为标准的，直接税是指纳税义务人同时也是税收的实际负担人，纳税义务人不能或不便于把税收负担转嫁给他人的税种，直接税的纳税人不仅在表面上有纳税义务，而且也是实际上的税收承担者，纳税人与负税人一致，各种所得税、房产税、遗产税、社会保险税等税种为直接税。间接税则是税负可以转嫁的税种，纳税人和税收负担人并不完全一致，主要是各种商品税和劳务税。无论从哪种概念看，个人所得税都是直接税。

2. 个税具有起征点（免征额），保证居民生计收入不课税

个人所得税设立各种扣除制度，比如商业支出费用扣除、免征额扣除、税收抵免等制度，其中，以保障居民基本生活费用支出免于课税的免征额是核心制度。税收领域存在的核心矛盾就是处理好国家和个人之间的分配关系，公共利益应当减少对私人利益的侵蚀，税收应当符合社会资源在公共部门和私人部门、社会提供公共物品和私人物品之间的有效配置。免征额使基本生活费用不课税的制度为处理税收中的国家和个人关系、资源配置提供了一个良好准则，使个税成为良税。一般地，政府提供公共物品的价值很难达到居民生活必需品的价值，居民基本生活费用支出不课税符合资源配置效率原则。

3. 个税是量能税，实行累进税率结构，具有再分配调节作用

量能课税是税收纵向公平的要求，而个人所得能够较好体现纳税能力，个人所得税能够体现量能课税。当然，能够体现纳税能力的所得并不是个人的任何所得，按照 H-S 定义，量能所得应该是增加个人消费潜力的所得，为确定作为纳税依据的应税所得，就需要对个人所得进行调整和计算。个人所得税一般实行累进税率结构，对于纳税人高收入的部分，适用更高的边际税率，使低收入者少纳税（包括收入低到一定程度不纳税），高收入者多纳税，从而通过"削高"而缩小收入差距，是"罗宾汉税"。当然，形成税收累进性的不仅是累进税率结构，免征额也具有税收累进性效应。我们也应当看到，个税调节收入分配是有局限性的，因为个税并不能直接为低收入者提供收入，这需要通过其他政府再分配手段加以弥补。

4. 个税税收的收入弹性充分，税收潜力大，可以成为主体税种

个人所得税实行累进税率结构，当收入增长时，税收并不是与收入同比例增长，在更高收入水平上，适用税率提高了，税收增长必然超过收入增长，税收的收入增长弹性充分。这样，在一个国家经济增长过程中，当经济发展达到一定水平时，个税就能够成为主体税种。这里需要注意的是，个税能否成为主体税种，不是任何主观愿望所能决定的，而必须是经济增长和居民收入达到较高水平时才有可能。个税不可能成为低收入国家的主体税种。

5. 个税税制复杂，征管成本、纳税成本高

与各种间接税相比较，个税税制相当复杂，其中最主要的原因是需要进行复杂的收入项目甄别和扣除计算以及个人纳税申报，而获得相关信息都需要纳税人和税务机关付出时间和财力，甚至需要纳税人具有相当知识。自 1986 年开始，美国联邦个税税收法典就有 15,000 处变化，《国内税收法典》超过 340 万字，纳税人需要阅读的说明有 142 页，以至于有记者说：具有博士学位的人，甚至是税务律师和会计师都摸不着头脑。间接税经常以商品交易额直接作为税基，适用比例税率，计算方便简单。正因为如此，如果一个国家个税潜力不大，即使设立个税，其税制设计也应当相对简单一些，以降低征收成本，否则取得不多的税收而付出很高的成本是不值得的。

2.1.4 个人所得税的功能和作用

个人所得税的功能和作用是逐渐形成的，总体上看，个税具有组织财政收入、调节收入分配和稳定宏观经济的作用，也就是说，个税对现代财政的资源配置、再分配和稳定经济都有积极作用。比较而言，个税资源配置作用（组织财政收入）和再分配调节作用更加突出。正因为个税具有这些重要的财政职能，受到世界各国普遍重视。

1. 组织财政收入，优化税收结构

个人所得税筹集财政收入的作用是逐渐得到认可的。最初，个税是战争时期为筹集财政收入（军费）而建立的，具有一定的社会动员性质，但显示了其筹集收入的潜力。比较而言，向高收入者征收个税比以往向全社会摊派战争费用更加公平。美国征收个人所得税始于南北战争期间，于 1913 年以新个人所得税法确定下来。个人所得税成为法定税种后，个税收入对经济增长具有充分弹性的特点适应了财政支出扩大的需要。个税是直接税，税负责任明确，税负比商品税不容易转嫁，符合资源配置效率要求。由于个税这些筹集财政收入的特点，因此其成为一些国家的主体税种。

2. 调节收入分配，实现社会公平

现代国家财政承担资源配置、再分配和稳定宏观经济职能，而税收之中再分配调节能力最强的是个税。其一，个税具有很多的免税收入、免征额、税收抵免制度，保障居民基本生活费用支出不课税，使部分低收入者不纳税。与此相比，对于生活必需品课征商品税，低收入者的平均税率实际上比高收入者更高，具有税收累退性，不利于低收入者，也不利于收入分配调节。其二，世界各国的个税普遍实行累进税率结构，使税收具有累进性，能够进行收入分配调节。丹麦、芬兰、法国、德国、爱尔兰、意大利、荷兰、西班牙、瑞典、瑞士、英国和美国等 12 个 OECD 国家（各个国家使用数据的时间不同，但处于 1987—1993 年之间）之中，个税再分配效应最强的芬兰达到 16.09%，再分配效应最弱的法国是 4.78%，美国则是 9.29%（瓦斯塔夫（Wagstaff）等，1999）。我们也注意到，作为财政再分配调节两项主要工具，个税的作用明显低于社会保障（转移性收入），2004 年美国的税收和转移性收入使收入差距总体缩小了 30%，税收的作用（含个税、财产税和工薪税，但财产税和工薪税起到扩大收入差距的作用，如果单独考虑个税，其作用略大于税收）占 12%，而转移性收入的作用占 88%（肯姆和拉姆伯特（Kim & Lambert），2009）。但是，个税和转移性收入的收入分配调节机制不同，个税调节效果不仅仅体现在数量上，对高收入者课征更多税收还具有一定的社会意义，在国家再分配调节体系中具有不可或缺的地位。

3. 自动调节总需求，稳定宏观经济

当经济增长速度过快、经济过热时，就会使纳税人进入更高累进税率等级，总体税率提高，从而自动产生一种扩大税收、抑制总需求的作用，抑制消费和投资需求的过度膨胀，使经济降温。当然，这种税收自动调节宏观经济的稳定作用效果有多大，还缺乏量化的研究。采取税收指数化调整之后，个税自动调节机制将有所减弱。

4. 政府实施社会经济政策的工具

个税对现代财政三项职能的实现有积极作用。除此之外，一些社会经济政策可以通过个税实施。美国联邦个税中的劳动所得税收抵免（EITC），不仅是一种税收政策，实际上也是一种社会保障政策。劳动所得税收抵免是对低收入劳动家庭的一种税收返还，属于可退化的税收抵免，返还可以超过纳税额，形成一种津贴，其目的不仅在于减少贫困，而且提供劳动激励，能够在一定程度上避免社会救济的"养懒汉效应"。根据肯姆和拉姆伯特（2009）的研究，这项政策还降低了0.74 个基尼点的收入差距。个税的税制项目复杂，实际上很多都是在执行一些社会经济政策。美国《2001 年经济增长和税收减免协调法》批准，在 2001—2010 年间，逐步降低税率，提高儿童税收抵免，增加个人退休账户缴款，以减少税收负激励和扩大供给。但是，并不是任何个税税制因素都可以选择作为政策工具，美国联邦个税免征额 1986 年以来是保持稳定的指数化调整，并没有增加或者减少。中国不少地方政府尤其是经济发达地区的地方政府在招商和吸引人才方面实施先征后返的优惠政策，实际破坏了个税的功能，虽然对地方政府和受惠人有益，但对国家税收体系具有破坏性，是不应当倡导的。

2.2 我国个人所得税制度的形成和发展

2.2.1 个人所得税立法进程

中华人民共和国成立后，当时的政务院于 1950 年 7 月公布了《税政实施要则》，提出对个人所得课税，当时个人收入形式只有工资，个人所得税定名为"薪给报酬所得税"。由于生产力水平低、工资水平低，当时实行低工资制度，工资收入只是满足消费之需要，所以一直没有实际开征。

改革开放后，个人收入水平提高，个人收入形式和来源发生变化，收入差距逐渐扩大。引进外资后，非住户居民的外国人收入较高。在这种形势下，第五届全国人民代表大会第三次会议于 1980 年 9 月 10 日通过《中华人民共和国个人所得税法》，对非住户居民外国人征收个人所得税。随着国有企业改革的进行和个体经济发展，国内个人收入也发生了很大变化，国务院于 1986 年 9 月颁布《中华人民共和国个人收入调节税暂行条例》和《中华人民共和国城乡个体工商业户所得税暂行条例》，规定对本国公民的个人收入征收个人收入调节税。

上述三个税收法律法规按国外、国内个人分设两套税制，税政不统一，税负不够合理。为了统一税政、公平税负、规范税制，第八届全国人大常委会四次会议于 1993 年 10 月 31 日通过了新修改的《中华人民共和国个人所得税法》，所有中国居民和有来源于中国所得的非居民，均依法缴纳个人所得税，于 1994 年 1 月 1 日开始实施，标志着我国个人所得税制度确立。1994 年 1 月 28 日国务院配套发布了《中华人民共和国个人所得税法实施条例》，是我国现行个税税法的组成部分。

在 1993 年税法的基础上，我国个人所得税进行了五次修订。①1999 年 8 月 30 日，第九届全国人大常务委员会第十一次会议通过了《关于修改〈中华人民共和国个人所得税法〉的决定》，删除了原税法关于"储蓄存款利息免税"的规定，开征"个人储蓄存款利息所得税"，自 1999 年 11 月 1 日起开始恢复征收 20%利息税。②经过多年的调研，2005 年 10 月 27 日，第十届全国人大常务委员会第十八次会议审议通过《个人所得税法修正案草案》，决定将工资薪金所得税的起征点从 800 元提高到 1,600 元，于 2006 年 1 月 1 日起施行。此次修订是工资薪金所得免征额的第一次调整。③2007 年 6 月 29 日，第十届全国人民代表大会常务委员会第二十八次会议通过了《关于修改〈中华人民共和国个人所得税法〉的决定》，对个人所得税法进行了第四次修正，全国人民代表大会常务委员会授权国务院可以决定对储蓄存款利息所得停征或者减征个人所得。国务院决定，自 2007 年 8 月 15 日起，将储蓄存款利息所得个人所得税的适用税率由 20%调减为 5%。④2007 年 12 月 29 日，第十届全国人大常务委员会第三十一次会议决定，将个人所得税起征点自 2008 年 3 月 1 日起由 1,600 元提高到 2,000 元。这是工资薪金所得免征额的第二次调整。⑤2011 年 6 月 30 日，第十一届全国人民代表大会常务委员会第二十一次会议决定，将个人所得税起征点从 2011 年 9 月 1 日起调整为 3,500 元，同时，减少了工资薪金所得的税率累进级次，从九级超额累进税率减少为七级，将最低边际税率降低为 3%，将适用 45%边际税率的应纳税所得额从 100,000 元降低到 80,000 元。这也是工资薪金所得免征额的第三次调整。此外，国务院、财政部和国家税务总局还根据职责，对应税收入项目、免税项目、税收优惠等做出了一些具体规定。

2.2.2 个人所得税税制的主要内容

个人所得税税制比较复杂，涉及较多税制因素的处理，比如对什么收入课税、设计什么样的税率结构、使用什么样的征收方式等，需要处理征收效率和税负公平关系等诸多重大问题。比较而言，我国个税税制与美国联邦个税存在不少差别，有自己的特点，但总体简化。

1. 纳税人

我国个人所得税的纳税义务人是在中国境内居住、有所得的个人，称为"居民纳税义务人"，以及不在中国境内居住而从中国境内取得所得的个人，称为"非居民纳税义务人"。居民纳税义务人和非居民纳税义务人的纳税所得范围不同，具体区别是：居民纳税义务人是指在中国境内有住所，或者无住所而在境内居住满一年的个人，应当承担无限纳税义务，就其在中国境内和境外取得的所得，依法缴纳个人所得税；非居民纳税义务人是指在中国境内无住所又不居住或者无住所而在境内居住不满一年的个人，承担有限纳税义务，仅就其从中国境内取得的所得，依法缴纳个人所得税。

2. 征税对象

我国现行个人所得税实行分类所得税制，个人所得分为境内所得和境外所得，包括以下11类所得。

（1）工资、薪金所得。工资、薪金所得，是指个人因任职或受雇而取得的工资、薪金、奖金、年终加薪、劳动分红、津贴、补贴以及与任职或受雇有关的其他所得。个人取得的所得，只要是与任职、受雇有关，不管其单位的资金开支渠道以现金、实物、有价证券等哪种形式支付，都属于工资薪金所得，按此类型计算应税所得额和适用税率。

（2）个体工商户的生产、经营所得。按照我国个人所得税税制，虽然个体工商户属于企业，但是我国企业所得税属于公司所得税类型，仅就公司制企业课征企业所得税，个体工商户企业不是公司制企业，需要按照个人所得税税法缴纳个人所得税，不缴纳企业所得税。个体工商户的生产、经营所得依照其性质划分为三种类型：①经工商行政管理部门批准开业并领取营业执照的城乡个体工商户，从事工业、手工业、建筑业、交通运输业、商业、饮食业、服务业、修理业及其他行业的生产、经营取得的所得。②个人经政府有关部门批准，取得营业执照，从事办学、医疗、咨询以及其他有偿服务活动取得的所得。③其他个人从事个体工商业生产、经营取得的所得，即个人临时从事生产、经营活动取得的所得。

（3）对企事业单位的承包经营、承租经营所得。对企事业单位的承包经营、承租经营所得，是指个人承包经营、承租经营以及转包、转租取得的所得，包括个人按月或者按次取得的工资、薪金性质的所得。

（4）劳务报酬所得。劳务所得是个人提供服务获得的报酬，不同于工资薪金所得，也不同于个人工商户生产经营所得。劳务报酬所得，是指个人从事设计、装潢、安装、制图、化验、测试、医疗、法律、会计、咨询、讲学、新闻、广播、翻译、审稿、书画、雕刻、影视、录音、录像、演出、表演、广告、展览、技术服务、介绍服务、经济服务、代办服务以及提供其他劳务取得的所得。

（5）稿酬所得。稿酬所得是个人所得的一种独立类型，指个人因其作品以图书、报刊形式出版、发表而取得的所得。这里所说的"作品"，是指包括中外文字、图片、乐谱等能以图书、报刊方式出版、发表的作品。

（6）特许权使用费所得。特许权使用费所得，是指个人提供专利权、著作权、商标权、非专利技术以及其他特许权的使用权取得的所得。提供著作权的使用权取得的所得，不包括稿酬所得。作者将自己文字作品手稿原件或复印件公开拍卖（竞价）取得的所得，应按特许权使用费所得项目计税。

（7）利息、股息、红利所得。利息、股息、红利所得，是指个人拥有债权、股权而取得的利息、股息、红利所得。利息是指个人的存款利息、贷款利息和购买各种债券的利息。股息，也称股利，是指股票持有人根据股份制公司章程规定，凭股票定期从股份公司取得的投资利益。红利，是个人从公司（企业）取得的分红，指股份公司或企业根据应分配的利润按股份分配超过股息部分的利润。股份制企业以股票形式向股东个人支付股息、红利，应以派发的股票面额为收入额计税。需要注意的是，资本利得并不属于利息、股息、红利所得，不按照此规定缴纳个人所得税。

（8）财产租赁所得。财产租赁所得，是指个人出租建筑物、土地使用权、机器设备、车船以及其他财产取得的所得。财产包括动产和不动产。出租财产取得收入的，应按照财产租赁所得计税。

（9）财产转让所得。财产转让所得，是指个人转让有价证券、股权、建筑物、土地使用权、机器设备、车船以及其他自有财产给他人或单位而取得的所得，包括转让不动产和动产而取得的所得。当前，我国对个人股票买卖取得的所得（资本利得）暂不征税。

（10）偶然所得。偶然所得，是指个人取得非经常性的所得，属于各种机遇性所得，包括得奖、中奖、中彩以及其他偶然性质的所得（含奖金、实物和有价证券）。

（11）其他所得。除上述 10 项应税项目以外，其他所得应确定征税的，由国务院财政部门确定。国务院财政部门，是指财政部和国家税务总局。目前，国务院财政部门确定征税的其他所得具体包括：①个人取得"蔡冠深中国科学院院士荣誉基金会"颁发的中国科学院院士荣誉奖金。②个人取得由银行部门以超过国家规定利率和保值贴补率支付的揽储奖金。③个人因任职单位缴纳有关保险费用而取得的无偿款优待收入。④对保险公司按投保金额，以银行同期储蓄存款利率支付给在保期内未出险的人寿保险户的利息（或以其他名义支付的类似收入）。⑤股民个人因证券公司招揽大户股民在本公司开户交易，从取得的交易手续费中支付部分金额给大户股民而取得的回扣收入或交易手续费返还收入。⑥个人取得部分单位和部门在年终总结、各种庆典、业务往来及其他活动中，为其他单位和部门的有关人员发放现金、实物或有价证券。⑦辞职风险金。⑧个人为单位或者他人提供担保获得报酬。⑨商品房买卖过程中，有的房地产公司因未协调好与按揭银行的合作关系，造成购房人不能按合同约定办妥按揭贷款手续，从而无法缴纳后续房屋价款，致使房屋买卖合同难以继续履行，房地产公司因双方协商解除商品房买卖合同而向购房人支付违约金。购房个人因上述原因从房地产公司取得的违约金收入，应按照"其他所得"应税项目缴纳个人所得税，税款由支付违约金的房地产公司代扣代缴。⑩除直系亲属等之外的视同销售的房地产赠予，受赠人因无偿受赠房屋取得的受赠所得，按照税率 20%缴纳个人所得税。个人取得的所得，如果难以界定是哪一项应税所得项目，由主管税务机关审查确定。

3. 免税收入

免税收入是不列入应税所得、不课征个人所得税的收入，免税收入包括由个人所得税法规定的法定免税项目收入和其他法律法规规定的免税项目收入。

根据我国个人所得税法的规定，法定免税收入项目包括：①政府奖励奖金。省级政府、国务院部委和中国人民解放军军以上单位，以及外国组织、国际组织颁发的科学、教育、技术、文化、卫生、体育、环境保护等方面的奖金。②债券利息。国债和国家发行的金融债券利息。③补贴津贴。按照国务院规定发给的政府特殊津贴和国务院规定免税的补贴、津贴。④救济性款项。根据国家有关规定，由于某些特定事项和原因，给纳税人的正常生活带来一定困难，其任职单位从提留的福利费或工会经费中支付给个人的临时性生活补助费；民政部门支付给个人的救济金以及抚恤金。⑤保险赔款。保险公司支付的保险赔款。⑥转业复员费。军人的转业费、复员费。⑦安家费、离退休费用。按规定发给干部、职工的安家费、退职费、退休工资、离休工资、离休生活补助费。⑧外交人员所得。依照中国有关法律法规应予免税的各国驻华使馆、领事馆的外交代表、领事官员和其他人员的所得。⑨国际协议免税所得。中国政府参加的国际公约、签订的协议中规定免税的所得。⑩其他所得。经国务院财政部门批准免税的所得。

其他法律法规规定的免税收入项目具有补充性、临时性或者政策性，例如，见义勇为奖免税，对乡镇以上政府或县以上政府主管部门批准成立的见义勇为基金会或者类似组织，奖励见义勇为者的奖金或奖品，经主管税务机关批准，免征个人所得税；青苗补偿费免税，对于在征用土地过程中，单位支付给土地承包人的青苗补偿费收入，暂免征个人所得税；福利和体育彩票奖金免税，个人购买社会福利有奖募捐彩票和体育彩票，一次收入不超过 1 万元的，免征个人所得税；转让股票所得免税，对个人转让上市公司股票的所得、对个人投资者从证券投资基金分配中获得的国债利息、买卖股票价差收入、对个人投资者从买卖证券投资基金单位获得的差价收入，暂免征个人所得税。

免税收入项目是我国个税与美国联邦个税重大区别之一。美国联邦个税没有这个税基减除项目，只是部分收入项目列为收入排除项目，或者在税收抵免中予以考虑，但没有我国免税收入这么彻底和这么广的范围。典型的是养老金收入（企业职工养老金和机关事业单位离退休工资），中国个税将其作为免税收入，而美国个税将其作为应税所得，但是在标准扣除、税收抵免等税制因素中考虑老年人的实际情况。

4. 税前扣除

税前扣除是指在计税之前，允许从应税所得中扣除的部分收入。我国当前的税前扣除主要是个人社会保险缴纳和个人住房公积金缴纳（简称"三险一金"）和捐赠支出。国务院《个人所得税法实施条例》（2008）规定，按照国家规定，单位为个人缴付和个人缴付的基本养老保险费、基本医疗保险费、失业保险费、住房公积金，从纳税义务人的应纳税所得额中扣除。《个人所得税法》（2011）规定，个人将其所得对教育事业和其他公益事业捐赠的部分，按照国务院有关规定从应纳税所得中扣除。国务院《个人所得税法实施条例》（2008）规定，个人将其所得对教育事业和其他公益事业的捐赠，是指个人将其所得通过中国境内的社会团体、国家机关向教育和其他社会公益事业以及遭受严重自然灾害地区、贫困地区的捐赠。捐赠额未超过纳税义务人申报的应纳税所得额 30%的部分，可以从其应纳税所得额中扣除。

5. 费用扣除（免征额）

个人收入用于满足个人及其家庭基本生活需要的支出部分，按照基本生活费用支出不纳税原则，不应当缴纳个人所得税，作为费用扣除从应税所得税中减除。费用扣除就是免征额。由于我国实行分类所得税制，不同的所得项目的扣除方式也不同，具体免征额的规定也不同。

（1）工资、薪金所得的免征额（费用扣除）。2011 年 9 月开始每月费用扣除为 3,500 元，工资薪金所得减费用扣除后的余额，为应纳税所得额。费用扣除标准调整是一个重要的税制问题，1994 年税法实施时的费用扣除标准为 800 元，2006 年 1 月进行了第一次调整，调整为 1,600 元，2008 年 3 月起调整为 2,000 元，2011 年 9 月起调整为 3,500 元。

对在中国境内无住所而在中国境内取得工资、薪金所得的纳税义务人和在中国境内有住所而在中国境外取得工资、薪金所得的纳税义务人，可以根据其平均收入水平、生活水平以及汇率变化情况确定附加减除费用，附加减除费用适用的范围和标准由国务院规定。国务院《个人所得税法实施条例》（2011）规定，附加减除费用，是指每月在减除 3,500 元费用的基础上，再减除附加减除费用，标准为 1,300 元。

（2）个体工商户的生产、经营所得的费用扣除，以生产经营的成本、费用和损失为费用扣除项目，以每一纳税年度的收入总额减除成本、费用以及损失后的余额，为应纳税所得额。国务院《个人所得税法实施条例》（2011）规定，成本、费用，是指纳税义务人从事生产、经营所发生的各项直接支出和分配计入成本的间接费用以及销售费用、管理费用、财务费用；所说的损失，是指纳税义务人在生产、经营过程中发生的各项营业外支出。从事生产、经营的纳税义务人未提供完整、准确的纳税资料，不能准确计算应纳税所得额的，由主管税务机关核定其应纳税所得额。

（3）企事业单位的承包经营、承租经营所得的费用扣除，以必要的生产经营费用为费用扣除，以每一纳税年度的收入总额减除必要费用后的余额，为应纳税所得额。国务院《个人所得税法实施条例》（2011）规定，每一纳税年度的收入总额，是指纳税义务人按照承包经营、承租经营合同规定分得的经营利润和工资、薪金性质的所得，必要费用是指按月减除 3,500 元。

（4）劳务报酬所得、稿酬所得、特许权使用费所得、财产租赁所得，每次收入不超过 4,000 元的，减除费用 800 元；4,000 元以上的，减除 20%的费用。

（5）财产转让所得的费用扣除，为财产原值和合理费用，以转让财产的收入额减除费用扣除后的余额，为应纳税所得额。按照国务院《个人所得税法实施条例》（2011）规定，有价证券的财产原值是指买入价以及买入时按照规定交纳的有关费用；建筑物的财产原值是建造费或者购进价格以及其他有关费用；土地使用权的原值是为取得土地使用权所支付的金额、开发土地的费用以及其他有关费用；机器设备、车船的原值是指购进价格、运输费、安装费以及其他有关费用；其他财产，参照以上方法确定。纳税义务人未提供完整、准确的财产原值凭证，不能正确计算财产原值的，由主管税务机关核定其财产原值。合理费用，是指卖出财产时按照规定支付的有关费用。

（6）利息、股息、红利所得，偶然所得和其他所得，没有费用扣除，以每次收入额为应纳税所得额。

6. 税率表

我国个人所得税根据不同的应税所得类型，规定了三种不同的税率表或者税率。

（1）工资、薪金所得，适用 7 级超额累进税率（2011 年 9 月起适用），按月应纳税所得额计算征税。该税率表按个人月工资薪金应税所得额（等于所得减税前扣除和免征额）划分级距，最高边际税率为45%，最低边际税率为 3%。我国工资薪金所得个人所得税税率表如表 2.4 所示。

表 2.4　我国工资薪金所得税率表（2011 年 9 月）

级数	应纳税所得额	税率（%）	速算扣除数
1	不超过 1,500 元的部分	3	0
2	1,500 元至 4,500 元	10	105
3	4,500 元至 9,000 元	20	555
4	9,000 元至 35,000 元	25	1,005
5	35,000 元至 55,000 元	30	2,755
6	55,000 元至 80,000 元	35	5,505
7	超过 80,000 元的部分	45	13,505

注：可以采用速算扣除数计算应纳税额，即应纳税额=应税所得额全额×适用税率－速算扣除数。

（2）个体工商户的生产、经营所得和对企事业单位的承包经营、承租经营所得适用 5 级超额累进税率，按年计算、分月预缴税款，按照应税所得额（等于所得减费用扣除）划分级距，最高边际税率为35%，最低边际税率为 5%（见表 2.5）。

表 2.5 个体工商户和对企事业单位的承包经营、承租经营所得税率表

(2011 年 9 月)

级数	应纳税所得额（含税）	税率（%）
1	不超过 15,000 元的部分	5
2	15,000 元至 30,000 元	10
3	30,000 元至 60,000 元	20
4	60,000 元至 100,000 元	30
5	100,000 元以上部分	35

（3）比例税率。个人的稿酬所得、劳务报酬所得、特许权使用费所得、利息、股息、红利所得、财产租赁所得、财产转让所得、偶然所得和其他所得，按次计算征收个人所得税，适用 20%的比例税率。其中，对稿酬所得适用 20%的比例税率，并按应纳税额减征 30%；对劳务报酬所得一次性收入畸高的、特高的，除按 20%征税外，还可以实行加成征收，以保护合理的收入和限制不合理的收入。按照 2011 年国务院的规定，劳务报酬所得一次收入畸高，是指个人一次取得劳务报酬，其应纳税所得额超过 20,000 元。对应纳税所得额超过 20,000 元至 50,000 元的部分，依照税法规定计算应纳税额后再按照应纳税额加征五成；超过 50,000 元的部分，加征十成。

7. 税收优惠

税收优惠是指根据税法的一般规定应当征收而根据减免征收、避免双重纳税等需要，减少征收甚至不征收。根据我国个人所得税税法的规定，税收优惠有三种情形：①稿酬应纳税额减征 30%。②有下列情形之一的，经批准可以减征个人所得税：残疾、孤老人员和烈属的所得；因严重自然灾害造成重大损失的；其他经国务院财政部门批准减税的。减征个人所得税，其减征的幅度和期限由省、自治区、直辖市人民政府规定。③纳税义务人从中国境外取得的所得，准予其在应纳税额中扣除已在境外缴纳的税额。但扣除额不得超过该纳税义务人境外所得依照本法规定计算的应纳税额。

8. 税收计算

对于不同类型的收入，根据其不同的免税规定，确定应税所得；再根据税前扣除、费用扣除的规定，计算应税所得额；应税所得额根

据相应的税率（表）计算应纳税额；应纳税额扣除税收优惠，得到净应纳税额。

（1）工资、薪金所得的个人所得税应纳税额=应税所得额×适用税率－速算扣除数。适用税率指与应税所得额对应的最高边际税率。

（2）个体工商户的生产、经营所得部分的个人所得税应纳税额=应税所得额×适用税率－速算扣除数。适用税率指与应税所得额对应的最高边际税率。

（3）对企事业单位的承包经营、承租经营所得部分的个人所得税应纳税额=应税所得额×适用税率－速算扣除数。适用税率指与应税所得额对应的最高边际税率。

（4）劳务报酬所得（4,000元以下）的个人所得税应纳税额=（每次所得收入-800元）×20%。

劳务报酬所得（4,000元以上部分）的个人所得税应纳税额=[每次所得收入×（1-20%）]×适用税率－速算扣除数。收入不超过20,000元的，税率为20%，速算扣除数为0；收入超过20,000元至50,000元的部分，税率为30%，速算扣除数为2,000元；收入超过50,000元的部分，税率为40%，速算扣除数为7,000元。

（5）稿酬所得（每次收入不超过4,000元）的个人所得税应纳税额=（每次所得收入-800元）×20%×（1-30%）。

稿酬所得（每次收入超过4,000元）的个人所得税应纳税额=[每次所得收入×（1-20%）]×20%×（1-30%）。

（6）特许权使用费所得、财产租赁所得（每次收入不超过4,000元）的个人所得税应纳税额=（每次所得收入-800）×20%。

特许权使用费所得、财产租赁所得（每次收入超过4,000元）的个人所得税税额=[每次所得收入×（1-20%）]×20%。

（7）利息、股息、红利所得，财产转让所得，偶然所得和其他所得的个人所得应纳税额=每次所得收入×20%。

9. 征收征管

我国个人所得税的征收方式实行源泉扣缴（用人单位代扣代缴）与自行申报并用，注重源泉扣缴。

个人所得税，以所得人为纳税义务人，以支付所得的单位或者个人为扣缴义务人。个人所得超过国务院规定数额的，在两处以上取得工资、薪金所得或者没有扣缴义务人的，以及具有国务院规定的其他情形的，纳税义务人按照国家规定办理纳税申报。按照 2011 年国务院的规定，纳税义务人有下列情形之一的，应当按照规定到主管税务机关办理纳税申报：①年所得 12 万元以上的。年所得 12 万元以上的纳税义务人，在年度终了后 3 个月内到主管税务机关办理纳税申报。②从中国境内两处或者两处以上取得工资、薪金所得的。③从中国境外取得所得的。④取得应纳税所得，没有扣缴义务人的。⑤国务院规定的其他情形。

扣缴义务人按照国家规定办理全员全额扣缴申报，对扣缴义务人按照所扣缴的税款，付给 2%的手续费。

个人所得税的征收方式分为按月计征、按年计征和按次计征。个人工资薪金所得按月计征，个体工商户的生产、经营所得，对企业事业单位的承包经营、承租经营所得，特定行业的工资、薪金所得，从中国境外取得的所得，实行按年计征应纳税额，其他所得应纳税额实行按次计征。

我国税收机关分为国家税收机关和地方税收机关，个人所得税由地方税务机关征收。2002 年起，个人所得税为共享收入，中央分享60%，地方分享 40%。

2.3 我国个人所得税制度的实施和效果

我国从 1980 年设立个人所得税以来，至今只有三十多年的历史，远远短于英美国家个人所得税的历史。1980 年以来正是我国实行改革开放、经济快速增长的时期，个税收入增长较快，在财政和社会经济中的作用逐渐增强，但总体规模没有达到像美国等发达国家那样的地位和作用。

2.3.1 个人所得税税收规模

21 世纪之前，我国城乡居民收入水平较低，税收规模较小。表 2.6 显示，进入 21 世纪以来，税收绝对规模增长较快，期间税收规模除 2012 年以外一直呈现增长态势，从 2000 年的 659.64 亿元增加到 2014 年的 7,376.57 亿元（见图 2.1）。从个税税收占 GDP 比重表示的相对规模看，21 世纪初也有较快增长，并持续到 2007 年，之后开始进入波动状态，出现 2009 年下降后再恢复增长，并在 2011 年达到 1.25%的峰值，2012 年下降到低谷再恢复增长，到 2014 年达到 1.16%（见图 2.2）。从个税与 GDP 增长率对比看，大部分年份个税增长率超过 GDP 增长率，只有 2008 年、2009 年和 2012 年例外（见图 2.3）。

表 2.6　我国个税收入规模（2000—2014 年）

（单位：亿元，%）

年份	个税税收（亿元）	个税税收增长率（%）	总税收（亿元）	总税收增长率（%）	个税占总税收比重（%）	GDP（亿元）	GDP增长率（%）	个税占GDP比重（%）
2000	659.64	—	12,581.51	—	5.24	99,776.3	—	0.66
2001	995.26	50.88	15,301.38	21.62	6.5	110,270.4	10.52	0.90
2002	1,211.78	21.76	17,636.45	15.26	6.87	121,002.0	9.73	1.00
2003	1,418.03	17.02	20,017.31	13.5	7.08	136,564.6	12.86	1.04
2004	1,737.06	22.5	24,165.68	20.72	7.19	160,714.4	17.68	1.08
2005	2,094.91	20.6	28,778.54	19.09	7.28	185,895.8	15.67	1.13
2006	2,453.71	17.13	34,804.35	20.94	7.05	217,656.6	17.09	1.13
2007	3,185.58	29.83	45,621.97	31.08	6.98	268,019.4	23.14	1.19
2008	3,722.31	16.85	54,223.79	18.85	6.86	316,751.7	18.18	1.18
2009	3,949.35	6.1	59,521.59	9.77	6.64	345,629.2	9.11	1.14
2010	4,837.27	22.48	73,210.79	23	6.61	408,903.0	18.31	1.18
2011	6,054.11	25.16	89,738.39	22.58	6.75	484,123.5	18.4	1.25
2012	5,820.28	-3.86	100,614.3	12.12	5.78	534,123.0	10.33	1.09
2013	6,531.53	12.22	110,530.7	9.86	5.91	588,018.8	10.09	1.11
2014	7,376.57	12.94	119,158.1	7.81	6.19	636,138.7	8.18	1.16

注：各项收入指标均为名义量。
资料来源：国家统计局，国家数据网站，http://data.stats.gov.cn/。

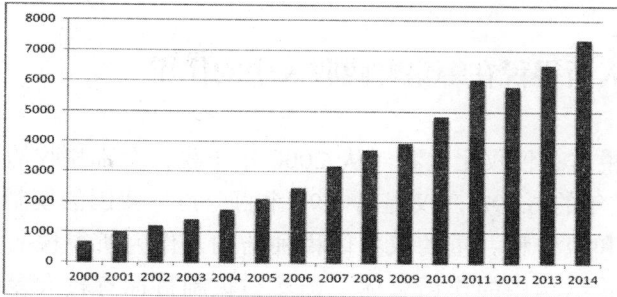

图 2.1　我国个人所得税税收规模（2000—2014 年）（单位：亿元）
资料来源：国家统计局. 国家数据（data.status.gov.cn）.

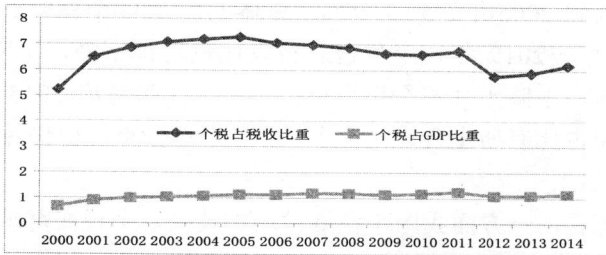

图 2.2　我国个税占总税收和 GDP 比重（2000－2014 年）（单位：%）
资料来源：国家统计局. 国家数据（data.status.gov.cn）.

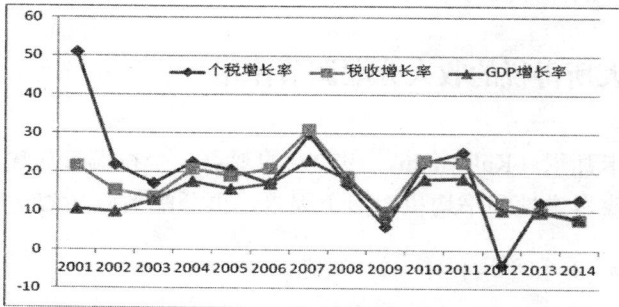

图 2.3　我国个税税收、总税收和 GDP 增长率（2001－2014 年）（单位：%）
资料来源：国家统计局. 国家数据（data.status.gov.cn）.

2.3.2 个人所得税在筹集财政收入中的作用

从个税占总税收比重看，从 2000 年个税占全部税收的 5.24%提高到 2014 年的 6.19%，仅提高 0.95 个百分点。我国的税制目标是建立所得税和流转税并重的双主体税种结构，作为所得税的主力军，个税在税收结构中的作用总体上仍然与税制目标有较大差距。更为重要的是，个税在税收中的地位和作用并非持续增长，可以划分为三个区间，第一个区间是 1999—2005 年，个税占总税收的比重持续增长，并且到 2005 年达到 7.28%，总体上升 2.04 个百分点；第二个区间是 2006—2012 年，个税占总税收比重总体下降，下降到 2012年的 5.78%，下降了 1.5 个百分点；第三个区间是从 2013 年开始的两年，个税占比有所上升，上升了 0.41 个百分点，但仍然没有回升到 2011 年的水平。

总体上看，一方面我国个税规模增加较快，个税在财政和国家经济生活中的作用增强；但另一方面，我国个税占税收比重较低，在税收结构中的地位不高，还远远低于英美等经济发达国家的水平，作为主体税种的地位并没有形成。

2.3.3 个人所得税的收入分配调节作用

根据卡瓦尼（Kakwanni，1977）的观点，个税调节居民收入分配取决于税收累进性和平均税率两个因素，再分配效应（RE）由税收累进指数（π_T^K）和平均税率（t）决定：

$$RE = \frac{t}{1-t}\pi_T^K \qquad (2.1)$$

平均税率和税收累进性越高，再分配效应就越强。根据上述分析，我国个税占 GDP 比重只有 1%，2014 年为 7,376.57 亿元，城镇人口 74,916 万，按照全部税收由城镇居民承担估计，人均税收 984.65

元，当年城镇居民人均可支配收入 28,843.85 元，按照 2012 年城镇居民可支配收入与总收入的对比关系估计，2014 年城镇居民人均总收入为 31,655.24 元（缺乏 2014 年城镇居民人均总收入数据，为此进行估计），则平均税率为 3.11%。假定税收累进指数为 0.4（徐建炜、马光荣和李实，2013），则再分配效应为 0.012，我国城镇居民收入基尼系数按照 0.3 计算，则相对再分配效应为 4%，也就是说，个人所得税能够使城镇居民收入差距缩小 4%。如果考虑全国居民，人均税收539.29 元，人均总收入估计为 22,182.83 元，全国居民的平均税率为2.43%，假定税收累进指数为 0.5（由于农村居民不纳税，税收累进性将更强），则再分配效应仍为 0.012，而全国居民收入基尼系数为0.469（国家统计局数据），则个税的全国相对再分配效应估计为2.56%。

当然，以上只是根据不同的收入来源数据的估计，不能代表我国个税再分配调节效果的真实情况。但是，由于缺乏可以计算的数据，关于我国个税再分配效应的测算也都是某种程度的估计，且不能给出关于个税调节全国居民收入分配的结果。表 2.7 给出了关于我国个税调节城镇居民收入差距效果的一些实证分析结果，也都显示了个税再分配调节能力很弱。这些实证测算分为两类，一类是使用城镇住户报税数据，另一类是使用模拟计算税收数据，模拟计算的再分配效应比使用住户报税数据的再分配效应要高一些。住户报税数据明显偏低，但模拟计算按照应征尽征测算，取两种方法的平均值可能更符合实际。另外，分组数据和微观数据不同，由于我国城镇住户分组是按照可支配收入而不是按照税前收入（城镇居民总收入）进行的，微观数据更符合实际，但如果个税的再排序效应不大，则差别不会很大。

表 2.7 我国个税调节城镇居民收入差距的效果

作者和文献	研究样本	数据特征	测算结果
佘红志（2010）	天津城镇住户调查（2002—2008 年）	住户调查微观数据，住户报税	2002—2008 年的个税再分配效应分别为 0.25%、0.5%、0.56%、0.37%、0.38%、0.59%、0.6%
万莹（2011）	全国城镇住户（1997—2008 年）	全国城镇住户宏观分组数据，住户报税	从 1997 年的 0.1%上升到 2008 年的 0.77%
彭海艳（2011）	全国城镇住户（1995—2008 年）	全国城镇住户宏观分组数据，住户报税	从 1995 年的 0.04%到 2008 年的 0.74%
石子印和张艳红（2012）	湖北省城镇住户（2007—2010 年）	湖北省城镇住户宏观分组数据，住户报税	从 2007 年的 0.32%到 2010 年的 0.44%
岳希明和徐静（2012）	2002 年、2007 年全国城镇住户	全国城镇住户调查微观数据，模拟计算纳税额	2002 年的 2%，2007 年的 4%
徐建炜、马光荣和李实（2013）	全国城镇住户（1997—2009 年）	全国城镇住户调查微观数据，模拟计算纳税额	1997—2009 年分别为 1.87%、1.81%、1.72%、2.01%、2.26%、2.0%、2.35%、2.9%、3.07%、2.74%、3.66%、3.27%、3.48%
曹桂全和任国强（2014）	2008 年天津市城镇住户	天津市城镇住户微观数据，住户报税	0.75%

注：徐建炜、马光荣和李实（2013）没有给出相对再分配效应数据，表中数据是本书作者根据其测算结果进一步计算的。

2.3.4 个人所得税的征管

现有文献表明，我国个税流失率较高，征收率可能只有 50%（刘黎明和刘玲玲，2005；李一花、董旸和罗强，2010）。钱晟（2001）较早提出了我国个人所得税的征管问题，认为我国重视工资薪金所得税的征管，而对于收入来源不规范的隐形收入、灰色收入征管不足，使高收入者与低收入者之间难以真正通过累进税率体现出税收差别对待的政策精神。胡鞍钢（2002）认为我国个人所得税产生了"逆调节"作用，并将之归因于征管问题，对高收入者、私营经济业主、非工薪收入征管不严，高收入人群的平均税率低，成为制约我国个税收入差距调节作用的重要因素。佘红志（2010）根据城镇住户调查的居民收入分布和个税税制进行模拟分析的结果显示，如果能够严格征管的话，个人所得税的调节力度将远远大于当前的实际调节作用。

当然，我们也应当看到我国个税征管上的进步：①自 2007 年开始，我国实行纳税人自行申报制度。2006 年，国家税务总局发布《个人所得税自行纳税申报办法（试行）》，对于年收入超过 12 万元的纳税人和两处以上取得收入的纳税人等，要求纳税人进行自行纳税申报。这有利于增强居民纳税意识，并为未来实行综合税制和全面推进纳税申报创造条件。②重点加强高收入者财产性所得项目征管。从 2010 年起对个人转让上市公司限售股所得征收个人所得税，体现了对高收入者的税收调节。同时，制定完善了股权转让所得、房屋转让所得、拍卖所得等高收入者财产性所得个人所得税征管措施，带动财产转让所得个人所得税快速增长。③加强高收入者日常税源监控。一方面，税务部门通过推广应用个人所得税管理信息系统，方便扣缴义务人履行全员全额明细扣缴申报义务，税务机关掌握的高收入者逐步增加，日常税源管理得到加强。另一方面，积极推进年所得 12 万元以上纳税人自行纳税申报，高收入者自行纳税申报人数逐年增加。同时，税务部门积极开展与房屋登记部门的合作，实现了房屋转让所得"先税后征"的税源监管。另外，各地切实加强了私营企业投资者个人所得税征管，积极开展高收入者个人所得税专项检查。④在加强高收入者主要所得项目征管方面，一是要以非劳动所得如财产转让所得和利息、股息、红利所得为重点，针对容易逃避税的关键环节，完善征管措施，创新管理方式。对于股权转让所得，重点做好平价或低价转让股权的核定工作，通过建立电子台账，记录股权转让的交易价格和税费情况，加强财产原值管理，形成较为完整的管理链条。重点监管上市公司在上市前进行增资扩股、股权转让、引入战略投资者等行为的涉税事项，防止税款流失。对于其他形式财产转让所得，重点加强个人以评估增值的非货币性资产对外投资取得股权的税源管理。对于股息、红利所得方面，针对连续盈利且不分配股息、红利或者核定征收企业所得税的企业，税务部门将对其个人投资者的股息、红利等所得实施重点跟踪管理。对投资者本人及其家庭成员从法人企业列支消费支出和借款的，积极开展日常税源管理、检查，对其相关所得依法征税。二是加强对生产经营所得的征管。对规模较大的个人独资、合伙企业和个体工商户的生产经营所得，加强查账征收管理。对个人独资企业和合伙企业从事股权（票）、期货、基金、债券、外汇、贵重金属、资源开采权及其他投资品交易取得的所得，全部纳入生产经营所得，依法征收个人所得税。⑤加强高收入行业和人群的个人所得税征管。一是加强以非劳动所得为主要收入来源人群的征管，密切关注持有公司大量股权、取得大额投资收益以及从事房地产、矿产资源投资、私募基金、信托投资等活动的高收入人群，实行重点税源管理。二是深化高收入行业工薪所得扣缴税款管理，重点加强高收入行业企业的中高层管理人员的奖金、补贴和股权激励所得征管。三是切实加强数额较大的劳务报酬所得征管，与有关部门密切合作，及时获取相关劳务报酬支付信息。加强对个人从事影视表演、广告拍摄及形象代言等获取所得的源泉控管，重点做好相关人员通过设立艺人工作室、劳务公司及其他形式的企业或组织取得演出收入的所得税征管工作。四是加强高收入外籍个人来源于境内、境外所得的征管。⑥建立协税护税机制。强化税源管理基础，推动建立协税护税机制，加强税务机关内部和外部涉税信息的获取与整合应用，掌握高收入者经济活动和税源分布特点、收入获取规律等情况，有针对性地加强高收入者个人所得税征管。各级税务机关通过改进纳税服务，深化纳税评估，加强专项检查，促进纳税人依法诚信纳税。⑦提高纳税服务质量。纳税服务成为税务机关重要职责之一，建立纳税人和税务机关之间的良好互动关系，有助于创造良好的纳税环境。

2.4 我国个人所得税税制改革的政策方向

2006 年以来，个税始终是我国财税领域的热点。当前，从国家对个税及其改革的要求看，大致提出了三个政策方向。

2.4.1 建立综合和分类相结合的个人所得税制

第一个改革和政策方向是建立实行综合和分类相结合的个人所得税制。早在 1996 年的"九五"计划中，中国就提出要"建立覆盖全部个人收入的分类与综合相结合的个人所得税制"。2003 年十六届三中全会通过的《中共中央关于完善社会主义市场经济若干问题的决定》，明确我国个人所得税改革的方向是"实行综合和分类相结合的个人所得税制"。2013 年十八届三中全会通过的《中共中央关于全面深化改革若干重大问题的决定》继续保留了这一改革政策。根据相关报道，2016 年 3 月，税制改革方案已经提交有关决策部门研究。

实行综合和分类相结合的税制，有什么政策作用呢？首先，有利于公平税负，这是直接的效果，也是改革的重要目标。我国当前实行的是分类税制，不同来源收入的税率结构、免征额和扣除方法不同，税负并不相同。我国之所以实行分类税制，部分是出于公平的考虑，比如资本所得和劳动所得性质有差异，而有些收入分类课征存在不公平的问题。但是，劳务所得很少，依靠单一稿酬来源生活的人更少，多数人依赖于一种收入来源，公平问题不严重；但主要是从征管成本考虑，综合税制不仅税制复杂，征管成本高，而且需要健全的征管体系。当前，分类课税已经不适应社会经济发展的实际，不公平问题变得严重，比如劳务所得、稿酬所得等形式的收入增加，依靠劳务、稿酬收入的"自由人"明显增加，相应的免征额、扣除和税率结构与工资薪金所得的差别就成为不公平的制度设计。在这种形势下，对于某些收入综合加总计征，是很有必要的。其次，综合与分类相结合税制有利于实施费用扣除，使应税所得额更公平衡量纳税能力。在每个纳税人只有一类收入的条件下，如果仅仅考虑公平税负，对不同收入设计差异的扣除项目、税率表也可以实现。但是，当今社会收入来源多元化，具有多种来源收入的人数增加，一个纳税人有几类来源的收入，分类计征无法进行统一扣除和适用统一税率表，这就需要综合计征。最后，在综合和分类相结合的税制之中，综合和分类相结合的课征对象是基础但不是全部，要在基础上，进行税率结构、税收征管、扣除项目、免税收入的综合设计，要处理好个人所得税与社会保障之间的关系，尤其是，综合税制有利于免征额制度的改革和完善，这是一项复杂的系统工程。

2.4.2 加大个人所得税收入分配调节力度

第二个改革和政策方向是加大个人所得税调节力度。2013 年 2 月，发改委、财政部、人力资源社会保障部《关于深化收入分配制度改革的若干意见》提出，加快健全以税收、社会保障、转移支付为主要手段的再分配调节机制，使收入分配差距逐步缩小。在税收调节方面，重点提出了加强个人所得税调节。加大个人所得税调节力度对税制改革和完善征管提出要求，除了加快建立综合与分类相结合的个人所得税制度外，还要完善高收入者个人所得税的征收、管理和处罚措施，将各项收入全部纳入征收范围，建立健全个人收入双向申报制度和全国统一的纳税人识别号制度，依法做到应收尽收。取消对外籍个人从外商投资企业取得的股息、红利所得免征个人所得税等税收优惠。当然，要最终加大个税调节力度，单独依靠税制和征管是不行的，必须努力提高城乡居民收入，有更多的税收可征，这就不是个税税制和征管本身的问题了。

2.4.3 提高直接税比重

第三个改革和政策方向是个人所得税肩负着提高直接税比重的任务。《中共中央关于全面深化改革若干重大问题的决定》提出，要完善税收制度，逐步提高直接税比重。我国企业所得税改革基本到位，税率为 25%，基本没有提高空间，而且随着经济新常态的到来，企业高利润时代基本过去。我国将实施"提高两个比重"的初次分配制度改革，而对居民个人住房并未征收房地产税，个人所得税税收优惠政策有待调整，税收流失较多，提高直接税比重将依靠个人所得税和房地产税。

当前，我国个税改革正处于方案制定阶段，如何进行税制改革以有利于上述政策目标的实现，是迫切需要研究的领域。本书研究个税免征额制度问题，也必须放到整体税制改革和完善中去认识。

2.5 本章小结

本章研究个人所得税税制理论，研究内容总体上基于现有文献概括关于个人所得税的认识，也对我国个人所得税的实施情况进行了分析，总结陈述了我国个税改革和发展的政策方向。本章的主要观点如下：

（1）个人所得税经历了从临时税收到成为一些经济发达国家主体税种的演进过程，成为具有筹集财政收入和调节收入分配功能的重要税种，是奉行居民基本生活费用支出不课税的良税，也是具有再分配调节功能的"罗宾汉税"。

（2）个税具有复杂的税制要素，包括所得确定、纳税所得排除收入项目（免税收入）、工作费用扣除项目、免征额、其他税基扣除项目、税率表、税收优惠和税收抵免、税收征管制度等。其中，免征额是最为重要的税制要素，也最为复杂。

（3）我国个税与美国联邦个税的税制有很大差别。我国采取分类税制模式，而美国采取综合税制模式；我国个税的免税收入与美国个税的排除收入项目不同，中国的免税收入范围更广；美国个税设立了工作费用扣除项目，将降低纳税能力的费用进行减除，中国个税没有该税制要素安排；中国个税免征额标准单一，美国个税免征额构成复杂，有标准化部分，也有差异化部分；中国个税税前进行个人缴纳的"三险一金"扣除，而美国个税将该部分内容安排在排除收入项目、税收抵免项目之中，但一般是有限额的。整体而言，美国个税税制安排更加公平合理，但税制复杂并且必然导致征管成本高，而我国个税税制相对简化，征管成本必然相对较低。

（4）进入 21 世纪以来，我国个税税收规模有了较大增长，但个税税收占 GDP 比重、占总税收比重增加有限且不稳定，个税筹集财政收入的功能不强，个税再分配效应较弱，与期望的个税功能相比，我国个税进一步拓展其功能空间很大。

（5）当前我国个税改革和发展的政策方向包括建立综合和分类相结合税制、加大个税再分配调节力度、发挥个税对提高直接税比重中的作用。个税再分配调节作用、个税在税收结构中的地位和作用不仅取决于税制，更主要受制于居民收入水平，应该是较长时期的目标。

第3章

个人所得税免征额的内涵、价值和标准

　　本章研究个税免征额的内涵、价值和标准，是个人所得税免征额的基本理论问题的组成部分。总体上，国内关于免征额的价值和标准缺乏系统的理论研究，国家立法上确认了免征额的必要性并设立了免征额制度，但免征额标准确定的依据并没有明确的规定，且对工资薪金所得只是给出了一个纳税人标准免征额，留下很大的理论研究空间。实践中，由于缺乏对免征额价值的认知，容易将免征额视为个税税制中的局部小问题。本章对免征额内涵、价值和标准进行理论阐述，构建个税免征额制度的理论基础，对免征额不同的理论认识进行辨析，采取提出示例方法，以美国联邦个税免征额制度作为典型案例进行剖析。

3.1 免征额的内涵和价值

3.1.1 免征额的内涵和基本价值

免征额是税法规定的、从课税对象全部数额中免予征税的部分数额。但免征额与免税收入、税前扣除是不同的。免税收入是对该种收入全面免予课征，该类收入不作为课征对象主要是体现社会政策或者财政安排，比如国债利息免于课税，有鼓励购买之意图。税前扣除是从税前收入中减除的支出项目，设立该等项目的意图，一是该等支出并不增加居民福利而可能是生产经营费用支出；二是体现社会政策尤其是社会保障政策，鼓励居民参加社会保险甚至私人保险而做出的递延纳税安排；三是鼓励慈善捐献。免征额则是对该种收入课征所得税的同时规定对其中不予课征的部分收入，因为这部分收入用于获得的产品和服务对于居民生活是必需的，不能因为课税而减损，否则居民基本生活需要将得不到满足。当课税对象小于免征额时，都不予征税；当课税对象大于免征额时，仅对超过免征额部分的课税对象征税。

财政学上还有起征点的概念，指收入达到起征点的个人才纳税，且对其全部收入课税，而收入达不到起征点的人，将不纳税。对于个人所得税来说，如果收入达不到免征额的，将没有应税所得额，当然将不纳税，与起征点的实际效果有相同之处。但是，严格说来，当前我国个税没有起征点的概念，因为即使个人收入超过免征额的，其实也可能不纳税，因为税法除了有免征额之外，还有免税收入、税前扣除（"三险一金"扣除）。因此，应当尽量避免使用起征点的概念。

个人所得税被认为是更为民主、更富有人性及社会性的税种。个税与"人"直接相关，能够更好体现"量能原则"。那么，按照量能原则，只有超出其个人及家庭最低生活所需费用的所得始有负担能力，故所得必须减除保障生存之必要费用及意外负担，始得课税。这与现代国家保障公民生存权的意旨一致。所以，免征额的内涵就是，维持个人生存权利的基本生活费用支出的数量，该数量收入不予课税。各国实行不同的课税模式，但是在计算个人应税所得额时，都会对毛所得进行免征额减除。设立免征额制度的目的是为了照顾纳税人的生活需要，使税收在个人和国家之间的分配更加合理，实现居民基本生活费用支出（生计收入）不纳税，这就是免征额的价值。

免征额的形式存在差别。一些国家如澳大利亚、奥地利、芬兰、法国和德国等，其个税设立 0 税率等级，这个税率等级实际上就是免征额。比如 0 至 10,000 欧元的收入适用 0 税率，实际上是设立了 10,000 欧元的免征额。还有的国家没有免征额，也没有 0 税率等级，但是规定了较大额度的税收抵免，实际上也实现了一定水平收入不纳税，这个水平的收入实际上具有免征额的作用。

3.1.2 免征额与效率

税收是国家为提供公共物品和服务筹集财政收入的手段，是资源配置的手段，应当符合效率原则。居民用于基本生活费用支出、用于保持基本生存权的支出，显然具有极高的价值。只有当政府使用通过税收筹集财政收入提供的公共物品和服务的价值超过居民基本生存权价值的时候，征税才符合效率原则。政府可以通过多种形式筹集财政收入，可以通过对用于居民基本生活费用支出之外的收入、不危及居民基本生活的收入课税，用于提供超过居民基本生存权价值的公共物品和服务。很难有如此之多的、价值如此之高的公共物品和服务，需要通过对居民基本生活减损来筹集资金。因此，免征额体现了资源配置效率的要求。

现代国家还广泛建立了社会保障制度（福利国家制度），对基本生活不能依靠自身收入得到满足的低收入者、弱势群体等提供物质帮助。如果对居民基本生活收入课税，则导致低收入者的基本生活需要得不到满足，国家还要通过社会保障制度对其进行收入转移，这样就会回到国家财政收入不增加、居民收入不减少的初始状态，但是政府将为之付出税收和社会保障管理成本，是无谓的浪费。从这个方面看，免征额也是符合效率要求的。

3.1.3 免征额与公平

税收公平区分为横向公平（水平公平）和纵向公平（垂直公平）。横向公平要求对相同状况（如纳税能力）的纳税人给予相同的对待（如课征相同的税额），相同状况的纳税人，应该具有相同的税负，税收不应当改变纳税人之间本来相同的状态，税收不能制造新的不平等。纵向公平要求对不同状况的纳税人给予不同对待，不同状况的纳税人应该具有不同的税负，纳税能力强的多承担税负，纳税能力弱的少承担税负（包括不承担税负），使税收能够降低收入不平等。

免征额是否公平呢？我们先分析横向公平。免征额制度的目标是对于基本生活费用支出相同的个人或者家庭，给予相同的免征额扣除，因此，就免征额给予基本生活费用相同的人以相同的待遇这一点来说，免征额符合横向公平的要求。但是，如果以个人或者家庭收入等作为基准，免征额也会出现横向不公平。个税是以个人或者家庭为单位课征的，那么，免征额就要考虑个人或者家庭的基本生活费用支出实际，支出多少，准予扣除多少。但是，收入水平相同的个人或家庭，基本生活费用支出水平未必相同，免征额扣除后的税负并不一定相同，很难保证完全的横向公平。免征额横向不公平尽管存在，但不会是严重的社会问题，社会是能够接受的。一国之居民，除非发生像医疗费用支出等非预期事件，收入相同纳税人的基本生活费用支出相差不会很大，横向不公平程度不会很高。再者，一国之人民，不会抱怨给予收入相同但面临不测的人更多的待遇，横向不公平不会有较大的社会问题。

再分析纵向公平。免征额是对居民收入中基本生活费用支出的扣除，以减轻居民纳税负担，或者说避免不必要的税收负担。但是，即使是相同的免征额，对不同收入水平的个人的价值是不相同的，免征额优先考虑的是低收入者，因此符合纵向公平的要求。假定当前居民基本生活费用支出是 3,500 元，对于收入 3,000 元和 10,000 元的两个人，如果不设立免征额，采取 1%的比例税率，应当分别缴纳 300 元和 1,000 元税收，平均税率都是 10%，税收没有累进性，虽然高收入者的纳税多但与低收入者税负率相同，对低收入者的损害更大，也就是说，高收入者的基本生活费用支出未受税收影响，而低收入者本来就不能满足的基本生活费用支出进一步减少，只有 2,700 元的基本生活费用支出，300 元税收对纳税人的价值损失是极大的，不符合纵向公平原则。同时，从税收对收入差距影响看，没有免征额的比例税并不改变收入的相对差距，无论是否征税，收入差距都是 3.33 倍，也不符合纵向公平原则。因此，不设立免征额比例课税不具有纵向公平。现在假定设立 3,500 元的免征额，仍采用 10%的比例税率（为方便考察免征额效应），则纳税分别是 0 元和 650 元，比不设立免征额时分别减少了 300 元和 350 元，平均税率分别是 0 和 6.5%，虽然高收入者税收减少的更多，但是低收入者税收减少的价值更大，因为低收入者的税收减少将用于基本生活费用支出。平均税率随收入提高而提高，具有税收累进性。同时，税后收入分别是 3,000 元和 9,350 元，相对差距为 3.12 倍，比不设立免征额条件下的税后收入差距缩小，符合税收纵向公平原则。免征额能够产生税收累进性，这既是税收纵向公平的体现，也成为个税具有再分配调节能力的制度基础。

　　当然，个税税制不仅设立了免征额，而且实行累进税率结构，税率结构也对纳税额和税后收入产生影响。在上面的例子中，假定不采取 10%的比例税率而按照我国当前工资薪金所得税率表纳税，同时设立 3,500 元的免征额，则纳税分别是 0 元和 745 元，与 10%的比例税率和设立免征额相比，低收入者税收不变，而高收入者多缴纳 95 元，税后收入分别为 3,000 元和 9,250 元，相对差距变为 3.08 倍，进一步缩小。因此，在累进税率结构之下，免征额的公平效应更加显著。以上计算的数据，我们列于表 3.1 中。

表 3.1 免征额公平性的示例：免征额与无免征额的比较

项目	10%比例税，无免征额			10%比例税，有免征额			累进税率结构，有免征额		
	税收	平均税率	税后收入	税收	平均税率	税后收入	税收	平均税率	税后收入
3,000 元	300	10%	2,700	0	0	3,000	0	0	3,000
10,000 元	1,000	10%	9,000	650	6.5%	9,350	745	7.45%	9,250
收入差距	3.33			3.12			3.08		
税收累进性	无			有			有		
再分配效应	相对差距不变			相对差距缩小			相对差距进一步缩小		

资料来源：作者计算而得。

与横向公平一样，免征额在纵向公平方面也不是完美的。免征额要求对基本生活费用支出多的纳税人给予更高的免征额，但是，未必收入水平低的基本生活费用支出高，更高水平的免征额未必给予了低收入者，必然存在基本生活费用高的高收入纳税人获得较高免征额的情况，结果很难完全符合纵向公平要求。就免征额基本价值而言，无论收入高低，基本生活费用支出高的个人和家庭，都应当获得更高的免征额，这是免征额价值的要求，但可能与纵向公平原则产生冲突。实际上，低收入者的收入可能低于法律规定免征额，也就没有收入可以扣除，而高收入者则有充足收入可以扣除，这也导致事实上的纵向不公平。这是免征额的局限性，我们将在第 3.4 节集中分析。在这种情况下，如果认为免征额局限性导致的社会危害不大，社会将更加强调免征额价值，强调免征额给予任何居民基本生活费用支出不课税的优先性；如果认为免征额局限性有较大危害，则通过设立一些制度，对免征额局限性加以限制，保证免征额不公平性的社会危害低于实现免征额价值的社会利益。但无论如何，看到免征额存在纵向不公平就否认免征额价值，则是不合适的。

3.2　免征额标准及其确定方法

3.2.1　免征额标准的性质

关于免征额概念、功能和确定标准的不同理解涉及关于免征额标准性质的认识。高亚军和周曼（2011）认为，免征额属于税收优惠的范畴，是征税主体考虑到纳税人或者课税对象在社会和经济中的意义而给予的税收优惠，以减轻纳税人的负担或者鼓励纳税人从事某种产品生产或产业发展，是发挥税收政策导向作用的工具。尽管没有很多文献表达这种观念，但实际上一些研究者是持有这种态度的，将免征额视为相机抉择的政策变量，拓展个税免征额功能，潜在包含着关于免征额确定标准的理念。周伟和武康平（2011）将个税免征额引入拉弗曲线，发现最优税率有随个税免征额提高而下降的趋势，提出应当适应地区收入水平和居民收入分布差异而设立不同的最优免征额和实行差别化税制。这些研究是沿着将个税免征额作为相机抉择的政策变量的方向进行的，这就不仅需要协调免征额价值和个税功能，还要协调免征额与经济增长、资源配置目标。但是，按照免征额的内涵和价值，设定免征额标准的依据是居民基本生活费用支出，在一定条件下免征额就应该是一个特定的数量，而不是相机抉择的政策变量。

免征额应当是一个特定的数量还是一个可以选择的政策变量，与关于免征额概念、免征额功能、免征额确定标准背后的理念有关，并将会决定不同的政策方向。免征额作为特定量的条件下，免征额制度改革和免征额调整的目标将能更好地反映居民基本生活费用实际；而在免征额作为一个相机抉择政策变量的条件下，免征额就会被需要根据各种宏观经济、资源配置、分配公平目标进行优化。我们认为，免征额本身是个税具有基础性作用的税制要素，其出发点和功能是保障纳税人生计收入不纳税，而其他作用比如税收累进性效应则是衍生的，免征额无法直接承载资源配置、社会和谐、经济增长等诸多社会经济功能，尽管免征额在这些方面实际起到作用。将免征额与诸多的社会经济职能联系起来的话，如果能够证明免征额功能与社会和谐、最优税率追求的方向具有一致性，就能够具有很强的政策指导意义，而让个税免征额直接参与整体税率优化等社会经济目标，的确是一个系统工程，但也很可能伤及个税免征额价值本身，破坏了个税作为良税的基础，应当慎重。

3.2.2 免征额标准的确定原则

个税免征额要基于维持最基本生活的生计费用进行判定，如何判定呢？对个税免征额的争论焦点首先就在于对维持个人基本生存权利的生计费用标准的判断不同。什么是生存权？《世界人权宣言》第 25 条规定："人人有权享有为维持他本人和家属的健康和福利所需要的生活水准，包括食物、衣着、住房、医疗和必要的社会服务。"《经济、社会及文化权利国际公约》第 11 条第 1 款规定："本公约缔约各国承认人人有权为他自己和家庭获得相当的生活水准，包括足够的食物、衣着和住房，并能不断改进生活条件。"甚至也有将人的基本生存权引入精神因素，将基本生存权理解为"能在社会上保持作为人的尊严的最低限度的经济的和文化的生活"。那么，当个人不能够通过自身获得基本生存权的满足的时候，国家和社会应该给予帮助；同样的逻辑，当个人能够通过自己的收入获得基本生存权的满足的时候，国家税收也不能损害之。基本生存权是政治意味更强的概念，在经济和社会意义上，就是居民基本生活需要。按此逻辑，用于满足个人及其家庭基本生存权支出（基本生活费用支出）不应当课税，这部分收入应当在个税应税所得中进行扣除，这就是个税免征额。反过来说，免征额应界定为维持纳税人本人及其家庭成员的最低生活费用，包括用于支付食物、衣着、住房等的费用，以及医疗费用、教育费用、文化生活费用等。将免征额标准界定为居民基本生活费用支出，就将免征额标准界定为科学问题，我们需要做的将是界定居民基本生活的内涵、基本生活费用支出范围，各项基本生活费用支出以及总的基本生活费用支出，从而也就是确定了免征额标准。这样，即使对免征额标准（数量）有争议，也可以在科学的范围内解决。

3.2.3 免征额标准的确定方式

免征额的确定涉及三个层面的问题，即免征额价值、免征额形式和免征额水平。余显财（2010）认为，免征额确定涉及两个层面的问题，即免征额的功能定位和免征额应采用的形式。古德（Goode，1976）提供了确定免征额关于功能定位的四点框架。①使纳税申报者数量控制在可管理的范围之内，尤其是要控制那些税收贡献小于征收成本的纳税人。②能够维持纳税人的基本生活，从而使得政府避免因对贫困者征税带来的经济、政治和社会方面的负面效果。③使有效税率在较低纳税等级部分获得平滑累进。④按照纳税人的家庭规模区分纳税义务。关于免征额应采用的形式，也有四种可供选择的免征额类型：①起征点式免征额。应税所得一旦超过免征额，则需就全部所得征税。这种类型的缺点在于应税所得额处于征税临界点附近时边际税率会超过 100%，纳税人减少劳动供给或逃税避税的可能性大大增加，从而加大了税收管理难度。②递减式免征额。免征额随应税所得的提高而逐渐减少直至消除。递减式免征额可从技术上分为阶段式递减和线性递减。美国现行个人所得税个人免征额部分实行阶段式递减。免征额递减的缺点在于，它使纳税额依据纳税人的收入水平个性化了，对税务机关征管水平和纳税人依法纳税意识提出了双重高要求；其优点是，在提高免征额时不会减少富人的应纳税额，而只对中低收入者的纳税义务有积极影响，且不会导致税收收入的显著变化，使免征额调整不再过度受制于收入因素，也可以部分消除公众对个税调节收入分配功能的质疑。③固定式免征额。伴随居民基本生活费用支出上升而提高免征额必然会较大地减少税收收入，而且给处于更高税率的高收入者带来较大的税收利益，固定式免征额避免了这些消极因素。固定式免征额还有简洁性的优点。固定式免征额的最大缺陷是缺乏灵活性，也因为不能反映生计费用随经济增长（或通货膨胀）而增加的事实，有损中低收入者的利益并增加他们对所得税不公平的感受。④抵免式免征额。即先就全部应税所得计算征税，再从应纳税额中扣除税收。对这种免征额形式的抵触主要来自心理层面，纳税人可能宁愿在税前扣除部分所得，也不愿就全部所得征税后再将一部分抵免。抵免式免征额也需要根据纳税人自身的收入状况来计算相应的抵免额，与递减式免征额缺点有相似性，税收遵从成本提高（余显财，2010）。我们看到，美国联邦个税的税收抵免的一些项目，实际上具有免征额的价值。

3.2.4 免征额标准的水平

无论免征额标准确定的理念、方式如何，最终要确定一个免征额标准数量，或者称为免征额水平。免征额水平是重要的。居民基本生活的概念是抽象的，居民基本生活的构成需要加以界定，并以此确定免征额水平。这方面的研究是相当缺乏的。我们可以指出，缺乏关于居民基本生活项目构成、达到基本生活水平的费用支出的界定，是我国是否应当提高免征额争论的背景问题之一。实际上，我国税法并没有规定个税免征额的确定标准，也没有关于居民基本生活项目的构成的规定。这无论是对国家立法还是对学术研究，都将是一个非常重要的课题。

我们暂时忽略部分问题，假定个人或者家庭基本生活费用支出是有确定标准的，其数据是可以获得的。但是现在我们会发现存在另外一个问题，每个人或者家庭的基本生活费用支出存在差异，是不是要按照每个个人或者家庭的居民基本生活费用实际确定每个个人或者家庭的免征额？理论上来说，每个纳税人都应当按照纳税人及其家庭的基本生活费用实际准予扣除。但是，这有三个方面的问题：①纵向不公平。对于低收入者，其实际基本生活费用支出可能很低，而高收入家庭实际支出较高，完全按照实际支出确定免征额对低收入纳税人是不公平的。②纳税人行为扭曲。准许每个纳税人按照基本生活支出项目进行实际扣除，可能产生纳税人支出行为扭曲，也就是说，纳税人会选择准许扣除的项目进行支出，结果可能在法定的支出项目上支出过高，影响社会资源配置，也不利于纳税人进行最优选择，还减少了国家税收。③征管成本巨大。每个纳税人都按照法定支出项目据实申报，税务机关要为每个纳税人算账，必然导致极高的征管成本。

这就需要正确认识和处理个税免征额标准的平均化和不同纳税人基本生活费用差异化之间的关系。一国之人民，基本生活费用项目总体相同，维持生存和基本权利的费用正常情况下不会相差很大，免征额标准平均化、标准化，是可取的、稳妥的。当纳税人发生非正常的、风险事件以及其他特殊情况时，应当给予重点考虑，纳税人可以在基本生活的支出项目上准予据实申报扣除，这样就力图取得一般情况和特殊情况的大致均衡、公平和效率的大致均衡。但是，这绝对不是完美的均衡，标准化免征额的局限性必然存在，国家税法可以进一步设计一些制度抑制标准化免征额的局限性。抑制免征额的局限性不是完全抑制，抑制局限性并不等于消除局限性。

各国个税免征额确定方法的实践显示了平均化免征额与纳税人基本生活费用支出差异化之间的权衡。为使对免征额标准确定方法有直观认识，我们这里比较我国工资薪金所得税免征额和美国联邦个税免征额的确定方法。

根据财政部 2005 年和 2011 年向全国人大常委会报告个税修正案的报告，我国工资薪金所得的个税免征额确定涉及三个指标：全国城镇居民平均消费支出（X）、全国城镇职工平均负担系数（α）和全国城镇职工平均工资（W）。我国个税免征额是按照月计算的，X、W 的统计数据是年度的，需要换算成月平均数。消费支出被用作为基本生活费用支出的替代指标，但是职工缴纳个税时，不仅需要承担自己的基本生活费用支出，还要承担负担人口的支出，所以，工资薪金所得税免征额为 $\alpha X/12$。比如，2012 年，全国城镇居民家庭人均消费现金支出 16,674.3 元，月消费支出 1,389.5 元，城镇居民家庭平均每一位就业者负担人数为 1.9，则免征额水平大致可以确定为 2,640.1 元/月。平均工资是参考指标，用以考察特定免征额条件下有多少工资薪金收入阶层需要纳税或者不纳税。2012 年城镇单位就业人员平均工资 46,769 元，月平均为 3,897.4 元，财政部提出个税免征额修改的意见是从 2011 年 9 月开始将免征额提高到 3,000 元，否则在原 2,000 元免征额之下多数工薪阶层将纳税。这样，3,000 元免征额既覆盖了纳税人基本生活费用支出负担，也保证了多数工薪阶层不纳税。在对个税修正案征求意见的时候，要求更高免征额的呼声很高，结果免征额提高到 3,500 元。由于缺乏基本生活费用的法律定义，我们不能简单判断这个免征额是高还是低，但是将 3,500 元理解为给予纳税人一个人的生活费用扣除的认识是错误的，因为纳税人免征额考虑了赡养负担，只不过是平均化地考虑赡养负担，纳税人免征额不是仅仅给纳税人本人一个人的。

美国联邦个税免征额实际上包括两个部分。第一个部分是按照人头的个人免征额。纳税人家庭中每个人都可以享有一份个人免征额，个人免征额数量是标准化的，2015 年为 4,000 美元。但是，还有一项规定，纳税人收入（AGI）超过一定数额后，纳税人个人免征额将递减，这就使标准免征额也具有一定的累退性，收入越高的，个人免征额越少，从而具有税收累进性。第二个部分是纳税人可以选择标准扣除或者分项扣除中的一种，可以称为纳税人免征额。标准扣除额与报税身份（filing status）有关，分为单身报税、夫妇联合申报、夫妇分别申报、有合规被抚养人的户主以及抚养子女的丧偶人士等五类，2015 年分别是 6,300 美元、12,600 美元、6,300 美元、9,250 美元和 12,500 美元。此外，每个亲属基本标准扣除额 1,050 美元，对于老年人和失明人士，还设立了附加标准扣除。以夫妇联合报税家庭为例，假设为 4 口之家，包括夫妻和两个未成年子女，2015 年每个家庭成员的免征额为 4,000 美元，纳税人个人免征额总计 16,000 美元，再加上标准免征额 12,600 美元和亲属标准扣除额 2,100 美元，个税免征额总计为 30,700 美元。如果纳税人的分项扣除额超过了标准扣除，可以选择分项扣除申报，则免征额水平还会更高。当然，如果纳税人收入超过了法定水平（2015 年夫妻联合报税为 309,900 美元），免征额将缩减。因此，美国个税免征额标准总体较高，更为重要的是，其免征额确定方法和水平不是完全标准化的，而是设计很多制度，考虑纳税人的基本生活费用支出实际情况。

3.3 标准化免征额的税收累进性和再分配效应

免征额除了具有实现居民基本生活费用不纳税的功能外，也有文献强调免征额的税收累进性效应，这又与个税再分配调节功能有重要关系。对 15 个 OECD 国家的个税税收累进性分解分析表明，只有法国个税免征额具有微弱的负效应，而除澳大利亚之外的英语国家的个税收入累进性主要来源于免征额（瓦斯塔夫和万·多斯勒（Wagstaff & Van Doorslaer），2001）。以天津城镇居民为样本的分析也表明，个税税收累进性的主要来源是免征额（曹桂全和任国强，2014）。

为什么免征额具有税收累进性效应？税收累进性与税收的纵向公平是一致的，因为税收累进性的内涵就是平均税率随着收入提高而提高。同样的免征额对于低收入者降低税负的作用更大，使免征额具有纵向公平效应，也就是具有税收累进性。免征额的税收累进性效应是联系免征价值与个税再分配调节功能的桥梁，有必要深入分析。

3.3.1 免征额与税收累进性

通常，人们倾向于认为，个人所得税之所以具有累进性和缩小收入差距的功能，是因为实行累进税率结构。实际上，个税各种税制因素都对税收累进性产生影响，免征额也同样具有税收累进性效应。尤其是在一些国家个税税收累进性来源中，免征额的税收累进性效应还是最大的。因此，免征额制度奉行"生计收入不课税"的原则不仅使之成为良税，还对于个税成为进行收入再分配调节功能的"罗宾汉税"具有积极作用。

即使是采取比例税率，但只要设计了免征额制度，则税制就具有累进性，能够起到缩小收入差距的作用。在采取比例税率结构和统一的免征额标准的条件下，[①]由于免征额对低收入者的收入占比更高，税收将呈现累进性。

假定纳税人分为高收入组 H、低收入组 L 两组，其收入分别是 X_H、X_L，且 $X_H > X_L$，采取比例税率（名义税率）t，在没有免征额的条件下，高收入者和低收入者的平均税率均为 t，没有税收累进性，税收不改变相对收入差距，即税前收入倍率与税后收入倍率相等，均为 X_H/X_L。

现在假定实行免征额制度，且为统一的标准化免征额（A），则高收入者的平均税率为：

$$t_H = \frac{t(X_H - A)}{X_H} \tag{3.1}$$

低收入者的平均税率为：

$$t_L = \frac{t(X_L - A)}{X_L} \tag{3.2}$$

高收入者和低收入者的平均税率差额为：

$$t_H - t_L = \frac{t(X_H - A)}{X_H} - \frac{t(X_L - A)}{X_L} = \frac{tA(X_H - X_L)}{X_H X_L} > 0 \tag{3.3}$$

可见，高收入者的平均税率高于低收入者的平均税率，税收具有累进性，即：

$$\frac{t_H - t_L}{X_H - X_L} = \frac{tA}{X_H X_L} > 0 \tag{3.4}$$

可见，在实行标准免征额的条件下，高收入者的平均税率必然高于低收入者的平均税率，具有税收累进性。也就是说，即使实行比例税率结构，但由于采取了免征额制度，税收具有累进性。

另外，税收累进性一般采取卡瓦尼（Kakwanni，1977）的定义：

$$\pi_{NT}^{K} = C_{NT} - G_X \tag{3.5}$$

---

① 之所以使用比例税率，既是为了模型简化，也是为了独立考察免征额的税收累进性效应。

其中 π_{NT}^K 表示净税收累进指数，C_{NT} 表示净税收集中系数，G_X 表示税前收入基尼系数。净税收累进性分解公式（Wagstaff & Van Doorslaer，2001）为：

$$\pi_{NT}^K = \frac{t}{t-c}(\pi_R^K + \frac{\alpha}{1-\alpha-\delta}\rho_A^K - \frac{\delta}{1-\alpha-\delta}\pi_D^K) - \frac{c}{t-c}\rho_C^K \qquad (3.6)$$

式中 π_R^K、π_D^K 分别表示税率结构和税前扣除的累进指数，ρ_A^K、ρ_C^K 分别表示免征额和税收抵免的累退指数，t 表示毛税率，c 表示税收抵免比率，α、δ 分别表示免征额比率和税前扣除比率。不是只有税率结构决定税收累进性，免征额、税前扣除和税收抵免都具有税收累进性效应。

我们这里关心的是免征额的税收累进性及其对总体税收累进性的贡献。如果免征额相对于税前收入是累退的，即随着收入提高，免征额数量越少，则免征额对税收累进性具有积极贡献；同时，免征额比率越高，免征额对税收累进性的贡献就越大。Wagstaff & Van Doorslaer（2001）对 15 个 OECD 国家的测算结果表明，美国、加拿大、英国等英语国家，免征额是税收累进性的主要来源，且免征额占应税所得（ISTT，income subject to taxation）的比率分别达到 25%、26% 和 34%。

但是，是不是免征额越高，免征额的税收累进性效应就越强？假定采取标准免征额，式（3.4）对免征额求导数，得到：

$$\mathrm{d}[\frac{tA}{X_H X_L}] / \mathrm{d}A = \frac{t}{X_H X_L} > 0 \qquad (3.7)$$

式（3.7）表明，随着免征额的提高，比例税率条件下的税收累进性也将提高。

但是，我们注意到，当免征额等于低收入者的收入时，低收入者的平均税率为 0。继续提高免征额后，低收入者的税率保持为 0，而高收入者税率将下降，税收累进性并不会进一步提高而是会下降。极端情况下，当免征额等于或者高于高收入者收入时，高收入者的实际税率也将为 0，高收入者和低收入者的实际税率均为 0，税收已经不具有累进性。因此，式（3.7）并不是无条件成立的。我们需要给出以下限制条件：对于式（3.1）、式（3.2）和式（3.7），需要具备免征额小于低收入者的收入的条件，否则进一步提高免征额，由于只能降低高收入者的平均税率，而低收入者的平均税率保持为 0 或者降低的幅度小，税收累进性不能保证提高却可能降低。

我国城镇居民中有很多居民收入低于免征额水平，继续提高免征额，对于收入高于某个水平的人群来说，可能提高了税收累进性，而对低收入的人群和全部人群来说，可能降低了税收累进性或者对税收累进性没有影响。相关研究的模拟计算也表明，税收累进性随免征额提高达到一定程度后出现下降（岳树民、卢艺和岳希明，2011）。

3.3.2 免征额与税收再分配效应

税前收入差距用倍率（R_X）表示为：

$$R_X = \frac{X_H}{X_L} \qquad (3.8)$$

现在实施免征额制度，对所有纳税人都给予免征额 A，并实行比例税率 t，当免征额小于低收入者收入（$A < X_L$）时，税后收入差距为：

$$R_{NX} = \frac{X_H - t(X_H - A)}{X_L - t(X_L - A)} \qquad (3.9)$$

与税前收入差距相比，收入差距将缩小。因为

$$R_X - R_{NX} = \frac{X_H}{X_L} - \frac{X_H - t(X_H - A)}{X_L - t(X_L - A)} = \frac{tA(X_H - X_L)}{X_L[X_L - t(X_L - A)]} > 0$$

$$(3.10)$$

但是当免征额超过低收入者的收入时，低收入者收入保持不变（低收入者不发生纳税），税后收入差距为：

$$\frac{X_H - t(X_H - A)}{X_L} \qquad (3.11)$$

此时，税后收入差距仍然会比税前小，但是与免征额小于低收入

者收入时相比，税收调节能力已经下降。因为低收入者并不能从更高的免征额中获得任何利益，而高收入者则会获得少纳税的利益，收入差距比低免征额时扩大。因此，免征额过高时，由于高收入纳税人获得的利益进一步增加，产生不利于缩小收入差距的结果。用数学公式可以反映这个规律：

$$R_X - R_{NX} = \frac{X_H}{X_L} - \frac{X_H - t(X_H - A)}{X_L} = \frac{t(X_H - A)}{X_L} > 0 \qquad (3.12)$$

$$\mathrm{d}[\frac{t(X_H - A)}{X_L}] / \mathrm{d}A = -\frac{t}{X_L} < 0 \qquad (3.13)$$

式（3.12）表明，收入差距仍然可以继续缩小（与没有免征额相比），但是式（3.13）表明，进一步提高免征额，收入差距缩小的程度已经呈现下降的趋势。极端的情况是，当免征额大于或者等于高收入者的收入时，高收入者和低收入者都不纳税，税后收入差距与税前保持不变，这时候，税收再分配效应已经降到 0。

免征额之所以能够发挥缩小收入差距的调节作用，其基本机制是低收入者享受免征额带来较大比例的税收免除。但是，免征额过高的时候，低收入者并不能享受更高免征额带来的税收免除，因为较低的免征额已经使其免于纳税。

综上所述，关于免征额的再分配效应可以概括如下：①当免征额小于低收入者的收入时，免征额具有税收累进性，使收入差距缩小，产生正向再分配效应；②当免征额大于低收入者收入但小于高收入者收入时，免征额仍然能够降低税前收入差距，但是再分配效应随着免征额提高而下降；③当免征额大于等于高收入者收入时，再分配效应降为 0。

3.3.3 免征额的税收累进效应、税率效应和再分配效应

根据 Kakwanni（1977）关于再分配效应（RE_{NT}）与税收累进性（π_{NT}）、平均税率（t_{NT}）的关系：

$$RE_{NT} = \frac{t_{NT}}{1-t_{NT}}\pi_{NT} \tag{3.14}$$

可见，税收累进性越强，再分配效应越大；平均税率越高，再分配效应越大。但是，免征额从税收累进效应和税率效应两个方面影响再分配效应，其结果具有不确定性。即使在提高免征额使税收累进性提高的条件下，平均税率由于税基扣除增加而必然减少，理论上说再分配效应的结果是不确定的。

上述分析已经表明，免征额在低于低收入者收入的时候，效果最为明显，在免征额高于低收入者收入而低于高收入者收入时，免征额仍然具有税收累进性效应，而在免征额高于高收入者收入的时候，免征额已经不再具有税收累进性效应。对于数量众多的个体来看，当免征额相对于税前收入具有累进性的时候，免征额将降低税收累进性，免征额税收累进性为负值；当免征额相对于税前收入具有累退性的时候，免征额将增加税收累进性，表现为免征额税收累进性为正值。同时，免征额将减少纳税人的应税所得额，与没有免征额制度相比，实际税率必然降低。如果免征额的税收累进性为正值，而实际税率降低又会弱化个人所得税的再分配效应，那么，免征额究竟如何影响再分配效应？这将取决于税收累进性效应与税率效应的比较。上述分析表明，可以肯定的是，过高的免征额将降低再分配效应。不是免征额越高，再分配效应越强。

3.3.4 标准化免征额与实际免征额

根据上述分析，我们认识到，尽管在税法规定标准化免征额对所有人（工资薪金所得的纳税人）都是一样的，但是并非所有人实际享受到的免征额（实际免征额）都是一样的，实际免征额与收入水平有关。

假定标准化免征额为 A_0，某人工资薪金所得的月收入为 X_i，则实际免征额（A）需要根据个人收入与标准化免征额进行比较核算。按照我国税法规定，从税前收入中还要先行扣除转移性收入（E，免税收入)、税前扣除（D，个人负担的"三险一金"缴费），得到 X_i-E-D，在 X_i-E-D 的基础上再减除免征额。但是，纳税人的实际免征额不一定等于标准化免征额，因为有的纳税人的收入已经不必充分使用标准免征额进行扣除，实际免征额（A_i）将视不同情况而定，具体情形为：

$$A_i = \begin{cases} X_i - E - D, X_i - E - D < A_0 \\ A_0, X_i - E - D \geqslant A_0 \end{cases} \qquad （3.15）$$

虽然法定免征额对每个人都是一样的，但是实际上纳税人获得的免征额并不一样。当税前收入小于免征额时，该纳税人并不能完全享受到全部的免征额。彭海艳（2007）认为适用统一的费用扣除标准的免征额的集中系数必然为 0，这并不符合实际。

免征额与标准化免征额的不一致性，尤其是低收入者往往不能充分利用标准化免征额，也是免征额制度的局限。由于收入越高，越可能获得全部的免征额带来的免税利益，而收入越低，并不能获得全部免征额带来的免税利益。这样，在标准化免征额的制度下，高免征额存在导致免征额累进的可能性，也就是说存在免征额的税收累进性为负值的可能性，从而也存在免征额降低税收累进性的可能性。当然，基于免征额制度设计原理，免征额不会超过较高收入者的收入，免征额发生总体上降低税收累进性的可能性不大，但是在局部、在不同的纳税人之间，这种问题肯定是存在的。

3.4 免征额的局限性

在上面的分析中已经多处提到免征额的局限性，本节对免征额局限性进行专门阐述。

3.4.1 免征额的局限性的表现

在前文分析中，笔者提出了免征额制度的局限性表现在横向公平和纵向公平上。概括地说，免征额的局限性表现在五个方面。

1. 横向不公平

如果以个人或者家庭收入为基准，按照免征额价值，有的个人或者家庭因为基本生活费用支出多而获得免征额高，导致税前收入相同的纳税人的税收不同，从而产生横向不公平。比如 A、B 两人的税前收入相同，都是 10,000 元，但是 A 基本生活费用支出为 3,500 元，B 为 5,000 元，按照基本生活费用支出确定免征额，免征额分别应为 3,500 元和 5,000 元，应税所得额分别为 6,500 元和 5,000 元，必然前者纳税多而后者少，税后产生了收入差距，也就是违背了横向公平原则。当然，我们可以认为，免征额就是为了给居民基本生活费用支出不纳税的待遇，这是免征额价值的要求；但是，我们也应当看到，免征额毕竟造成了用收入衡量的经济能力相同的人，承担了不同的税负，产生了横向不公平。

2. 纵向不公平、税收累进性弱化、收入差距扩大

假定所有不同收入的纳税人的基本生活费用支出相同并且按此确定免征额，则不会存在纵向不公平。高收入者的基本生活费用支出多，按照免征额依照基本生活费用支出确定的原则，可能导致低收入者税负高，税收扩大收入差距。比如 A 收入 10,000 元，基本生活费用支出 5,000 元，应税所得 5,000 元（不考虑其他扣除），而 B 收入 8,000 元，基本生活费用支出 2,000 元，应税所得 6,000 元，按照实际基本生活费用支出确定免征额的话，B 将承担更高的税负，从而导致纵向不公平。假定采取 10%的平均税率，A 纳税 500 元，平均税率5%，税后收入 9,500 元；B 纳税 600 元，平均税率 7.5%，税后收入7,400 元。低收入者平均税率高，税收具有累退性，并且使收入差距扩大了，从税前收入差距 1.25 倍扩大到税后收入差距 1.28 倍。

3. 标准化免征额的局限性

当适用较高的标准化免征额时，低收入者没有税后收入可以充分利用标准免征额，但可能导致收入差距扩大。假定 A 税前收入为 10,000 元，B 为 1,000 元，标准化免征额设定为 5,000 元，假定采用比例税率，A 和 B 分别纳税 500 元和 0 元，税后收入差距为 9.5 倍；而如果采用 10%的平均税率的同时设立 2,000 元的免征额，则分别纳税 800 元和 0 元，税后收入差距为 9.2 倍，更高的免征额（5,000 元）比低免征额（2,000 元）导致的税后收入差距更大。因此，不设立免征额，税收没有累进性，也没有再分配效应；如果设立免征额，则必然能产生税收累进性，也能缩小税前收入差距；但是，过高的免征额可能弱化免征额的税收累进性效应，也可能弱化个税再分配效应。

4. 标准化免征额在累进税率结构下导致的纵向不公平

从表 3.1 的例子中可以看出，累进税率结构能够比采取比例税率产生更强的税收累进性和再分配效应，但这不是必然的，也存在累进性税率结构导致税收累退性的情形，这就是局限性。为表述清晰，将例子涉及的数据写在表 3.2 中。A 和 B 收入分别是 4,000 元和 8,000 元，如果仅采用比例税率 10%，两人分别纳税 400 元和 800 元，平均税率都是 10%，没有税收累进性，收入差距维持 2 倍不变。在采取比例税率 10%和 3,500 元免征额的条件下，分别纳税 50 元和 450 元，平均税率相差 4.38 个百分点，具有税收累进性，收入差距缩小到 1.525,3 倍。但是，如果采取 3,500 元的免征额同时采取累进税率结构（2011 年 9 月开始实施的中国工资薪金所得税税率表），则分别纳税 15 元和 345 元，平均税率之差缩小到 3.93 个百分点，比采取比例税率同时设立免征额的情形弱化了，而且税后收入差距为 1.535,6 倍，比采取比例税率同时设立免征额的情形扩大了，也就是说，再分配效应降低了。这显然是累进税率结构在标准化免征额上叠加的效果。

表 3.2 标准免征额在累进税率结构下的局限性示例

项目	10%比例税，免征额 0			10%比例税，免征额 3,500			累进税率结构，有免征额		
	税收	平均税率	税后收入	税收	平均税率	税后收入	税收	平均税率	税后收入
4,000 元	400	10%	3,600	50	1.25%	3,950	15	0.38%	3,985
8,000 元	800	10%	7,200	450	5.63%	7,550	345	4.31%	7,655
税后收入倍率	2			1.525,3			1.535,6		
税收累进性	无			有			有，但比采取比例税率时弱化		
再分配效应	不改变相对差距			相对差距缩小			相对差距缩小，但比采取比例税率时弱化		

资料来源：作者计算而得。

5. 累进税率结构下标准免征额提高的局限性

为实现免征额价值，免征额调整（提高）也是必要的。但是，在累进税率结构下提高标准免征额，就会使第三种局限性和第四种局限性进一步叠加，产生在某些纳税人之间的税负不公平、税收累进性降低甚至收入差距扩大（再分配效应弱化）。

3.4.2 免征额公平性和局限性的比较

以上说明，无论是按照免征额价值确定每个纳税人免征额，还是对所有纳税人统一设立标准化免征额，都有相应的公平性、合理性，但也都存在不公平的现象，这就是说，免征额制度存在局限性。实际上，各国免征额很大程度上是按照标准化、平均化的基本生活费用支出水平确定的标准化免征额，标准化免征额的局限性表现会更突出一些。在标准化免征额制度之下，免征额将极大利于低收入者降低税负（平均税率），体现出免征额的纵向公平性。我国工资薪金所得免征额是完全平均化的，而美国联邦个税免征额允许纳税人可以选择使用分项扣除，而纳税人主要是按照标准化的个人免征额和标准扣除确定免征额的。因此，从实践角度看，我们应当考察标准化免征额的公平性。

标准化免征额既有公平性，也有局限性。标准化免征额的公平性是以纳税人有可以扣除的收入为前提，如果纳税人都有足够的收入可以进行标准化免征额扣除，免征额对于低收入者收入的占比一定更高。标准化免征额的局限性之一表现在不同收入的人群没有根据纳税人的实际基本生活费用支出确定免征额。如果不同收入的纳税人，其基本生活费用支出差别不大，标准化免征额的局限性就不会很大。如果不同收入的纳税人的基本生活费用支出差别很大，就会存在很大的不公平性。标准化免征额的局限性之二表现在纳税人获得的实际待遇上，如果纳税人没有收入或者收入低于免征额，实际上这些纳税人不能完全获得标准化免征额的利益，纵向公平就难以保证。这种局限性是不是很严重，主要看收入低于标准化免征额人群的比重，如果收入低于标准化免征额的人数很多，不公平就可能比较严重。但是，我们也应当注意到，这不仅是免征额的局限，甚至也可以说是个税的局限。可以设想，没有收入的人和有收入的人相比，设立免征额同样没有给没有收入的人带来利益而利益都让有收入的人获得了，按照这个逻辑，免征额一开始设立就是不公平的，而个税的良税性质又依赖于免征额，这就形成一对矛盾。所以，免征额的利益应该主要给予有收入的低收入者（可能包括中等收入者），免征额提高后，利益主要给予在原来免征额下纳税的低收入者。至于其他低收入者不能从免征额或者不能从免征额提高中获得利益，是个人所得税的局限，可以通过社会保障制度、基本公共服务制度来保障这些低收入者的利益。

我们可以举一个例子说明。表 3.3 给出了不同月工资薪金收入（扣除了"三险一金"）的纳税人，收入从 3,000 元到 90,000 元不等，并给出了 3,500 元免征额和 6,000 元免征额的纳税结果对比。[①]

---

① 本例是基于《中国青年报》的文章"专家：提高个税起征点会造成更大的不公平"（2015年 12 月 21 日第 7 版）设计的。在该文中，专家谈到，收入为 5,000 元和 90,000 元的两个人，免征额从 3,500 元提高到 6,000 元，5,000 元的收入者少纳税 45 元，而 90,000 元的收入者少纳税 1,125 元，是不公平的，也会在收入分配调节上起反作用。

表 3.3 不同免征额条件下的税收变化和税负变化：一个示例

月收入（元）	税收及其变化（元，%）				税负及其变化（%，百分点，%）			
	3,500 元免征额	6,000 元免征额	税收变化	减税率	3,500 元免征额	6,000 元免征额	税负变化	减负率
3,000	0	0	0	—	0	0	0	—
4,000	15	0	−15	100	0.38	0	−0.38	100
5,000	45	0	−45	100	0.9	0	−0.90	100
5,500	95	0	−95	100	1.73	0	−1.73	100
6,000	145	0	−145	100	2.42	0	−2.42	100
8,000	345	95	−250	72.46	4.31	1.19	−3.12	72.39
9,000	545	195	−350	64.22	6.06	2.17	−3.89	64.19
10,000	745	295	−450	60.40	7.45	2.95	−4.50	60.40
11,000	945	445	−500	52.91	8.59	4.05	−4.54	52.85
12,000	1,145	645	−500	43.67	9.54	5.38	−4.16	43.61
13,000	1,370	845	−525	38.32	10.54	6.50	−4.04	38.33
14,000	1,620	1,045	−575	35.49	11.57	7.46	−4.11	35.52
15,000	1,870	1,245	−625	33.42	12.47	8.3	−4.17	33.44
20,000	3,120	2,495	−625	20.03	15.60	12.48	−3.12	20.00
30,000	5,620	4,995	−625	11.12	18.73	16.65	−2.08	11.11
40,000	8,195	7,495	−700	8.54	20.49	18.74	−1.75	8.54
50,000	11,195	10,445	−750	6.70	22.39	20.89	−1.50	6.70
90,000	25,420	24,295	−1,125	4.43	28.24	26.99	−1.25	4.43
100,000	29,920	28,795	−1,125	3.78	29.92	28.79	−1.13	3.78

资料来源：作者根据相关资料整理而得。

在这个例子中，免征额从 3,500 元提高到 6,000 元，其变化情形如下：

（1）从纳税额看，收入低于 3,500 元的，免征额适用 3,500 元和 6,000 元没有差别，这些人的税收是 0 且保持不变，提高免征额对于收入低于 3,500 元的人没有任何利益。收入高于 3,500 元的，收入越高，税收减少越多，提高免征额的确对低收入者没有给予更多的税收减除。收入低于 3,500 元的和高于 3,500 元的人群相比，提高免征额存在不公平性，这就是免征额的局限性。但是，收入达到 90,000 元后，税收减少也不再增加。这表明，免征额局限不是无限大的，即使是高收入者，税收最高减少了 1,125 元。当然，我们还应当知道，税收减少的绝对规模不是反映税负的理想指标，理想指标是平均税率。

（2）平均税率变动呈现倒 U 字形。收入低于 3,500 元的，本来平均税率就是 0，没有税负率可以减；收入低于 6,000 元的，由于本来平均税率不高，尽管完全免除税负，平均税率降低的百分点也比较少，但随着收入提高而提高；当收入超过 6,000 元时，平均税率降低的程度仍继续提高，到 11,000 元（左右）时达到最高，之后平均税率降低的幅度下降。因此，就税负（平均税率）变动来说，受益最大的是中间收入者。平均税率比纳税额更能反映税收负担水平。

（3）从税收减免率（减税率）和税负减除率（减负率）看，应税所得额为 3500～6000 元的，免征额调整使之从纳税变为不纳税，税收和税负都减轻了 100%，收入为 3500～6000 元的人获益最大。随着收入提高，减税率和减负率逐渐降低。因此，按照该指标，受益最大的是纳税人中低收入者，随着收入提高，受益程度降低，这符合税收公平的要求。

因此，的确存在最低收入者不因为提高免征额而获益的情况，也存在高收入税收减少较多的情况，但是总体上提高免征额的获益者不能说是高收入者，而是纳税人中的低收入者，是中低收入者。

为衡量免征额和免征额提高的总体效应，我们进一步计算税收累进性和再分配效应，如表 3.4 所示。比较而言，免征额从 3,500 元提高到 6,000 元，税收集中系数和税收累进指数提高了。当然，不是说免征额越高，税收累进性一定越高，但是累进性下降的情形没有在本例子中发生。同时，我们也注意到，并不是任何纳税人之间的税收累进性都增强了，比如在 3,500 元免征额条件下，3,000～6,000 元收入的纳税人之间是有税收累进性的，但是免征额提高到 6,000 元后，该累进性消失了（平均税率全部等于 0）。但是，10,000～20,000 元收入之间，3,500 元免征额条件下的平均税率提高了 8.15 个百分点，而6,000 元免征额条件下，平均税率提高了 9.53 个百分点，税收累进性提高了。总体税收累进性提高是不同收入区间税收累进性变动的总和。同时，表 3.4 结果表明，将免征额从 3,500 元提高到 6,000 元，再分配效应仍有小幅提高。应该注意的是，在本例中，免征额从 3,500元提高到 6,000 元，平均税率下降了，不利于增强再分配效应；而税收集中系数和税收累进指数提高了，有利于增强再分配效应；比较而言，税收累进性提高的作用更大，导致最终再分配效应增强。尽管如此，我们不能说，免征额越高，税收累进性一定越高，再分配效应一定扩大，但是这种情况的确存在，也是个税追求的目标。我们也没有理由说，提高免征额降低了平均税率，再分配效应一定下降。我们希望的是，按照免征额价值要求进行标准免征额的调整，能同步带来税收增加，再分配效应增强。这个问题将在第 6 章分析。但是，与此不同的是，不是免征额的任意给定，而是免征额随着居民收入增长而调整，这样才符合实际，这里给定收入选择不同的标准化免征额计算，仅仅为了说明免征额的局限性及其变化规律。

表 3.4 不同免征额条件下的税收累进性和再分配效应：一个示例

免征额情形	税前收入基尼系数	平均税率（%）	税收集中系数	税收累进指数	税后收入基尼系数	再分配效应（%）
3,500 元免征额	0.538,5	20.73	0.733,8	0.195,3	0.487,4	0.051,1（9.49%）
6,000 元免征额	0.538,5	18.7	0.772,1	0.233,6	0.484,7	0.053,7（9.98%）
比较	N/A	降低	提高	提高	降低	增强

注：①税收累进性等于税收集中系数减税前收入基尼系数。②再分配效应等于税前收入基尼系数与税后收入基尼系数的差额，相对再分配效应为再分配效应对税前收入基尼系数的百分比。

3.4.3 免征额的局限性不应当夸大

从国内文献看，还没有关于免征额局限性的概念，而实际上是认识到了免征额存在的问题，并将其作为反对免征额调整的理由。我们之所以提出免征额局限性的理论，目的是说明，免征额制度内部也存在目标冲突，免征额价值与个税功能之间也存在冲突，需要做出选择，而合理选择的结果不会导致免征额局限性成为主流，免征额制度内部冲突可以得到协调，免征额价值与个税功能之间也可以协调，不会因为追求免征额价值而破坏个税功能，当然也就不必要为追求个税功能而放弃免征额价值。但是，现有文献存在以免征额局限性为弊端，夸大免征额局限性的倾向。

有一些文献提到了提高免征额存在的不公平问题。华生（2011）认为，个人所得税的主要功能是调节收入分配。在当今中国 72%的工薪收入者还达不到缴纳个税门槛，提高个税基本扣除额，2 亿多低工薪者不受益，只有几千万中等工薪者受益。其他条件不变，只会扩大而不是缩小收入差距，这和我们目前收入分配改革的方向显然不符。施正文（2015）提出，提高起征点丝毫不能解决问题，而且可能把现在的不公平变成更大的不公平，也背离了个税改革的方向。在累进税率的情况下，提高起征点后收入越高的人少缴的税越多，在分配调节上会起反作用。他举例说，如果将免征额从 3,500 元进一步提高到 6,000 元，前者少纳税 45 元，而后者少纳税 1,125 元，高收入者受益高显而易见。贾康和梁季（2016）称，由于个人薪酬所得税适用累进税率，提高减除费用标准，有可能降低高薪酬者的最高税率档次，从而大幅降低该类纳税人的纳税额度，导致更大的不公平。[①]但是，任何事物存在问题不等于必须否认该事物。免征额调整存在问题需要找出存在的根源去解决，而不是必然得出否定免征额调整的判断。

前已述及，免征额制度存在先天的不足，这种不足还决定了个人所得税调节收入分配功能的局限。当设立免征额的时候，免征额只能给有收入的个人提供减税的机会，而没有收入的个人从免征额中得不到任何利益，没有收入的个人当然更应该获益，而免征额无法实现这个正义的要求，但是没有任何人提出放弃免征额制度。同样性质的问题，提高免征额不能给部分低收入者增加利益，为什么就要否认免征额调整？逻辑是相同的，如果我们认为免征额是必要的，对居民基本生活费用支出进行充分扣除是必要的，那么就应该接受这种制度的局

---

① 贾康，梁季：过度关注起征点将误导个税改革，上海证券报，2016 年 3 月 30 日。转引自 http://news.xinhuanet.com/fortune/2016-03/30/c_128846805.htm。

限性。国家提出加大个税收入分配调节力度的政策方向，符合世界主要国家的成功经验，但是，税收调节功能是有局限的，其调节收入分配、缩小收入差距的机制是"削高"而不是"提低"，它不能给低收入者直接提供收入转移，而只能通过其他社会保障手段来实现社会认可的基本保障。如果认为免征额是必要的，那么我们没有必要因为免征额的局限而否认之，免征额做不到的，可以通过其他手段做到，国家需要通过其他再分配手段帮助低收入者。如果认为当前的免征额标准已经达不到实现居民生计收入充分扣除的目标，那么提高免征额就是必要的，尽管其导致部分人之间的收入差距扩大。当然，如果免征额导致全国居民收入差距扩大，那不应该是免征额存在局限性的问题，而是免征额标准肯定不合适了。实际上，徐建炜、马光荣和李实（2013）认为，我国 2006 年提高免征额以来，个税恶化了居民收入分配，这是非常重要的问题，本书第 6 章将对这些文献的实证分析进行辨析。

与表 3.3 示例类似，可以对我国 2011 年 9 月个税免征额从 2,000 元提高到 3,500 元的条件下，不同收入人群的个体受益程度进行一个模拟分析（见表 3.5）。①

表 3.5　不同免征额条件下的税收变化和税负变化：一个示例

月收入（元）	税收变化（元，%）				税负变化（%，百分点，%）			
	2,000 元免征额	3,500 元免征额	税收变化	减税率	2,000 元免征额	3,500 元免征额	税负变化	减负率
3,000	30	0	−30	100	1.00	0	1.00	100
4,000	95	15	−80	84.22	2.38	0.38	2.00	84.03
5,000	195	45	−150	76.92	3.9	0.9	3.00	76.92
5,500	245	95	−150	61.22	4.45	1.73	2.72	61.12
6,000	295	145	−150	50.85	4.92	2.42	2.5	50.81
8,000	645	345	−300	46.51	8.06	4.31	3.75	46.53
9,000	845	545	−300	35.5	9.39	6.06	3.33	35.46
10,000	1,045	745	−300	28.71	10.45	7.45	3.00	28.71

---

① 模拟计算都使用了 2011 年 9 月后的税率表。

续表

月收入（元）	税收变化（元，%）				税负变化（%，百分点，%）			
	2,000 元免征额	3,500 元免征额	税收变化	减税率	2,000 元免征额	3,500 元免征额	税负变化	减负率
11,000	1,245	945	−300	24.1	11.32	8.59	2.73	24.12
12,000	1,495	1,145	−350	23.41	12.46	9.54	2.92	23.44
13,000	1,745	1,370	−375	21.49	13.42	10.54	2.88	21.46
14,000	1,995	1,620	−375	18.8	14.25	11.57	2.68	18.81
15,000	2,245	1,870	−375	16.7	14.97	12.47	2.5	16.7
20,000	3,495	3,120	−375	10.73	17.48	15.6	1.88	10.76
30,000	5,995	5,620	−375	6.26	19.98	18.73	1.25	6.26
40,000	8,645	8,195	−450	5.21	21.61	20.49	1.12	5.18
50,000	11,645	11,195	−450	3.86	23.29	22.39	0.9	3.86
90,000	26,095	25,420	−675	2.59	28.99	28.24	0.75	2.59
100,000	30,595	29,920	−675	2.21	30.6	29.92	0.68	2.22

资料来源：作者计算而得。

　　与免征额从 3,500 元提高到 6,000 元类似，收入越高，获得的税收减免额度就越大（表 3.5 第 4 列）。同样用 5,000 元收入和 90,000 元收入比较，分别减少税收 150 元和 675 元，2,000 元免征额条件下的税后收入绝对差距为 59,100 元，3,500 元免征额条件下的税后收入绝对差距变为 59,625 元，扩大了 525 元，这可以说是免征额局限性。但是，免征额提高后，发生的变化主要不是免征额的这些局限性。2,000元免征额条件下两人的相对差距是 13.3 倍，免征额提高到 3,500 元时，相对差距缩小为 12.03 倍，为什么仅仅强调两人之间的绝对差距呢？免征额提高后，5,000 元收入的个人减税率为 76.92%，而 90,000元的个人减税率只有 2.59%；5,000 元收入的个人平均税率降低了 3 个百分点，而 90,000 元收入的个人平均税率降低了 0.75 个百分点；5,000 元收入的个人减负率为 76.92%，而 90,000 元收入的个人减负率只有 2.59%。我们不应该仅仅看到绝对差距的扩大，而对其他指标的变化视而不见；不能仅仅看到免征额的局限性，而根本看不见免征额发挥的积极效应。我们也可以分析说明，贾康和梁季（2016）的担心是部分存在的，的确收入高者减税多，但是我们无法看到提高免征额会大幅降低该类纳税人的纳税额度，也看不到大面积的不公平问题发生。对照表 3.4 也可以预测，即使免征额提高，税收累进性可能增强，再分配效应也可能提高。

3.5 美国联邦个人所得税免征额标准的比较分析

我们注意到，美国联邦个税关于免征额制度的设计相当复杂，其中包含了上述关于免征额理论提出问题的解决方案，这些方案尽管不能完全避免免征额的局限，但是也是很好的权衡和借鉴。美国个税的毛所得调整项目和税收抵免也是对纳税负担的减除项目，我们一并进行分析，这样更有助于对我国免征额制度的认识。改革我国单一的标准化免征额，完善免征额标准的确定方法，是我国个税免征额制度改革面临的选择。

3.5.1 美国个人所得税免征额的构成和适用

前文我们对美国联邦个税免征额有所谈及。这里主要就 2015 年美国个税免征额标准情况进行介绍，[①]并与我国进行比较。

首先要说明的是，我们将美国个税中的个人免征额（personal exemption）和纳税人选择的分项扣除（itemized deductions）或者标准扣除（standard deduction）之一的总和，定义为个税免征额，否则与我国免征额没有对比性。也就是说，美国的免征额标准是这样的：免征额数量=准允纳税人扣除的个人免征额+分项扣除额，或者免征额数量=准允纳税人扣除的个人免征额+标准扣除额。

---

① 本节的资料主要来自于美国国内税务署网站：www.irs.com。

1. 个人免征额和亲属免征额

根据美国联邦个税法律规定，纳税人可以为自己和自己的配偶（如有）各申请 1 份个人免征额，但是如果他人已经将你列入纳税申报的家属，你就不能自己再申请一份免征额。也就是说，每个纳税人及其亲属都可以独立取得 1 份个人免征额，但是不能重复取得。一个由夫妻组成的家庭，丈夫可以在纳税申报中扣除自己和妻子一共两份个人免征额，但是妻子就不能在自己的纳税申报中再行扣除。当然，纳税人的其他家庭成员也类似，不允许夫妻分别作为纳税人都为孩子申请个人免征额。总之，任何人的个人免征额只能有一份。

按照美国税务局的解释，个人免征额实际上由两类免税额构成，即个人免征额（personal exemptions）和家属免征额（exemptions for dependents）。家属免征额的确定较为复杂，要确定谁是家属，以及是否允许在纳税申报中进行计算。首先的一个规则是，任何人只能有一份免征额，如果一个人作为他人亲属在纳税申报中申请了免征额，那么就不允许自己再次申报；反之，一个人已经自己申报，就不能在他人申报中作为家属申请个人免征额。家属免征额申报有几点需要注意：①配偶不能作为亲属申请免征额，配偶在税法上不作为亲属。但是，如果填写夫妻联合报税单，允许申请自己一份个人免征额，配偶一份个人免征额。②亲属免征额数量与个人免征额相同。2015 年，免征额的数量都是 4,000 美元。例如，两个孩子的夫妻可以有两个个人免征额和两个亲属免征额，免征额一共是 16,000 美元。③孩子和成人互为亲属。亲属在接受国家税务局检查的时候，需要提供社会保障号码（SSN）加以证明。但是，如果他人声称你是他的亲属，则无须你提供证明。

2. 标准扣除额和分项扣除额

标准扣除尽管也是标准化的，但是与个人免征额不同，因为标准扣除仅仅区分五种申报类型，不是简单的一人一份，而可以理解为一个纳税人一份，不过数量不同。表 3.6 给出了 2015 年美国联邦个税的标准扣除额数量，从单身、夫妻合报和夫妻分报的数量看，实际上是每个纳税人 6,300 美元，其他报税类型包括照顾优惠的成分。此外，其他家属可以在纳税申报中申请基本标准扣除，但是基本标准扣除数量不能超过 1,050 美元或者其个人劳动收入加 350 美元。所以，即使是标准扣除，其计算方法和个人免征额的分配办法也不相同。

表 3.6　2015 年美国联邦个税的标准扣除数量

申报类型（filing status）	标准扣除额（美元）
单身（single）	6,300
夫妻合报（married filing jointly）	12,600
夫妻分别报税（married filing separately）	6,300
户主申报（head of household）	9,250
有资格的失偶者（qualifying widow（er））	12,600

资料来源：www.irs.com。

有些情况不能申请标准扣除：①已婚家庭选择了夫妻分别报税，而其中一方已经选择了分项扣除。②在一个纳税年度，属于非居民外国人或者具有双重国籍的人。③纳税申报不能覆盖一个纳税年度的 12 个月。④财产、信托、共同基金或者合伙人。

一般地，不允许采取标准扣除的纳税人和分项扣除额超过标准扣除的纳税人，会选择分项扣除。2015 年，美国联邦税务局（国内收入属，IRS）列出了五类重要扣除。①州和地方税扣除。纳税人整个纳税年度的州和地方税允许申报扣除，可以申请扣除在工资单上扣除的州和地方所得税，也可以扣除销售税，但不是不允许同时申请扣除。同时，联邦税务局根据纳税人的收入会核算一个标准销售税额，非营业性船只、汽车和摩托等大额账单的销售税都可以添加到税收扣除中。②慈善捐款扣除。如果纳税人将金钱或者财产捐赠给符合条件的慈善组织，该捐款可以在纳税申报中减除。大多数情况下，纳税人可以捐献调整后毛所得（AGI）的 50%。任何发生费用的捐献如煤气、厨房原料、邮费等都允许扣除，但是捐献的时间不能计价扣除。任何捐献超过 250 美元的都需要慈善组织提供证据。③利息支出扣除。一般的个人利息不允许在纳税申报时申请扣除，但是，允许扣除一些债务利息的支出，比如学生贷款利息、住房抵押贷款利息。住房抵押贷款利息支出必须通过分项扣除进行申请，而学生贷款利息则可以通过分项扣除或者标准扣除进行申请。④寻找工作的费用扣除（job hunting expenses）。寻找工作的费用支出，比如编写求职信、交通、住宿、职业咨询机构费用甚至用餐的费用。但是，如果是第一次找工作，上述费用不允许申报扣除。找工作费用被认为是分项扣除中的一个杂项。⑤个人退休计划（individual retirement arrangements，IRA）扣除。根据个人退休计划的类型，投入到该计划中的金额可以申请扣除。申请扣除也有一些在年龄、婚姻、雇主是否提供退休计划等资格条件要求。50 岁以上的纳税人允许最多扣除 6,500 美元。其中，比较重要的单项有：医疗费用支出（medical expenses）、住房贷款利息（home mortgage loan interest）、房地产税（real estate taxes）、慈善捐款（charitable donations）、未偿付的雇员费用（unreimbursed employee business expenses）、未保险的灾害或者被盗损失（uninsured casualty or theft losses），等等。

3.5.2 美国个人所得税免征额的限制和附加

值得注意的是，即使是个人免征额和标准扣除，也并不是对任何人都实际上完全相同。因为美国联邦个税还对个人免征额、标准扣除额、分项扣除额设定了一些限制和附加，以在标准化、平均化的情况下，对一些特殊情况予以照顾，实际上是考虑纳税人基本生活的一些重大差别。

1. 个人免征额缩减

对于个人免征额，税法设置了个人免征额递减（personal exemption phaseout，PEP），即在收入达到一定水平的区间时，免征额将缩减。2015 年，单身报税的调整后毛所得（AGI）从 258,250 美元开始起算（起点阈值），到 380,750 美元终止（终点阈值），每 1,250 美元（夫妻联合报税为 2,500 美元）扣除免征额两个百分点。[①]也就是说，调整后

---

① http://www.taxpolicycenter.org/press/press-resources-pep.cfm。

毛所得达到 258,250 美元后，个人免征额将开始扣减，最多将扣除
100%，也就是说，AGI 达到 380,750 美元以上，该纳税人将不享受个
人免征额扣除。一般认为，这是为避免免征额提高后，高收入者获得
较多的免征额利益从而提高税收累进性而设计的。应该说，这样的确
能够在一定程度上避免免征额的局限性。不同的纳税申报类型不同，
如表 3.7 所示。

表 3.7　2015 年美国联邦个税免征额缩减的调整后毛所得区间

报税类型	个人免征额 递减区间起点（美元）	个人免征额 递减区间终点（美元）
单身报税	258,250	380,750
夫妻联合报税	309,900	432,400
夫妻分别报税	154,950	216,200
户主报税	284,050	406,550

资料来源：http://www.taxpolicycenter.org/press/press-rescources-pep.cfm。

2. 附加标准扣除额

对于标准扣除，有对老年人和失明人士的附加标准扣除（the
additional standard deduction）。在一个纳税年度至少最后一天达到 65
岁的老年人，就有资格获得附加标准扣除。同样，在一个纳税年度的
最后一天之前发生完全失明（如果不是完全失明，则需要眼科医生证
明需要特定的医疗设备），也有资格获得附加标准扣除。如果一个纳
税人既符合老年人资格，也符合失明人士资格，则可以同时申请两项
附加标准扣除，其附加标准扣除额等于两项扣除额的总和。

2010 年，有以下情况获得比标准扣除额更高的扣除额：①年龄超
过 65 岁；②纳税人配偶超过了 65 岁；③纳税人失明；④纳税人的配
偶失明。对于任何一种情形，纳税人获得额外的 1,100 美元标准扣除
额；但是，对于未婚的个人，附加标准扣除额为 1,400 美元。2015
年，已婚 65 岁以上或者失明的纳税人的附加标准扣除额为 1,250 美
元，未婚的为 1,550 美元。

3. 分项扣除限制

分项扣除允许纳税人选择根据给定的支出项目据实申报，但是并

不代表纳税人可以无限制地根据实际支出获得扣除，分项扣除是有最高限额的。2013 年、2014 年和 2015 年，如果调整后毛所得（AGI）超过特定的阈值数量，允许进行分项扣除的额度将以 3% 递减，该阈值数量与个人免征额缩减区间的阈值相同，2015 年单身报税的起点阈值是 258,250 美元。假定单身报税的纳税人调整后毛所得为 300,000 美元，分项扣除数额为 20,000 美元，则允许扣除的分项扣除额为：20,000-0.03×（300,000-258,250）=18,747.5 美元，而不是全部的分项扣除支出。税法还规定，分项扣除缩减不高于分项扣除项目支出的80%。也就是说，如果实际分项扣除支出 20,000 元，即使纳税人的调整后毛所得很高，也至多缩减 16,000 美元。更细致的规定还有，纳税人在医疗费用、投资利息支出、灾害和失窃损失、风险损失的分项扣除不受限制，可以全额扣除。

3.5.3 美国个人所得税与免征额有关的项目

1. 收入排除项目、调整项目与调整后毛所得

原则上说，居民各种所得均应计算总所得，但这些所得应当符合 H-S 所得定义。对于不符合 H-S 定义的所得，税法上规定为收入排除项目，不构成个税纳税所得。美国个人所得税收入排除项目有：州或地方政府的公债利息、接受的各种赠礼、遗产、对因各种原因造成的人身伤残、疾病损害的赔偿费、保险费等。严格来说，收入排除项目并非都不增加消费潜力，比如公债利息、接受的赠礼和遗产，因此收入排除项目并非单一立法宗旨。其次，一些项目支出允许在应税所得中扣除，原则上可以认为这些支出降低了纳税人的纳税能力。美国联邦个税规定允许对基础所得进行调整，调整项目包括：自雇人士的退休缴费和个人退休计划的缴费、自雇人士已纳税款的一半、赡养费支出、医疗储蓄账户（health saving accounts）或者自雇人士的医疗保险（health insurance）支出、学生贷款利息和符合条件的学费（qualified tuition costs）支出等。应该说，这些调整项目也包含一些社会政策。基础所得减除调整项目支出得到调整后毛所得（AGI），免征额是在

AGI 基础上进行的进一步减除。

2. 税收抵免

税收抵免（税收豁免，tax credit），指按照税法规定，对于纳税人符合规定的项目进行退税。比如，某纳税人应纳税额为 1,000 美元，但是按照某项规定还享有 200 美元的税收抵免，则纳税人的净纳税额为 800 美元。与调整项目、免征额（包括标准扣除）不同，税收抵免并不改变纳税人应税所得，也不改变纳税人适用税率，而是直接减少纳税人的实纳税额，直接降低纳税人税收负担。

税收抵免分为不可退还（non-refundable）和可退还（refundable）税收抵免两类。不可退还的税收抵免是主要的，其税收抵免可以减少纳税额但是不会使税负降低到 0 以下，也就是说，不会导致政府为纳税人支付。主要的不可退还的税收抵免项目有：①国外税收抵免。②儿童和亲属照料税收抵免。③教育税收抵免。④退休储蓄税收抵免（retirement savings credit）。⑤儿童税收抵免。⑥节能税收抵免（energy savings tax credits）。可退还的税收抵免不仅可以减少纳税人纳税，而且可能将税负降到 0 以下，也就是说政府将向纳税人进行支付。美国主要有三种可退还的税收抵免。①劳动所得税收抵免（Earned Income Tax Credit，EIC or EITC）。EITC 是 1975 年前后设立的，主要目的是为低收入劳动家庭提供补贴，是最常见的税收抵免。要获得该项抵免，必须具备一些资格要求，比如，劳动所得被定义为工资、薪酬和小费（tips）来源的所得、拥有和运行商业农场的所得、某些残疾所得。EITC 是可退还的税收抵免，正常情况下不需要纳税申报的人也需要做一些事情以获得 EITC 的好处，这就为低收入者提供一种积极工作的激励，而政府也可以减轻相应的社会救助负担。②附加儿童税收抵免。这是为较低收入家庭设计的，因为他们由于收入低、应纳税额少而得不到完全的儿童税收抵免。③美国机会税收抵免（American Opportunity Tax Credit，AOTC）。AOTC 为合格纳税人抵消接受更高教育的费用，2015 年价值达到 2,500 美元。也就是说，如果纳税人应纳税额为 2,000 美元，并且具有 AOTC 资格，则可以从美国政府获得 500 美元的教育资助。

3.5.4 美国个人所得税免征额的借鉴意义

1. 免征额是个人所得税重要的税制要素

从美国联邦个税免征额看，美国个人所得税制度之所以复杂，原因在于为纳税人提供可以进行基础所得扣除、调整后毛所得中的免征额扣除、税收抵免等项目，而美国国家税务局的纳税服务反复强调的，一是纳税人要及时纳税，避免被处罚；二是纳税人要了解自己属于什么情况、处于什么位置、有哪些费用可以扣除、有哪些税收可以抵免，从而避免自己缴纳不必要的税收。免征额是其中最重要的项目，也是税制最重要的要素。

实际上，我国个税涉及很多所得减除项目，大致有四类。①免于课税。主要是像养老金等来自于政府的转移性收入，由我国《个人所得税法》第 4 条规定。②免征额（费用扣除）。一部分费用税法准予纳税人在应税所得中扣除，根据立法文件解释，这部分收入相当于居民基本生活费用。当前，对于工资薪金所得来说，每月准予扣除 3,500 元。③社会保障缴纳扣除。按照国务院关于《个人所得税实施条例》，纳税人缴纳的"三险一金"准予在税前扣除。由于我国城镇职工的社会保险和住房公积金缴费率较高，这部分扣除较多。④税收减免。我国《个人所得税法》第 5 条规定，在以下情形下，经批准可以减征个人所得税：残疾、孤老人员和烈属的所得；因严重自然灾害造成重大损失的；其他经国务院财政部门批准减税的。可见，我国税法并没有关于税收减免的具体规定，任何减免都需要申请和批准，并非法定减免。

美国联邦个税规定的涉及税基扣除和税收减免的情形有五类，且每一类都有具体的规定。①排除纳税的收入项目。在确定基础所得的时候，雇主向医疗和退休计划的缴费、税收优惠的储蓄账户收益、未实现的资本利得、州和地方债券利息、自有住房和其他耐用品的估算租金、实物服务、实物赠予与遗产，准许不予列入。之所以要确定这个项目，是因为按照所得通常定义，这些收入项目应属于基础所得；

但考虑社会政策以及税法直接的相容性，这些收入项目予以排除。这些收入排除项目与我国免于课税项目是不同的，我国免于课税项目包括政府奖金，按照国家统一规定发给的补贴、津贴，福利费、抚恤金、救济金，按照国家统一规定发给干部、职工的安家费、退职费、退休工资、离休工资、离休生活补助费，这些收入明显增加了纳税人的经济能力，在美国个税中并不予排除。②降低经济能力支出的扣除，即"线上项目扣除"。美国联邦个税准予在基础所得中扣除贸易和经营费、搬家费、教育费、个体户医疗保险费、学生贷款还款、特定的学杂费等。我国个税中没有这个扣除项目，但个体工商户的"费用扣除"可能将生产经营费用和个体户的免征额加总在一起了，但是立法文件没有明确解释。③个人免税额。个人免征额是标准化的，并且设有免征额缩减区间（PEP），使高收入的个人免征额递减甚至消失。纳税人、纳税人配偶、纳税人亲属等都可以分别得到个人免征额和亲属免征额，其数量是一致的。与我国个税免征额不同的是，我国工资薪金所得纳税人平均地按照城镇职工负担系数确定免征额，个人免征额实际上是标准免征额/全国城镇家庭平均负担系数。因此，美国的个人免征额由于实际考虑了纳税人赡养负担而更加公平。④标准扣除或者分项扣除。标准扣除针对纳税人及其家庭某些项目支出，但是在性质上多数与居民基本生活有关，本书将其理解为个税免征额的构成部分。之所以设立分项扣除，主要是照顾在确定的支出项目上支出较多的纳税人，避免不公平的标准化。与个人免征额区间缩减制度类似，标准扣除有附加，而分类扣除有限额，都是为了在标准化的基础上，考虑一些纳税人的重要差异。标准扣除不同于我国的社会保障缴费扣除，我国的社会保障缴纳扣除属于社会政策，而美国的社会保障政策主要通过税收抵免考虑。⑤税收抵免。美国联邦个税的税收抵免比我国个税税收减免要复杂、具体得多，是美国执行社会政策的重要工具，可以理解为标准化免征额不能照顾的内容，这些内容通过税收抵免予以考虑。总体上看，美国联邦个税的收入排除、降低经济能力支出的扣除、个人免征额、标准扣除（或分项扣除）和税收抵免是相互联系和相互补充的，都是围绕居民基本生活费用不课税的目标展开的，都是有利于实现个税免征额价值和功能的。

国内有学者认为，美国联邦个税的个人免征额相当于我国的个税免征额，并说美国个税起征点低，这是不合理的，也不符合实际，值得商榷。中国税法上相当于免征额的概念是"费用减除"（税法第 6 条），而按照个税修正案中关于费用减除的解释，其目的在于保障居民基本生活费用支出不纳税，这与免征额的一般理解是一致的。美国个人免税额肯定属于免征额，但很难代表全部的免征额，个人免征额数量相对于美国贫困线的一半，那么，不到贫困线一半的收入当然不能维持基本生活需要；贫困人口尚需要国家救助，如果超过贫困线一半的收入就要纳税，这与免征额的内涵不相符合。所以，美国个税的个人免税额至少与我国的个税免征额不同，美国的标准扣除（或分项扣除）与个人免税额都属于"线下项目"，之所以准予扣除，除了执行社会政策之外（如慈善捐献），理解为对基本生活维持费用的扣除更为合适，这样才能与我国的"减除费用"相对比，都属于免征额。美国公民缴纳个税有一个申报最低收入的要求，2014 年，如果单身报税人的调整后毛所得（AGI）低于 10,150 美元（夫妻联合报税低于 20,300 美元），就不必进行纳税申报，这个数据与个人免征额与标准扣除之和接近。所以，如果将中国和美国的个税免征额对比的话，我国的费用扣除与美国的个人免税额和标准扣除（或分项扣除）之和的对比更恰当一些。

2. 免征额标准确定方法复杂，但更加公平合理

美国联邦个税免征额的确定方法比我国要复杂，也更公平。免征额标准确定涉及复杂因素，要得到较公平的标准，就需要设计更多的制度。我国个税免征额是完全平均化、标准化的，而美国则在标准化的基础上，对一些重大差异、重要事项予以差别考虑，这将有助于消除标准免征额的局限性。比如，我国个税免征额平均地考虑纳税人的赡养负担，而美国个税通过设立个人免征额、亲属免征额等更好地考虑每个纳税人的赡养负担实际；美国个税设立分项扣除，以对于存在超过标准扣除额的纳税人予以照顾，使其在一些重要的基本生活费用支出项目能获得更多的扣除，而我国没有；对于采用标准扣除的特殊人群主要是老年人和失明人士，也通过设立附加扣除予以照顾，我国这方面的制度也明显缺乏；美国个人免征额设立缩减制度，能够避免随着免征额提高，高收入者获得更多的利益，保持税收累进性，抑制免征额局限性，我国也没有这方面的制度；分项扣除限额制度总体上就是对纳税人实际的区别考虑，我国尽管设计了一些纳税人可以申请减免税收的项目，但远没有美国个税那样规范和重要。

3. 个税免征额标准大致相当于贫困线

个税免征额的内涵与贫困线比较接近，都考虑居民基本生活需要（basic needs）。也有一些国家将贫困线与最低工资挂钩，比如巴西的贫困线是最低工资标准的 1/2。但是，更多国家的贫困线与居民家庭的中位收入挂钩，法国的贫困线定在全国收入中位数的一半。但是中国缺乏可比的贫困线，因为中国的贫困线针对农村，而个人所得税主要对城镇居民征收，尚缺乏比较的基准。

美国有两个贫困线标准，即美国统计局的贫困线（poverty thresholds）以及人口和卫生服务部的贫困指导线（poverty guidelines）。贫困线全国统一，但是考虑家庭人口和人口年龄构成，2014 年无亲属关系个人家庭的贫困线是 12,071 美元，两人家庭是 15,379 美元，三人家庭是 18,850 美元，有两个孩子的 3 人家庭则为 19,073 美元。贫困指导线区分 48 个陆地州和阿拉斯加、夏威夷州，仅考虑家庭人口构成，2014 年 48 个州的一人家庭贫困指导线为 11,700 美元，两人家庭是 15,730 美元，三人家庭是 19,790 美元。在下面的比较中，我们使用贫困指导线的定义。如果单独考虑个人免征额为个税免征额，按照单身报税分析，则 2014 年免征额为 3,950 美元，只有贫困线的 33.76%。但这样的免征额显然不合理，只有 3,950 美元的个人所得免于纳税，超过 3,950 美元的所得需要纳税，但由于收入不足 11,700 美元，国家还要实行各种救助，这样是在浪费国家行政资源。相反，如果将个人免征额与标准扣除加总，则为 10,150 美元，就与贫困线非常接近，而且考虑个税还有"线上扣除"、税收抵免等税制因素减少应税所得和税收，贫困指导线以下的家庭不会发生纳税。这样，美国贫困线和个税免征额是非常接近的，这样理解也更加合理。因此，我们认为，美国个税免征额由个人免税额和标准扣除（或分类扣除）构成，大致相当于贫困线。

中国的贫困线与美国没有可比性。中国的贫困线主要是针对农村居民制定的，农村经济相对落后，人口多，且市场经济不发达，较高的贫困线将涵盖太多人口。2015 年，中国的贫困线标准确定为农民年人均纯收入 2,800 元（按 2011 年价格计算为 2,300 元），很难与个人所得税的免征额挂钩。中国的个人所得税主要由城镇职工缴纳，以农村居民为标准的贫困线很难适用。中国实施最低生活保障制度。以天津市为例，从 2015 年 4 月 1 日开始，城市居民最低生活保障标准为每人每月 705 元，城市低收入家庭范围为家庭月人均收入 705 元至 1,058 元，城市特困人员供养标准为每人每月 1,410 元。比较而言，2014 年中国工资薪金所得税免征额为 3,500 元/月，城镇就业人员负担系数为 1.9，个人免征额是 1,842 元，（天津的）个人免征额比供养标准只高出 432 元/月，比最低生活保障标准高出 1,137 元/月。但是，取得低保待遇的家庭还会得到国家在住房、医疗、劳动就业等方面的保障，1,842 元个人免征额标准与居民得到国家保障的收入就相差不多。所以，1,842 元/月的个人免征额（3,500 元/月的纳税人免征额）并不高，与满足居民基本生活费用支出基本相当，与美国的免征额与贫困线的关系类似。

3.6　本章小结

本章研究了个税免征额的基本理论问题，即个税免征额的内涵、价值和免征额标准确定原则，提出了以下主要观点：

（1）在评述现有文献的基础上，结合我国的个税立法实际，明确提出个税免征额是对居民基本生活费用扣除以保证税收不侵蚀居民基本生活的内涵和基本价值，并论证了免征额对税收公平和效率的价值。个人所得税因为免征额制度而对用于满足居民基本生活费用支出的部分收入免于课税，是个税成为良税的基础性税制，正常情况下不得违背，否则就损害了个税自身性质。个税免征额也符合资源配置效率要求，因为税收用于政府提供公共物品和服务，其价值通常不会高于居民基本生活费用支出的价值；个税免征额也符合税收行政效率的要求，否则对基本生活费用课税的同时在现代国家还要再对收入不能满足基本生活需要的居民进行收入转移，必然是行政资源的浪费，并可能造成经济行为扭曲。个税免征额总体上也符合横向公平和纵向公平的要求，尤其是具有纵向公平效应，因为同样的免征额对低收入者的价值更大，产生税收累进性效应，具有再分配调节能力。

（2）按照个税免征额的价值，特定时间的免征额标准应当是确定的数额，而不是一个相机抉择的政策变量。原则上，免征额标准也应当根据每个纳税人（个人及其家庭）的基本生活费用支出实际确定，但这种做法的征管成本太高，也会产生负激励和行为扭曲，标准化的免征额是必要的，合理的免征额应当采取标准免征额和按照纳税人居民基本生活费用支出实际的重要方面加以结合的确定方法。我国个税免征额总体是完全标准化、平均化的，偏重于追求行政效率；而美国联邦个税免征额则既有标准的部分，也有考虑纳税人实际的部分，比如个人免征额和分项扣除相结合、标准扣除和分项扣除相结合，既有个人免征额缩减和分项扣除额限制，也有标准扣除附加，标准免征额部分和对不同基本生活费用支出纳税人差别适当考虑相结合，体现效率和公平的权衡，更加公平合理。

（3）标准化免征额是免征额标准的主要构成部分，我们对标准免征额的税收累进性效应和再分配效应进行了考察。标准免征额的税收累进性和再分配效应模型表明，在免征额不超过最低收入者的收入时，免征额将具有积极的税收累进性和再分配效应；但如果免征额超过了部分低收入人群，这部分低收入人群获得免征额的利益将不充分，免征额的税收累进性和再分配效应将具有不确定性。由于标准免征额按照平均居民基本生活费用支出确定，不会超过多数居民的收入水平，一般不会在总体上出现税收累退性或者扩大收入差距的再分配调节效应。但是，在给定收入下，再分配效应取决于平均税率和税收累进性，较高免征额对应低平均税率，无论税收累进性如何变化，再分配效应变动具有不确定性。

（4）构建了个税免征额局限性理论。个税免征额无论采取按照纳税人基本生活费用支出实际确定，还是按照标准免征额设计，都可能存在局限性，免征额局限性包括五个方面，即横向不公平、纵向不公平、标准免征额的局限性、累进税率结构下免征额提高的局限性和累进税率结构对标准免征额叠加效应。但是，如果免征额标准是按照免征价值确定的，那么免征额的局限性不会很大，也可以采取一些制度对免征额局限性加以抑制。我们不能过分夸大免征额局限性，更不能利用免征额局限性而否认免征额价值。

（5）美国个税免征额标准采取了标准免征额与对不同基本生活费用支出纳税人差别适当考虑相结合的确定方法，将免征额制度作为极为重要的税制设计要素，免征额水平大致相当于贫困线，这些都是值得借鉴的。

第4章
个人所得税免征额调整的必要性和调整方式

从我国个税第一次免征额调整之始，就存在免征额是不是应该调整（提高）的不同看法，现有文献显示了这种差异，且不赞成免征额进一步提高的倾向引起更广泛的关注。在关于免征额调整必要性的论证中，也提出了免征额调整方式的问题，但研究不够成熟。本章将进一步评述关于免征额调整必要性的文献，论证免征额调整的必要性，提出免征额适应性调整方式理论，并利用美国个税免征额调整实践进行说明。

4.1 免征额调整的必要性

4.1.1 免征额调整的依据

按照免征额保障基本生活费用不纳税的原则，免征额调整要求是显然的，因为不调整就无法实现免征额对居民基本生活费用支出不课税的基本要求。现有文献从三个方面阐述了免征额调整的原因。①免征额标准所依据的居民基本生活费用随社会经济发展而变化，人的基本生存需要不断提高，居民生存成本不断提高，免征额应当进行动态调整（彭月兰、李霞和王丽娟，2008）。②物价水平是动态变化的，免征额长期不调整，其实际价值下降，数额偏低，让原本按税法规定不必纳税的个人成了纳税人，违背了基本生活费用不纳税的原则（魏明英，2005）。③我国处于经济体制改革时期，市场化、社会化改革使居民基本生活费用支出增加，免征额也应当进行相应调整（金人庆，2005）。

我国个税免征额调整的立法文件对免征额调整必要性进行了阐述，与上述三个原因是一致的。2005 年 8 月，财政部向全国人大常委会报告个税税法修正案中提到，我国个税改革目标是建立综合与分类相结合的税制，更好地发挥个税组织财政收入和调节收入分配的作用，但是当前面临的紧迫问题是工资薪金所得免征额标准偏低。随着经济快速发展，职工工资收入也有了明显增加。但是，职工家庭生活消费支出也呈上升趋势，一方面是物价水平上升，另一方面是教育、住房、医疗等社会化、市场化改革深入导致居民消费支出明显增长，原来每月 800 元的免征额条件下，消费支出不能在税前完全扣除，税负明显加重，故建议提高免征额，以解决城镇居民生活费用税前扣除不足的问题，使中低工薪收入者不缴纳个人所得税或者税负较轻（金人庆，2005）。2011 年 4 月，财政部向全国人大常委会报告个税税法修正案时，进一步指出，当居民维持基本生活所需的费用发生较大变化时，免征额标准也应相应调整（谢旭人，2011）。

因此，如果不调整免征额，随着经济增长和居民收入提高，纳税人增加，国家税收增加，但这是以居民基本生活费用扣除不足为代价的，违背了基本生活费用不课税、税收不侵蚀居民基本生活的原则，个税将不再是良税。根据免征额依据居民基本生活费用支出确定的原则，居民基本生活费用变化了，免征额需要随之变化，这与免征额基本功能理解为居民基本生活费用扣除的观点相一致，免征额调整只不过是居民基本生活费用支出实际变化的反映。免征额应当调整的理由显而易见，无可否认，否认免征额调整无异于否认免征额、否认个税。即使实际免征额制度和免征额调整出了问题，也不应当否认免征额调整本身。但是，现有文献中的确存在这样的问题，下文将进行评述。

4.1.2 免征额调整不等于免征额提高

需要强调的是，虽然免征额调整经常性地表现为免征额数量提高，但可能只是适应物价水平变化的调整，实际上并未导致免征额实际增加。比如说，免征额适应物价上涨而提高的情况下，准予纳税人税前扣除的实际收入并没有增加。相反，如果免征额不进行调整，而由于物价上涨，免征额数量货币的购买力已经下降，不能对居民基本生活费用支出进行扣除，免征额的价值不能实现，那么个税作为良税的基础受损。从政府财政收入角度考虑，如果在通货膨胀下不调整免征额，政府将获得"通货膨胀税"，居民税收负担过重，这不应该是现代国家政府筹集财政收入的手段。

同样的道理，调整免征额并不一定意味着减税，而可能只是降低原来免征额偏低条件下过重税收负担。从逻辑上说，只有国家法律关于居民基本生活费用支出的标准提高了，免征额提高才真正带来减税。我国个税立法文件显示，个税免征额调整既有适应物价水平的调整部分，也有居民基本生活费用支出标准提高部分，而且表明免征额调整的目的是保证居民基本生活费用充分扣除和降低过重负担，也就不能完全理解为减税。我们知道，如果免征额不调整，则产生在个税之上向居民征收了通货膨胀税的效果，这无疑是过重负担，而调整免征额部分是为了避免这种通货膨胀税，避免过重负担。因此，调整免征额不等于减税。

财政部《关于〈中华人民共和国个人所得税法修正案草案〉的说明》（谢旭人，2011）提出，拟将减除费用标准由现行的 2,000 元提高到 3,000 元。调整后，工薪所得纳税人占全部工薪收入人群的比重，由目前的 28%下降到 12%左右。与 2010 年相比，提高工资薪金所得减除费用标准，约减少个人所得税收入 990 亿元。应该如何理解？这里我们应该分析的问题是，纳税人是如何减少的，税收如何减少的。如果免征额调整使本来应该纳税（免征额充分扣除条件下的税收）的人减掉了，将本来应该征收的个人所得税减掉了，这才是真正的减税，如果这又是通过修改免征额实现的，这种免征额调整可以称为"提高"。但我国个税免征额调整实际不是这样（至少部分不是这样），之所以调整免征额，是因为当前免征额标准太低了，是因为当前不应该纳税的人纳税了，是因为当前不应该征收的税收征收了，免征额调整的目的是将这些"不应该"减掉，减掉的是不应该纳税的纳税人和不应该征收的税收，所以我国的个税免征额调整不等于减税。

2011 年财政部的关于个税修正案的"说明"测算的是，在 2010 年收入数据的基础上，分别适用 2,000 元和 3,000 元免征额而估算的纳税人和纳税额的比较。如果 2010 年的免征额还很合适，2011 年就没有必要调整，更没有必要一次提高 1,000 元，这显然说明 2010 年的免征额水平已经不足了，且已经存在过重的税收，免征额调整为了避免过重的税收负担持续存在。而且，利用 2010 年的收入数据实际上不能测算 2011 年及以后的纳税人和纳税额，因为这种测算忽略了经济增长和居民收入提高的税收效应。随着经济增长，2011 年及以后将比 2010 年有更高的居民收入，免征额调整有税收减少的效应，而居民收入增加也有税收增加的效应，究竟 2011 年税收如何变化，要看二者的对比。实际的结果是，免征额提高到 3,500 元后，2011 年的实际税收并没有减少，2011 年个税税收收入比 2010 年增长 25.12%，占 GDP 的比重比 2010 年有明显的上升，达到了 1.25%。这有两个方面的原因，一方面，免征额实际是从 2011 年 9 月开始调整的，免征额调整的效应主要是从 2012 年开始显现；另一方面，2011 年的经济增长和居民收入提高增加了税收，完全抵消了免征额提高带来的税收减少，结果出现税收增加。

4.2　关于不赞成免征额调整理由的辨析

有不少文献持反对调整免征额的意见，表达对免征额调整的怀疑和担忧。刘汉屏（2005）认为，参照社会贫困线、城镇居民收入状况、最低工资标准等指标，个税免征额水平是合适的。提高免征额不利于发挥个税组织财政收入的作用，不利于提高个税在税收中的地位和作用。再分配调节作用也是以税收规模大为基础的，提高免征额将减弱其调节功能。该做的不是提高免征额，降低个税的收入比重，减弱其调节功能，而是相反。代金涛和宋小宁（2009）认为，2,000 元的免征额已经使工薪所得税纳税人主要为高收入群体，无须再指数化。高亚军和周曼（2011）认为，免征额标准的调整并不能真正发挥降低工薪收入者个人所得税税负、改善居民生活质量的根本作用，更别提利用个人所得税的"自动调节器"功能发挥对收入的调节作用，免征额远不如税率、税收优惠和税级设计、按家庭申报和实行综合所得税制在调节收入分配方面的作用大。王韬、朱跃序和鲁元平（2015）认为，经过 2011 年 9 月的税制改革，税制已经能够很好地发挥福利改善和收入分配调节的功能，而受我国工薪阶层的收入结构对税收累进性的限制和统一的免征额对区域间横向公平的不利影响，免征额能够发挥的调节作用有限，重点应该放在税制改革而不是免征额调整上。白彦锋和许嫚嫚（2011），岳希明和徐静（2012），岳希明、徐静和刘谦等（2012），徐建炜、马光荣和李实（2013）认为，提高免征额降低了平均税率，恶化了再分配效应，不利于提高直接税比重，进一步提高免征额已经没有任何益处。华生（2011）表示，个税扣除额的真正问题是要引入动态机制、特殊扣除和调整社保扣除的负担。个税扣除额只是个税中小的局部问题，当下大幅提高个税基本扣除额，只会扩大而不是缩小收入差距，不利于优化税收结构而进一步扭曲税收结构，无助于完善税收机制而是浪费行政和社会资源。

从理念上看，免征额不应调整的理由按照其性质可以分为三种：①坚持免征额是对居民基本生活费用支出扣除的原则，与认为免征额应当调整的出发点是一致的，不过认为免征额水平已经足够，所以不必调整，因此分歧出现在免征额标准上。②以免征额调整的局限否认免征额调整价值。调整免征额或者说在现行税制下调整免征额是不公平的，不能很好地实现预期的目标，最主要的是免征额调整不能为最低收入者带来利益，可能扩大收入差距而不是缩小收入差距。③提高免征额不利于提高个税收入比重，不利于税收结构的优化，与个税筹集收入功能相悖，与国家确定的提高直接税比重的政策方向不符。我们下面对这些观点及其论证进行辨析。

第一种理由表明，究竟什么是居民基本生活和居民基本生活费用的标准是重要的。从实际情况看，我国调整免征额标准依据或者说参考城镇居民消费支出水平，的确没有一个精确的计量，这方面的工作的确需要做细做实。但是，认为不调整的免征额也能满足居民基本生活需要可能与实际不符。我国的工资薪金所得税免征额是按照全国城镇居民平均消费支出和全国城镇职工平均赡养系数确定的，全国城镇职工平均赡养系数接近于 2，也就是说，如果不调整而实行 800 元的免征额，2006—2007 年，我国城镇居民基本生活费用支出仍然停留在 400 元/月的水平；如果不调整而实行 1,600 元的免征额，2008—2011 年，我国城镇居民基本生活费用支出仍然停留在 800 元/月的水平；如果不调整而实行 2,000 元的免征额，2011—2015 年，我国城镇居民基本生活费用支出仍然停留在 1,000 元/月的水平，显然这是无法满足很多城镇居民基本生活需要的。当然，2011 年 9 月是不是一定要提高到 3,500 元，值得研究，但认为不调整也能满足居民基本生活需要的确值得商榷。华生（2011）提到与美国联邦个税免征额的比较问题，我们也可以借此讨论。2015 年，美国联邦个税个人免税额为 4,000 美元，单身或者夫妻分别报税的标准扣除为 6,300 美元，不考虑特殊情形，相当于将居民基本生活费用支出确定为 10,300 美元。比较而言，2015 年，中国工资薪金所得标准免征额是 3,500 元/月，城镇赡养负担系数为 1.9，实际上将居民基本生活费用支出确定为 1,842.11 元/月，如果按照 6 元/美元换算，我国允许扣除的基本生活费用支出每年约为 3,684 美元，只有费用的 1/3；如果再考虑中国恩格尔系数高于美国，更不能说我国免征额就比美国高。美国 2015 年 48 个州的三口人家庭的贫困线为 20,090 美元，每人 6,696.67 美元；如果按照家庭计算，三口人的个人免征额总计为 12,000 美元，夫妻联合报税标准扣除额为 12,600 美元，免征额总计为 24,600 美元，人均为 8,200 美元，显然免征额比贫困线高。如果仅拿美国个人免征额相比，当然免征额比贫困线低。

第二种理由的主要依据是提高免征额并不能给原来免征额下已经

不纳税的低收入者带来利益，如前所述，这不能成为否定免征额调整的理由，这是个税自身的局限性，与是否调整免征额无关，不能因为调整免征额存在局限性而否定调整免征额的价值。至于说由于我国个税税制整体还需要改革和完善，不能在不完善的、需要改革的税制的基础上调整免征额，这需要比较问题的迫切性。免征额不调整的问题是明摆着的，而税制的问题比较复杂，我国个税免征额调整的立法文件也阐明了由于免征额调整更加紧迫才实施免征额调整的，简单以税制不完善而拒绝免征额调整的理由则不能成立。免征额是个税税制的基础性因素，保障居民基本生活费用支出充分扣除具有优先性，不能坐等税制改革和完善。如果税制还没有建立，免征额也不调整，人民承担过重的税负，将导致严重的社会危机。建立综合和分类相结合的税制在 1996 年就提出来了，但是至今仍没有建立，如果免征额一直不调整，我们无法想象将是一种什么样的社会局面，更奢谈个税规模扩大、发挥个税在提高直接税比重中的作用。税制改革非常重要，但是没有必要拿这个来否认免征额调整。

第三种理由的部分依据需要进行实证检验，但部分理论论证则明显不成立。在同一收入条件下，存在免征额与不存在免征额相比，免征额也必然是有损于税收规模和平均税率的，但我们不可能不设立免征额而去追求税收规模和平均税率。如果没有免征额，这样的税收就已经不是个人所得税。我们无法想象不设立免征额而能够增加个税税收、取得较高的平均税率的图景，因为这将丧失免征额保障居民基本生活费用不纳税的原则，也失去了免征额带来的税收累进性，个税功能焉能存在？个税功能应当以免征额价值为前提条件，这是不能动摇的底线。我们应当关注的问题实质在于，免征额扣除的充分性与增加税收、提高再分配效应之间是否存在冲突，而不是通过调控免征额去直接实现个税功能。这个问题与免征额调整方式和免征额调整效应的研究密切相关，下文以及第 6 章将专门研究。需要强调的是，这种理由背后的理念已经不再坚持免征额对居民基本生活费用支出扣除的原则，而是基于认为免征额调整有损于国家税收、税收再分配效应的个税功能从而反对免征额调整的，这个逻辑本身就值得商榷。从发挥个税功能的角度考虑免征额调整问题，将忽略个税免征额本身的价值功能，这种理念是不合理的。我们认为，只有保障了免征额价值，才有个人所得税；有了个人所得税，才有可能更好地发挥个人所得税功能的目标。

4.3 免征额适应性调整方式及其对个人所得税功能的影响

4.3.1 免征额适应性调整方式

那么，免征额应当如何调整呢？免征额标准依据居民基本生活费用支出变化而变化，理论上任何时间都会发生。从居民基本生活费用支出的构成看，可以将免征额标准变化的原因归纳为三个方面：①一般物价水平变化。法律规定的免征额是在某一个物价水平下的名义量，如果物价水平变化了，免征额将不能反映居民基本生活费用支出的实际，需要根据物价变化进行调整。美国联邦个税从 1986 年开始根据居民消费价格指数（CPI）进行逐年调整，比如 2015 年与 2014 年相比，个人免税额从 3,950 美元提高到 4,000 美元，标准扣除从 6,150 美元提高到 6,300 美元。②居民基本生活范围扩大和水平提高。居民基本生活的内涵是确定的，但是居民基本生活的构成和水平是动态变化的，这就需要根据社会经济实际进行动态调整。我们也注意到，除非一国经济生活发生了显著的阶段性变化，否则居民基本生活的内涵范围不会明显变化，从而居民基本生活范围和水平是相对稳定的。从立法看，一个国家关于居民基本生活的构成应当是依法确定的、相对固定的，不能频繁调整，否则将破坏税收的固定性、确定性，反而造成严重的社会危害。因此，尽管存在居民基本生活范围和水平提高的可能性，但是变化的周期将会很长，法律也不必进行经常性修正。③经济体制改革导致居民基本生活费用支出变化。现代国家的政府广泛介入居民生活，其中典型的是社会保障。如果原来由居民自己负责支出的基本生活费用项目转变为政府承担，则居民基本生活费用支出减少，免征额可以随之下调；相反，如果原来政府承担的居民基本生活费用项目转变为由居民自己负责支出，则免征额应当上调。这个方面的问题在处于经济体制改革时期的中国特别重要，而我国个税免征额提高的修正案也明确指出了这一点。

就第一个方面而言，通行的做法是年度调整，这与个人所得税年度纳税申报的征管制度也能够较好协调，而不是说物价稍有波动，就必须随时调整。就第二个方面而言，在社会经济生活发生阶段性、重大变化的条件下，调整才是必要的，而不是任何局部的变化都要求免征额调整。就第三个方面而言，免征额调整应当与国家社会保障制度改革协调一致，并且通过免征额调整避免改革导致社会不稳定。这种调整，我们可以称之为免征额适应性调整方式。从时间周期看，应当以一年为宜。而一年之间，主要的调整项目是通货膨胀调整，除非发生了第二或者第三种情形。

4.3.2 免征额适应性调整对个人所得税功能的影响

第 3 章已经述及，从历史上看，个税是作为筹集财政收入的手段而设立的，当代在一些发达国家成为主体税种，筹集财政收入可以理解为个税的第一项功能。当然，这种功能理解为资源配置功能也是可以的，因为税收本来也是为实现资源在私人部门和公共部门、提供私人物品和公共物品的配置服务的。进一步地，这种功能还可以理解为效率功能，因为资源配置的目标在于效率。个人所得税由于具有税收累进性，使之具有再分配调节的作用，这就是个税的第二项功能。但是税收累进性只为再分配调节能力打下基础，税收累进性并不能单独决定再分配能力和再分配调节效果。按照卡瓦尼（Kakwanni，1979）的解释，个税再分配效应取决于税收累进性和平均税率两个指标，税收累进性越大，再分配调节能力越强；平均税率越大，再分配调节能力也越强。税制影响税收累进性、平均税率和再分配效应，但税制不是唯一的影响因素，税制、税收征管和居民收入水平共同决定税收累进性、平均税率和再分配效应（曹桂全和任国强，2014）。当我们分析包括免征额等税制因素影响税收累进性、平均税率的时候，一般是在给定收入分配的假设下进行的，这样就存在忽略居民收入因素的可能，而这是非常重要的。

免征额调整是实现免征额价值的必然要求，但是免征额调整引起应税所得的变化，从而导致既定收入条件和税率结构下税收规模、平均税率的变化，也可能引起税收累进性的变化，从而对个税筹集财政收入的功能和再分配调节功能产生影响。

我们认为，免征额调整必然是随着经济增长和居民收入水平提高而进行的，并不会对税收规模、平均税率等产生实质性影响，除非国家立法对居民基本生活费用支出标准进行了调整。免征额调整将保证免征额价值的充分实现，同时也能保证个税税收的相对稳定，而不会发生税收规模、平均税率的不合理波动。我们可以想象，经常性的调整是进行通货膨胀调整，而通货膨胀调整并不影响实际免征额与实际应税所得、实际税收的对比关系。但是，进行通货膨胀调整的只是居民收入的一部分（相当于免征额的部分），而超过免征额的部分并没有调整；再者，居民收入还有实际增长的部分，也不受通货膨胀影响。在美国，免征额部分的收入占居民可支配收入的比重只有不到1/4，其余部分收入（包括实际增长部分）并没有调整，将由于通货膨胀和实际增长带来税收增加。我国个税免征额占城镇居民收入比重较高，但是毕竟还有没有调整的部分，而实际增长的部分又比较多（相比较于美国），免征额适应性调整并不会影响税收随居民收入增长而增长的进程。税收随着居民收入提高而增长可以称为居民收入增长的税收效应。按照适应性调整方式进行免征额调整，免征额调整幅度不会超过居民收入增长幅度，因为新增居民收入不可能全部用于居民基本生活费用支出。比如说，居民收入增长 20%（名义增长）而免征额按照通货膨胀适应性提高 10%，免征额调整不会抵消全部的居民收入增长带来的税收增加，税收规模将逐步扩大，平均税率逐步提高。

下面通过举例进行说明。假定 15 个人（或者等收入组）组成的社会，收入从 3,000 元到 30,000 元不等，假定实行中国当前工资薪金所得税的税率结构和 3,500 元的免征额，为计算方便，忽略其他税制

（没有其他扣除和税收抵免等）。再假定第二年收入增长了 20%，并且每个人都同步增长，同时物价上涨了 10%，按照免征额适应性调整的要求，免征额应当适应性调整为 3,850 元。为对比免征额不调整的情况，我们计算三种情形：①第一年适用 3,500 元免征额；②第二年收入增长 20%，但是免征额不调整；③第二年收入增长 20%，免征额按照物价调整 10%。表 4.1 给出了纳税和税负情况，表 4.2 则给出了三种情形的税收、平均税率、税收累进性和再分配效应计算结果。①

表 4.1　免征额适应性调整的税收和平均税率变化：一个示例

（单位：元，%）

序号	第一年（免征额3,500 元）			第二年：收入增长，免征额不调整			第二年：收入增长，免征额调整	
	收入	应纳税额	平均税率	收入	应纳税额	平均税率	应纳税额	平均税率
1	3,000	0	0	3,600	3	0.08	0	0
2	4,000	15	0.38	4,800	39	0.81	28.5	0.59
3	5,000	45	0.9	6,000	145	2.42	110	1.83
4	5,500	95	1.73	6,600	205	3.11	170	2.58
5	6,000	145	2.42	7,200	265	3.68	230	3.19
6	8,000	345	4.31	9,600	665	6.93	595	6.2
7	9,000	545	6.06	10,800	905	8.38	835	7.73
8	10,000	745	7.45	12,000	1,145	9.54	1,075	8.96
9	11,000	945	8.59	13,200	1,420	10.76	1,332.5	10.09
10	12,000	1,145	9.54	14,400	1,720	11.94	1,632.5	11.34
11	13,000	1,370	10.54	15,600	2,020	12.95	1,932.5	12.39
12	14,000	1,620	11.57	16,800	2,320	13.81	2,232.5	13.29
13	15,000	1,870	12.47	18,000	2,620	14.56	2,532.5	14.07
14	20,000	3,120	15.6	24,000	4,120	17.17	4,032.5	16.8
15	30,000	5,620	18.73	36,000	7,120	19.78	7,032.5	19.53
总计	165,500	17,625	10.65	198,600	24,712	12.44	23,771	11.97

资料来源：作者根据假定数据测算。

———————————

①这里采用的基尼系数计算公式为：$G = 1 - \dfrac{1}{n}(2\sum_{i}^{n-1} W_i + 1)$，其中 n 为人口（分组）总数，W_i 为从第 1 个人（组）累积到第 i 个人（组）的收入比重。

表 4.2 免征额适应性调整和不调整的再分配效应比较

情形	第一年	第二年：免征额不调整	不调整的第二年变化	第二年：免征额调整	调整的第二年变化
总收入（元）	165,500	198,600	增长 20%	198,600	增长 20%
税前基尼系数	0.322,256	0.322,256	不变	0.322,256	不变
总税收（元）	17,625	24,712	增长 40.21%	23,711	增长 34.53%
平均税率（%）	10.65	12.44	提高 1.79 个百分点	11.97	提高 1.32 个百分点
税收集中系数	0.596,652	0.555,897	降低 6.83%	0.568,166	降低 4.77%
税收累进性	0.274,397	0.233,461	降低 14.92%	0.245,91	降低 10.38%
再分配效应	0.032,7	0.033,2	扩大 1.53%	0.033,4	扩大 2.14%
相对再分配效应（%）	10.15	10.3	扩大 0.15 个百分点	10.36	扩大 0.21 个百分点

资料来源：作者计算整理。

从表 4.1 和表 4.2 的示例中，我们可以总结以下几点：

（1）无论免征额调整还是不调整，税收都比收入取得了更快的增长。收入增加 50%，免征额不调整，税收将增加 40.21%，而免征额调整时，税收将增加 34.53%，免征额调整影响税收随居民收入提高而增长的进程。由于免征额调整导致应税所得减少，税收减少，免征额调整的条件下，税收增长肯定不如不调整增长快，这是可以预期的。但是，免征额不调整的税收增长是以牺牲免征额的价值为代价的，是以征收过重税收为代价的，不是税制追求的合理目标。

（2）类似于税收规模增长，无论免征额调整还是不调整，平均税率也随着收入增长而提高。但是平均税率提高的速度远小于税收增加的速度，不调整的条件下增长 1.79 个百分点，而调整条件下增加了 1.32 个百分点。可见，平均税率提高之艰难。

（3）无论是否调整免征额，税收累进性都有所下降，但是免征额不调整下降得更多。为什么免征额不调整或者进行适应性调整都导致税收累进性下降？在本例中，居民收入同步增长，低收入者由于收入提高而免征额没有调整或者免征额调整没有收入增加快,结果原来不纳税的居民开始纳税,部分低收入者平均税率提高,而高收入者平均税率提高没有这么快,而且免征额不调整情形下,税收累进性降低更多。如果免征额调整的速度比居民收入增长快,部分低收入者的平均税率将下降而且可能超过高收入者平均税率下降,税收集中系数和税收累进性将会提高。我们看到累进性的变化与收入结构有关,本例中收入高于免征额的人多、纳税人多,可能是导致这种变化的原因之一,但不能推广到任何情形下,税收累进性不一定下降。

(4)由于居民收入增长,在免征额不调整或者适应性调整的情况下,再分配效应都扩大了。再分配效应扩大的原因不是税收累进性变化带来的,而是平均税率变化带来的,而平均税率变化主要是收入提高带来的。但是,尽管免征额不调整的情况下,平均税率提高更多,但税收累进性下降幅度比免征额适应性调整情形下降低幅度大,结果再分配效应不如免征额适应性调整的效果好。我们要强调的是,即使免征额适应性调整了,但再分配效应仍然提高了。

因此,我们可以期望,在通过进行免征额适应性调整以实现免征额价值的前提下,主要依靠居民收入增长就可以实现个税规模扩大、平均税率提高、个税再分配调节能力增强的效果。也就是说,可以在实现免征额价值的条件下,实现个税功能,而不必牺牲个税免征额价值,盲目追求个税功能。

4.4 美国联邦个人所得税免征额调整的比较分析

美国联邦个税的个人免征额、标准扣除额、每一档次的最低应税所得额和最高应税所得额、劳动所得税收抵免、扣除额和免税额缩减的起始点(threshold starts),每年都要进行调整,以消除通货膨胀的影响,这一过程称为税收指数化(tax indexing)。税收指数化的目的是自动排除通货膨胀对应纳税额的影响,保证免征额的购买力稳定。

4.4.1 免征额调整的认识和做法

经济学认为，通货膨胀区分为预期的通货膨胀和非预期的通货膨胀，如果通货膨胀能够预期到，那么人们能够按照价格水平变化合理调整自己的行为，而如果通货膨胀不能预期到，那么人们就无法进行合理的调整，因此就效率而言，非预期的通货膨胀的危害更大。就税收而言，通货膨胀使固定收入（固定的免征额也一样）的实际购买力下降，如果没有指数化政策，政府将从通货膨胀中获得更多的税收，即通货膨胀税。即使是预期的通货膨胀，如果不采取税收指数化手段，通货膨胀税仍将发生，从而导致税负过重，具体体现为应税所得的等级爬升（bracket creep）。假定收入与物价水平同步增长，则个人所得实际上没有增长，也就是实际所得（real income）没有变化。如果个税完全实行比例税率且没有免征额等制度设计，物价上涨一倍，收入上涨一倍，税收也增加一倍，物价水平上涨并不带来个税税收扭曲。但是，在存在纳税等级和实行累进税率结构的税制条件下，纳税人的纳税等级（适用累进税率结构）是按照名义所得（nominal income）确定的，实际所得没有上升的纳税人其纳税等级将因为通货膨胀而爬升，适用税率将提高，税负将加重，国家税收则增加；同时，免征额等都是名义值，如果没有指数化，那么物价上升导致免征额等的实际价值下降，背离了税法的目标，也提高了适用税率和增加了税收。但是，这并非本来税法预期的税收，应该说也是一种扭曲，破坏了税法预期的国家和个人之间的分配关系。

美国在 20 世纪 60 年代开始通货膨胀率上升，人们认识到，通货膨胀使税收负担不用通过立法就能增加，这需要加以改变。最初的办法是对法定税率进行下调，以缓解通货膨胀的影响，1969—1981 年间实施了三次减税，也部分抵消了通货膨胀的影响。然而，每次减税只是短期抵消了通货膨胀的影响，过了一段时间就需要再一次减税。[①]

---

① 全国政协委员、中央财经大学校长王广谦在 2016 年全国两会上接受记者采访时建议，可以考虑两条腿走路，在修法之余也调整个税减除标准或者降低部分税率。但是，当前形势下降低税率是否能有效实现税收指数化的效果，还缺乏论证。比较而言，税收指数化更容易理解，也更容易实施，税率有多个，怎么调，需要做的工作更多。

通货膨胀和税收之间的相互作用成为个税税制的一个重要问题。1981年，美国通过立法，决定对个税中特定部分指数化，在 1986 年确定了指数化制度。这种指数化有三个方面的好处：①指数化减少了税法修改机会，使税法稳定和可以预料。否则，通过减税的形式则需要频繁修改税法。②税收指数化排除了不经立法的实际税率上升。没有税收指数化，实际税率将随通货膨胀而上升，而这并不是原来税法所确定的，违背税收法定和民主价值观念。③通货膨胀对低收入家庭的影响更大，税收指数化有益于减少低收入家庭不合理负担。通货膨胀导致实际免征额的下降，这个下降部分对低收入家庭损害更大。高收入家庭在通货膨胀条件下，可以选择分项扣除，但是低收入家庭很难通过分项扣除躲避通货膨胀的影响。当然，税收指数化之后，也有一些不好的影响。比方说，个税的一项功能被称为"财政自动稳定器"，税收指数化则将失掉这个宏观经济自动调整的工具。[①]

4.4.2 税收指数化的情况

税收指数化是美国联邦个税中很重要的事情，而绝不是一件局部的小事情。2014 年 10 月 30 日，美国联邦国内收入局（Internal Revenue Service）发布通告，对多达 40 个税收条款进行通货膨胀调整。通告说，2015 税年对多数纳税人重大利益产生影响的税收项目包括以下各项：[②]

（1）39.6%的税率将对收入超过 413,200 美元的单身报税纳税人（对夫妻联合报税纳税人是 464,850 美元）产生影响，因为税收等级变化了。10%、15%、25%、28%、33%和 35%税率也对收入超过一定水平的纳税人产生影响。

（2）标准扣除上升，单身报税纳税人和夫妻分别报税的纳税人从2014 年的 6,200 美元提高到 6,300 美元，夫妻联合报税纳税人从

---

① 如果仅仅是免征额指数化，这是收入的一部分，并非全部应税所得都指数化了，因此并不会导致个税的财政自动稳定器功能全部丧失。

② 美国国内收入署，https://www.irs.gov/uac/Newsroom/In-2015,-Various-Tax-Benefits-Increase-Due-to-Inflation-Adjustments.

12,400 美元提高到 12,600 美元，户主报税纳税人从 9,100 美元提高到 9,250 美元。

（3）个人纳税人分项扣除限额从 258,250 美元开始，夫妻联合报税纳税人从 309,900 美元开始。

（4）个人免税额从 2014 年的 3,950 美元提高到 4,000 美元，同时，个人申报的个人免税额缩减阈值从 258,250 美元开始，夫妻联合报税从 309,900 美元开始。

（5）替代性最低税收（the alternative minimum tax）免税额提高，个人报税从 2014 年的 52,800 美元提高到 53,600 美元，夫妻联合报税从 82,100 美元提高到 83,400 美元。

（6）有三个以上孩子的夫妻联合报税纳税人的最高劳动所得税收抵免（EITC）额从 2014 年的 6,143 美元提高到 6,242 美元。

（7）死者财产基础税收排除额从 2014 年的 534,000 美元提高到 5,430,000 美元，可以取得遗产免税待遇。

（8）向非美国居民配偶赠送礼物的税收排除额从 2014 年的 145,000 美元提高到 147,000 美元。

（9）国外收入税收排除额突破 6 位数，从 2014 年的 99,200 美元上升到 100,800 美元。

（10）2015 年的礼品税收排除额仍为 2014 年的 14,000 美元。

（11）为雇员提供的医疗灵活支出安排（flexible spending arrangements，FSA）限额从 2014 年的 50 美元，提高到 2,550 美元。

（12）对于小额商业医疗保险税收抵免项目，最高抵免缩减阈值从 2014 年的年工资 25,400 美元提高到 2015 年的 25,800 美元，企业雇用全时员工的人数可以达到 10 人。

下面，我们就能够收集的资料，对美国联邦个税的税收指数进行介绍。其中很重要的是免征额调整。

1. 税收等级指数化

表 4.3 显示了 2015 年相对于 2014 年、2016 年美国联邦个税纳税等级的税收指数化的情况。为简化起见，我们只给出了单身报税情况。2014—2015 年适用 10%税率的最高应税所得从 9,075 美元提高到

9,225 美元，提高了 150 美元，提高了 1.65%；适用 39.6% 的最低应税所得从 406,751 美元提高到 413,201 美元，提高了 6,450 美元，提高了 1.59%。美国劳工部统计数据显示，2015 年，美国 CPI 同比上涨 0.1%，其中核心 CPI 同比上涨 1.8%。税收等级中的应税所得基本上是按照核心通货膨胀调整的。[①]

表 4.3 美国联邦个税税收等级的指数化调整（2014—2016 年）

纳税等级	税率	应税所得（美元）		
		2014 年	2015 年	2016 年（预计）
1	10%	0 至 9,075	0 至 9,225	0 至 9,275
2	15%	9,076 至 36,900	9,226 至 37,450	9,276 至 37,650
3	25%	36,901 至 89,350	37,451 至 90,750	37,651 至 91,150
4	28%	89,351 至 186,350	90,751 至 189,300	91,151 至 190,150
5	33%	186,351 至 405,100	189,301 至 411,500	190,151 至 413,350
6	35%	405,101 至 406,750	411,501 至 413,200	413,351 至 415,050
7	39.6%	406,751 以上	413,201 以上	415,051 以上

资料来源：根据美国联邦收入局网站（www.irs.gov）的相关资料整理。

2. 个人免征额及其缩减区间阈值指数化

2014 年的个人免征额为 3,950 美元，2015 年为 4,000 美元，增加了 50 美元，提高了 1.01%，是个人免征额指数化调整。

表 4.4 给出了美国历史上个人的免征额数据，但是 1986 年开始进行才属于指数化调整。从历史上看，美国个税个人免税额在 1894 年的税法中就有规定，当时的数额是 4,000 美元（按照物价指数折算，相当于 2014 年的 107,786 美元）。1913 年通过了现行的个人所得税法，其中也包括个人免税额条款，当时规定的免税额是 3,000 美元（相当于 2014 年的 94,376 美元）。之后，个人免税额数量有时增加，有时减少，受政府政策和财政预算需要影响很大，"大萧条"以来则稳步增长。但是就数量来说，个人免征额仅相当于贫困线的一半。当

[①] 核心通货膨胀是指剔除了容易受到全球市场和天气影响的消费品通货膨胀，2015 年 CPI 大幅低于核心 CPI 的重要原因是石油价格下跌。

美国国会通过 1954 年 8 月国内收入法第 151 节的时候，国会认为联邦所得税不应当课征于某些收入，需要设立个人免税额，大致相当于人们维持一定生存水平的最低货币额。但是即使 1986 年后及时根据通货膨胀调整，个人免征额也无法满足纳税人生存需要。所以，实际上美国还有其他的扣除进一步降低应税所得的收入水平，以使免税收入达到个人维持生存的水平。

表 4.4　美国个税个人免税额的历史变化

（单位：美元）

年度	个人免税额	年度	个人免税额	年度	个人免税额
2015	4,000	2001	2,900	1987	1,900
2014	3,950	2000	2,800	1986	1,080
2013	3,900	1999	2,750	1979—1985	1,000
2012	3,800	1998	2,700	1972—1978	750
2011	3,700	1997	2,650	1971	675
2010	3,650	1996	2,550	1970	625
2009	3,600	1995	2,500	1948—1969	600
2008	3,500	1994	2,450	1942—1947	500
2007	3,400	1993	2,350	1941	750
2006	3,300	1992	2,300	1940	800
2005	3,200	1991	2,150	1932—1939	1,000
2004	3,100	1990	2,050	1925—1931	1,500
2003	3,050	1989	2,000	1917—1924	1,000
2002	3,000	1988	1,950	1913—1916	3,000

资料来源：http://taxfoundation.org/article/federal-individual-income-tax-exemptions-and-treatment-dividends-1913-2006.

个人免征额缩减区间阈值也进行了调整（见表 4.5）。就单身报税缩减区间起点阈值来看，2014 年比 2013 年提高了 4,200 美元，提高了 1.68%；2015 年比 2014 年提高了 4,050 美元，提高了 1.59%。我们知道，个人免征额的税收指数化是为了保证免征额保持一定的实际购买力，使纳税人不因通货膨胀而承担过重税收负担。个人免征额缩减是对高收入者的一种免征额缩减处理，保证税收累进性，而个人免征额缩减阈值的指数化则是保证个人免征额缩减不进入既定的高收入区域之下，保证不必要缩减的纳税人被缩减。

表 4.5　美国联邦个税免征额缩减区间阈值的指数化调整（2013—2015 年）

报税类型	个人免征额缩减（PEP）区间起点和终点阈值（美元）		
	2013 年	2014 年	2015 年
单身报税	250,000—372,500	254,200—376,700	258,250—380,750
夫妻联合报税	300,000—422,500	305,050—427,550	309,900—432,400
夫妻分别报税	150,000—211,250	152,525—213,775	154,950—216,200
户主报税	275,000—397,500	279,650—402,150	284,050—406,550

资料来源：根据美国联邦收入局网站（www.irs.gov）的相关资料整理。

3. 标准扣除额的指数化

2015 年比 2014 年的标准扣除也有所提高（见表 4.6），单身报税标准扣除从 6,200 美元提高到 6,300 美元，提高了 1.61%。夫妻联合报税、夫妻分别报税和失偶人士报税也提高了 1.61%，户主报税的标准扣除额从 9,100 美元提高到 9,250 美元，提高了 1.65%。

表 4.6　美国联邦个税标准扣除的指数化调整（2014—2015 年）

报税类型	2014 年标准扣除额（美元）	2015 年标准扣除额（美元）	调整额（%）
单身报税	6,200	6,300	100（1.61%）
夫妻联合报税	12,400	12,600	200（1.61%）
夫妻分别报税	6,200	6,300	100（1.61%）
户主报税	9,100	9,250	150（1.65%）
失偶人士报税	12,400	12,600	200（1.61%）

资料来源：作者根据美国联邦收入局网站（www.irs.gov）的相关资料整理。

表 4.7 给出了美国联邦个税标准免征额 2006—2015 年整体调整情况。比如单身报税的标准扣除额从 2006 年的 5,150 美元增加到 2015 年的 6,300 美元，增长了 1,150 美元，总体增长 22.33%，年均增长率 2.26%。

表 4.7 美国联邦个税标准扣除的指数化调整（2006—2015 年）

纳税年度	报税类型（美元）				
	单身报税	夫妻联合报税	夫妻分别报税	户主报税	失偶人士报税
2006	5,150	10,300	5,150	7,550	10,300
2007	5,350	10,700	5,350	7,850	10,700
2008	5,450	10,900	5,450	8,000	10,900
2009	5,700	11,400	5,700	8,350	11,400
2010	5,700	11,400	5,700	8,400	11,400
2011	5,800	11,600	5,800	8,500	11,600
2012	5,950	11,900	5,950	8,700	11,900
2013	6,100	12,200	6,100	8,950	12,200
2014	6,200	12,400	6,200	9,100	12,400
2015	6,300	12,600	6,300	9,250	12,600

资料来源：作者整理。

此外，美国联邦个税中的其他指标，例如标准扣除限额、EITC 的税收抵免额和相关收入指标也都是指数化的。而且，从实际情况看，各项税收指数化基本上是按照核心 CPI 进行指数化的。显然，2015 年税收指数化大约为 1.6%，而核心 CPI 为 1.8%，但是经济学尤其是美国政府认为 CPI 有过高估计通货膨胀的问题，所以实际指数化应当是对核心 CPI 进行了一定调整。

4.5 免征额价值、免征额调整与个人所得税功能实现

当前，我国个税改革有两个热点问题比较突出，一是 2006 年第一次免征额调整以来一直作为热点问题的个税免征额调整，不少主流文献将免征额调整与个税功能对立起来，认为免征额调整损害了个税功能；二是自 1996 年就已经提出、并于 2013 年列入中国全面深化改革的重要项目之一的建立综合和分类相结合的个人所得税税制，但是

133

有观点以税制改革否认免征额调整，认为税制不改，免征额调整会更不公平。由于 2011 年 9 月开始适用的免征额已经持续 4 年多，个税免征额调整窗口按理说已经应该开启，但是似乎税制改革的声音压制了免征额调整的呼声，个税功能要求超越了免征额价值的要求。

我们认为，之所以形成这种强势观念，大致有四个方面的原因。①人们夸大了免征额制度的局限性。以免征额局限来否认免征额调整，免征额调整存在不公平成为重要证据。对此，本书第 3 章已经予以阐述。②人们对我国个税免征额调整效应认识上存在偏差。有学者认为 2006 年的免征额调整导致了个税税收规模减小、平均税率下降和再分配调节能力弱化。对此，本书将在第 6 章进行辨析。③人们将国家提出的建立综合与分类相结合税制与个税免征额调整对立起来，将新税制建立作为免征额调整的条件。认为建立综合和分类相结合的税制并在此基础上建立更加合理的扣除机制才是重要的，应该避开免征额调整问题，免征额是个局部的小问题。本书第 7 章将对此进行阐述。④人们追求个税功能而忽视免征额价值。人们看到了社会对个税功能的期待，但是忽视了个税免征额的价值，以追求个税功能为目标，主张放弃免征额的调整甚至主张调低免征额。本节对免征额功能与个税功能关系的分析，目的是为如何认识免征额制度改革和整体税制改革之间关系提供理论基础。

本章提出的免征额调整必要性、免征额调整的原因、免征额适应性调整方式理论和免征额调整的再分配效应理论说明，免征额适应性调整不会导致税收规模、平均税率的下降，而能够保证个税筹集财政收入和再分配调节功能在合理的税制基础上实现。不及时调整免征额，的确会短期增加税收和平均税率，也会计算出较大再分配效应，但是，这样的免征额损害了免征额价值，破坏了个税的良税性质，不会是可持续的，有学者提出降低免征额以提高平均税率和扩大再分配效应的建议，更是不可取的。究其原因，一些文献在既定收入水平下研究免征额与税收累进性、平均税率的关系，而忽略了居民收入增长的重要性。简单的道理是，税制一点也不变，居民收入不增长，也就是没有更多的税收，平均税率也无从提高，居民收入增长是个税功能发挥的决定性因素。不是说税制不重要，税制是基础性条件，但是依靠税制本身无法获得更高的平均税率和更大的再分配效应。

免征额价值是个税税制之基础，要实现免征额价值，就必须进行免征额适应性调整，这是必然的逻辑。如果将视野放宽一些，认识到居民收入增长对个税功能的决定性作用，也就不会囿于免征额的高低去追求个税功能。当然关键的问题是，免征额调整是不是损害税收规模和平均税率、再分配效应。本章已经论证，这是不会的，但重要的是进行动态考察而不是静态分析。所以，我们认为，免征额价值是基础，实现免征额价值是税制的基础，免征额进行适应性调整是必然的，而这种调整不会实质损害个税功能随着居民收入增长而扩大的进程，相反，适应性免征额调整保证了个税的良税性质，更受欢迎，更有利于发挥个税功能。在实现免征额价值的基础上，在经济发展、居民收入水平提高的过程中，扩大个税功能，这是合理的选择。

4.6 本章小结

本章主要研究了免征额调整的理论问题，主要的观点如下：

（1）免征额调整是实现免征额价值的必然要求。免征额调整与设立免征额一样重要，免征额不调整的损害就像取消免征额一样大。免征额及其调整影响到个税良税的性质，免征额调整具有必然性。免征额价值是个税良税性质的保证，免征额调整是实现免征额价值的动态要求。

（2）反对免征额调整的理由总体上是不成立的。反对免征额调整的理由之一是在静态模型中以高免征额对应低平均税率，以追求个税功能为由拒绝免征额调整将失去免征额价值和个税良税性质，是不必要的，也是不可取的。以当前我国个税免征额水平适当为由反对免征额调整提出了一个很重要的问题，也就是说，我国免征额确定的标准是什么，居民基本生活费用支出的标准是什么，如果这个问题不解决，争议就不可避免。但是，如果认为 800 元的免征额一直没有必要调整，恐怕很不符合实际。

（3）免征额调整的依据主要有三个方面，即物价水平、个人基本生活和基本生活费用内涵和范围扩大、经济体制改革引起居民负担基本生活费用的增减，其中最经常性的因素是物价水平变化，而经济体制改革的原因在我国也很重要，个人基本生活的内涵和范围则是相对稳定的，只有在社会经济发展发生阶段性变化时才会发生变化。免征额调整具有必然性。

（4）笔者提出免征额适应性调整方式的理论。现有文献很少论及免征额应当如何调整，而至多是税收指数化。免征额适应性调整理论在考察免征额调整依据和调整要求的基础上，提出了免征额应当及时、适当调整的适应性调整理论。及时调整主要是进行逐年调整，适当调整是指免征额调整幅度主要根据物价水平进行调整并且不超过经济增长率，同时也要根据经济体制改革的变化进行适应性调整。

（5）考察了免征额适应性调整方式下的税收、平均税率、税收累进性和个税再分配效应的可能变化，认为免征额适应性调整不会导致税收规模和平均税率下降。适应性调整方式下免征额调整的税收效应分析的重要理念是将免征额调整放到动态情景之中，引入居民收入增长的税收效应的概念，改变现有文献中将同一收入分布适用不同免征额下的结果进行对比的做法。研究结果表明，适应性调整方式不会导致实质性影响税收、平均税率随居民收入增长而增长的进程，再分配效应也将扩大。个税功能可以在经济增长和居民收入水平提高的过程中扩大，个税功能可以在免征额价值实现的基础上持续实现。

（6）对美国联邦个税与免征额有关的税收指数化进行了介绍。由于美国联邦个税与免征额有关的税制复杂，税收指数化也涉及多个方面，如税率等级阈值、个人免征额、标准扣除额、纳税人个人免征额缩减和分项扣除额限制的阈值等，都进行税收指数化。免征额和免征额调整绝不是一件小事，如果是局部小事，就没有必要有这么多复杂的指数化。

第5章
我国个人所得税免征额标准及其确定方法

　　本章对我国个税免征额制度的基础概念和免征额的确定方法进行分析，并重点研究免征额标准确定的方法及其存在的弊端。关于我国个税免征额调整方式的问题在第 6 章中另行分析。为了增强认识，本章也对美国联邦个税免征额标准确定方法进行比较分析。本章试图增强对我国现行个税免征额标准确定方法的特征的认识，并分析其存在的弊端，为提出改革和完善免征额标准确定方法做理论准备。

5.1　我国税法关于免征额的规定和理解

5.1.1　我国税法的规定

　　一般认为，我国个人所得税税法（2011 年版）第六条规定的"从应税所得中减除费用"为免征额。税法规定如下：

　　"第六条　应纳税所得额的计算：

　　一、工资、薪金所得，以每月收入额减除费用三千五百元后的余额，为应纳税所得额。

　　二、个体工商户的生产、经营所得，以每一纳税年度的收入总额减除成本、费用以及损失后的余额，为应纳税所得额。

三、对企事业单位的承包经营、承租经营所得，以每一纳税年度的收入总额，减除必要费用后的余额，为应纳税所得额。

四、劳务报酬所得、稿酬所得、特许权使用费所得、财产租赁所得，每次收入不超过四千元的，减除费用八百元；四千元以上的，减除百分之二十的费用，其余额为应纳税所得额。

五、财产转让所得，以转让财产的收入额减除财产原值和合理费用后的余额，为应纳税所得额。

六、利息、股息、红利所得，偶然所得和其他所得，以每次收入额为应纳税所得额。

个人将其所得对教育事业和其他公益事业捐赠的部分，按照国务院有关规定从应纳税所得中扣除。

对在中国境内无住所而在中国境内取得工资、薪金所得的纳税义务人和在中国境内有住所而在中国境外取得工资、薪金所得的纳税义务人，可以根据其平均收入水平、生活水平以及汇率变化情况确定附加减除费用，附加减除费用适用的范围和标准由国务院规定。"

因此，按照法律规定，工资薪金所得的月收入额中所减除的费用3,500元就是免征额。此外，我国个税应税所得中还有"三险一金"（个人缴纳的基本养老保险费、基本医疗保险费、失业保险费和住房公积金）扣除。对"三险一金"的扣除是在国务院《个人所得税法实施条例》（2011）第二十五条规定的。具体规定如下：

"第二十五条 按照国家规定，单位为个人缴付和个人缴付的基本养老保险费、基本医疗保险费、失业保险费、住房公积金，从纳税义务人的应纳税所得额中扣除。"

我们认为，按照税法第二十五条规定的"减除费用"属于个税免征额；按照《个人所得税法实施条例》规定的"三险一金"的扣除，作为其他应税所得减除的项目，主要目的是执行社会保障政策，不属于个税免征额。按照社会保险和住房公积金制度，社会保障缴纳将以各种形式回到参保人手中（不是全部各自回到缴纳人自己手中，因为其中有统筹部分和风险分散部分），且理论上说在取得相应待遇时需要纳税，这种扣除只是一种延期纳税，而不是税收免除，不能算作是免征额。当然，我国当前规定，取得社会保险和住房公积金待遇的时候（作为转移性收入），仍然不缴纳个税，实际上是使一部分收入脱离了个税而永久免予纳税，而不是递延纳税，存在不合理性。这已经超出本书的范围，不做深入探讨。

当前，我国实行分类型个人所得税，各种类型收入的减除费用方法不一，工资薪金所得免征额是主要部分。之所以形成这种格局，原因之一是我国个税实施之初，职工收入主要以工资薪金所得为主，其他收入都是辅助性的，整体上如此，而且绝大部分个人也是如此，因此核心问题是工资薪金所得的费用减除。但是，经过经济体制改革和长期经济增长，我国居民收入来源形式已经发生了很大变化，工资薪金所得虽然仍是主要形式，但是占比下降，国家提出增加居民财产性收入的方向，就业多元化，社会出现很多自由职业者，他们依靠稿费、财产收入等形式作为单一来源，而不取得工资薪金收入。在这种形势下，分类扣除的方法已经不合时宜，需要改革，这将是综合和分类相结合个税税制需要解决的问题。本书将主要基于工资薪金所得的免征额进行研究，但是当将工资薪金所得免征额标准及其确定方法适用于综合所得的时候，仍然是有效的。在继续实行分类税制模式的条件下，不同来源收入的免征额标准如何协调仍然不能解决，有多种来源收入的纳税人的免征额如何处理，也仍然是难题。

我们看到，税法只是规定了作为免征额的"减除费用"数量，在没有对个税免征额标准进行任何内涵规定的条件下，直接给出了免征额数量。同时，税法也没有规定免征额调整，原则上可以理解为免征额是不能调整的，这不能不说是一个缺陷。实际上，我国个税免征额调整需要进行税法修改，而不是依照原税法关于免征额调整原则的规定进行调整，需要调整的，需要有立法责任主体提出提案。我国过去三次调整都是由财政部负责报告法律修改草案的，财政部不提，免征额就无法调整。这样，实际上就没有正常的免征额调整机制。

根据我国税法的规定，我们可以总结我国工资薪金所得税纳税人纳税的核算公式，税前收入表示为 X，免税收入（主要是转移性收入）表示为 E，税前扣除（个人缴纳的"三险一金"）表示为 D，免征额为 A，税率表为 $s(\cdot)$，则应税所得额（TX）为

$$TX = X - E - D - A \qquad (5.1)$$

应纳税额（T）为

$$T = s(TX) \qquad (5.2)$$

5.1.2 免征额标准确定方法的立法解释

国家个税税法没有规定免征额内涵和标准的确定方法以及调整，但是相关立法文件则有所提及。2005 年 8 月 23 日，我国时任财政部部长金人庆向第十届全国人大常委会第十七次会议报告《个人所得税法修正案（草案）》，对我国工资薪金所得的免征额确定方法进行了说明：

"现行个人所得税法规定，对工资、薪金所得征税时，每月减除费用 800 元。十多年来，随着我国经济的快速发展，职工工资收入和居民消费价格指数都有了较大的提高。1993 年，在就业者中，月工薪收入在 800 元以上的为 1%左右，到 2002 年已升至 52%左右。在职工工资收入提高的同时，职工家庭生活消费支出也呈上升趋势：2003 年居民消费价格指数比 1993 年提高 60%，加之近几年教育、住房、医疗等社会化、市场化改革的深入，消费支出明显增长，超过了个人所得税法规定的每月 800 元的减除费用标准，导致职工消费支出不能在税前完全扣除，税负明显加重。近年来，社会各界要求提高工资、薪金所得减除费用标准的呼声很高，每年召开"两会"期间，人大代表和政协委员都对此问题提出很多建议。近一时期，一些地方自行提高了工资、薪金所得减除费用标准，影响了税法的严肃性。

根据国家统计局统计：2004 年全国城镇单位在岗职工年人均消费支出为 7,182 元。按人均负担率 1.91 计算，城镇职工的人均负担消费支出为 1,143 元/月。为了使个人所得税的工资、薪金所得减除费用标准适应客观实际情况，《个人所得税法修正案（草案）》将工资、薪金所得减除费用标准由目前的 800 元/月提高到 1,500 元/月，高于城镇职工的人均负担消费支出水平，以解决城镇居民生活费用税前扣除不足的问题，使中

低工薪收入者不缴个人所得税或者税负较轻，符合我国当前经济与社会发展的实际情况。"

2011 年 4 月 20 日，我国时任财政部部长谢旭人向第十一届全国人大常委会第二十次会议报告《个人所得税法修正案（草案）》，对我国免征额标准确定方法和调整的依据进一步做出明确阐述：

"个人所得税法规定，个人工资薪金所得以每月收入减除一定费用后的余额为应纳税所得额。规定工薪所得减除费用的目的，是为了体现居民基本生活费用不纳税的原则。当居民维持基本生活所需的费用发生较大变化时，减除费用标准也应相应调整。

为了贯彻中央关于加强税收对居民收入分配调节的要求，降低中低收入者税收负担，加大对高收入者的调节，并考虑到居民基本生活消费支出增长的实际情况，有必要修订个人所得税法，进一步提高工资薪金所得减除费用标准。"

2005 年和 2011 年财政部关于个税税法修正案的两个文件是重要的，是不能忽视的。从我国个人所得税立法精神看，设立个税免征额的目的是体现居民基本生活费用不纳税的原则，这与理论界的一般认识一致。不过在立法文件的陈述中，增加了免征额应当使中低收入者不纳税、少纳税的要求。这并不是新要求，并不超过立法精神，因为在居民收入水平不高的国家中，免征额的设定客观上会使低收入者不纳税、中等收入者纳税负担较轻，因此是附属性的。从设定免征额考虑的因素看，免征额要涵盖中低工薪收入阶层的全部生活消费支出，并且参照城镇职工人均消费支出和负担率，2004 年在岗职工年人均消费支出为 7,182 元，按人均负担率 1.91 计算，城镇职工的人均负担消费支出为 1,143 元/月。将工资、薪金所得减除费用标准由 800 元提高到 1,600 元，高于城镇职工的人均负担消费支出水平，以解决城镇居民生活费用税前扣除不足的问题，使中低工薪收入者不缴个人所得税或者税负较轻。[①]也就是说，当前我国没有单独的居民基本生活费用

---

① 金人庆，"关于《中华人民共和国个人所得税法修正案（草案）》的说明——2005 年 8 月 23 日在第十届全国人民代表大会常务委员会第十七次会议上"，《全国人民代表大会常务委员会公报》，2005 年第 7 期，第 627—628 页。

支出指标，而是参照城镇居民消费支出数量确定，同时参考了城镇职工的工资收入，目的是确认免征额标准的适当性。

综上所述，尽管我国税法并没有对免征额的内涵和价值做出解释，但是相关立法文件和国内学者总体认可这样的一种观念，即免征额是对个人收入中用于纳税人及其家庭基本生活费用支出的扣除，使中低收入者不纳税或者少纳税，我国三次个税免征额的调整都是围绕这个核心准则和价值进行的。法律准则不是适用一次，没有改变之前，就应当继续执行。

5.2 我国个人所得税免征额标准确定方法的特点

按照免征额的内涵和价值，理想的免征额应当考虑每一个纳税人及其负担人口的实际基本生活费用支出。但是，免征额按照每个纳税人实际基本生活费用支出进行核算和扣除，实施成本太高了，而且也会产生经济行为扭曲；合理的选择是，部分免征额按照纳税人负担实际确定，部分免征额按照全社会居民基本生活平均水平确定。但是也很明显，我国个人所得税的免征额是全部标准化、平均化的，这可以称为标准化免征额标准。典型的就是工资薪金所得的免征额标准，每一个工资薪金所得税纳税人都具有一个相同的免征额；标准免征额按照城镇居民平均消费支出和平均赡养系数确定，存在两方面的平均化，即城镇居民消费支出平均化和城镇就业人员赡养负担平均化。假定城镇居民人均基本生活费用支出是每月 1,750 元，城镇就业人员的平均赡养系数为 2，就可以确定标准免征额为 3,500 元。免征额标准是按照城镇职工家庭平均生活费用支出、平均负担率确定的，实际上是纳税人免征额，而不是个人免征额。反过来说，如果纳税人免征额是 3,500 元，又假定纳税人负担系数是 2，则个人免征额实际上是 1,750 元，也就是将居民基本生活费用标准确定为 1,750 元。实际上没有一个平均纳税人、平均家庭，纳税人实际负担并不相同，这与美国联邦个税设立的个人免征额不同，其个人免征额可以保证每个人都实际获得一个个人免征额。所以说，我国个税免征额是高度平均化的，并不能做到每个人都有一个个人免征额。

我国实行分类所得税制，工资薪金所得是城镇居民收入的主体。概括来看，当前我国个税免征额有三个特点，即参照城镇职工平均消费支出确定居民基本生活费用支出、居民基本生活费用支出平均化、纳税人赡养负担平均化。

5.2.1 参照城镇职工平均消费支出确定基本生活费用支出

经济学上经常使用生计收入（livelihood income）来表示满足居民基本生活需要的收入，免征额原则上也应当按照生计收入确定。1984年，美国联邦个人所得税对于个人单独申报者的免征额至少为 5,000美元（含标准扣除），夫妻联合申报者的免征额至少为 9,000 美元，如果申报者有两个孩子，则免征额至少为 13,000 美元，大致相当于贫困线标准[1]。但是，各国的贫困线标准也不一致，很难说我国也应当按照贫困线确定免征额，因为贫困线是否合理本身就是一个问题。

从我国进行免征额调整的依据看，个税免征额标准确定参照了城镇居民人均消费支出。那么，从逻辑上来说，该指标反映的居民基本生活费用支出，也就是生计收入。我国城镇居民消费支出项目主要统计食品、衣着、居住、家庭设备用品及服务、医疗保健、交通与通信、娱乐教育和文化服务以及杂项商品和服务，与居民基本生活消费的范围大致一致。但是也不能认为所有的食品支出、家庭设备用品及服务都用于满足基本生活需要，只能说在没有其他指标可以参照的情况下，参照城镇居民消费支出还是相对合理的。

表 5.1 给出了 2000 年以来我国城镇居民人均消费支出的数据。我们发现，按照这个标准，免征额扣除不足和扣除过度交替。表 5.1 的

---

[1] A. 马斯格雷夫，B. 马斯格雷夫. 财政理论与实践[M]. 北京：中国财政出版社，2003：338. 我国一些学者认为，美国个税免征额只有贫困线标准的一半，是失实的，起码与美国权威财政学家的看法不一致。

第 6 列反映了免征额对城镇居民消费支出（按年计算）扣除的充分程度，2000 年、2007 年和 2009 年免征额比较充分且比较准确，而 2001 年、2002 年、2003 年、2004 年、2005 年、2010 年、2011 年免征额比较不充分或者很不充分，而 2006 年、2008 年、2012 年、2013 年和 2014 年存在免征额扣除过度的倾向。我们可以看到，免征额扣除过度的年份恰好是免征额调整的年份，这可能与我国免征额调整存在前向累积有关（详见第 6 章）。也就是说，免征额调整的时候，考虑将在未来年份继续适用一段时间，而对当年来说就过高了。到 2014 年，3,500 元的免征额标准仍然能够覆盖城镇居民人均消费支出，扣除是充分的。如果保持 2014 年城镇居民消费支出的增长速度，2015 年免征额扣除仍然比较充分，但是 2016 年将出现不足。

表 5.1　我国全国城镇居民人均消费支出

（单位：元）

年份	月免征额	就业者赡养系数	年人均免征额	全国城镇居民人均消费支出	免征额扣除的充分性
2000	800	1.9	5,052.6	4,998.0	54.6
2001	800	1.9	5,052.6	5,309.0	−256.4
2002	800	1.9	5,052.6	6,029.9	−977.3
2003	800	1.9	5,052.6	6,510.9	−1,458.3
2004	800	1.9	5,052.6	7,182.1	−2,129.5
2005	800	2.0	4,800	7,942.9	−3,142.9
2006	1,600	1.9	10,105.3	8,696.6	1,408.7
2007	1,600	1.9	10,105.3	9,997.5	107.8
2008	2,000	2.0	12,000.0	11,242.9	757.1
2009	2,000	1.9	12,631.6	12,264.6	367
2010	2,000	1.9	12,631.6	13,471.5	−839.9
2011	2,000	1.9	12,631.6	15,160.9	−2,529.3
2012	3,500	1.9	22,105.3	16,674.3	5,431
2013	3,500	1.9	22,105.3	18,487.54	3,617.76
2014	3,500	1.9	22,105.3	19,968.08	2,137.22

资料来源：国家统计局《国家数据》2015 年。

注：①年人均免征额=免征额/赡养系数×12。②2008 年统一按照 2,000 元免征额计算，2011 年也统一按照 2,000 元免征额计算。

5.2.2 居民基本生活费用支出平均化

根据金人庆（2005）对免征额调整依据的立法阐述，免征额标准参照全国城镇居民人均消费支出确定。也就是说，免征额确定的标准不是考虑纳税人个人或者其家庭的具体情况，而是全国所有工资薪金所得纳税人都采用统一的标准。

表 5.2 给出了 2005—2012 年免征额与全国城镇住户各分组收入户的消费支出对比。可以看到，2005 年只有 20%的收入户免征额对消费支出的扣除是充分的，而 80%收入户的扣除是不充分的。2006 年和2008 年免征额调整后，直到 2010 年，免征额能够对 60%以上的收入户扣除是充分的。2011 年比较特殊，前八个月免征额是 2,000 元，而后四个月是 3,500 元，表中的全年免征额是统一按照 2,000 元计算的，只能使 40%的收入户充分扣除，但实际上会使更多的收入户充分扣除。2011 年 9 月免征额调整后，80%以上的收入户得到充分扣除。从宏观上看，除 2005 年（及以前的若干年）之外，我国免征额以对中低收入者（除中上收入、较高收入、最高收入户之外的收入户）的消费支出予以充分扣除的目标能够较好实现。

表 5.2 我国全国城镇居民人均消费支出

（单位：元）

项目＼年份	2012	2011	2010	2009	2008	2007	2006	2005
全年免征额	22,105.3	12,631.6	12,631.6	12,631.6	12,000	10,105.3	10,105.3	4,800
城镇人均年消费	16,674.3	15,160.9	13,471.5	12,264.6	11,242.9	9,997.5	8,696.6	7,942.9
最低收入户（10%）	7,301.4	6,431.9	5,471.8	4,900.6	4,532.9	4,036.3	3,423	3,111.5
较低收入户（10%）	9,610.4	8,509.3	7,360.2	6,743.1	6,195.3	5,634.2	4,765.6	4,295.4
中下收入户（20%）	12,280.8	10,872.8	9,649.2	8,738.8	7,993.7	7,123.7	6,108.3	5,574.3

年份 项目	2012	2011	2010	2009	2008	2007	2006	2005
中等收入户（20%）	15,719.9	14,028.2	12,609.4	11,309.7	10,344.7	9,097.4	7,905.4	7,308.1
中上收入户（20%）	19,830.2	18,160.9	16,140.4	14,964.4	13,316.6	11,570.4	10,218.3	9,410.8
较高收入户（10%）	25,796.9	23,906.2	21,000.4	19,263.9	17,888.2	15,297.7	13,169.8	12,102.5
最高收入户（10%）	37,661.7	35,183.6	31,761.6	29,004.4	26,982.1	23,337.3	21,061.7	19,153.7

资料来源：国家统计局《国家数据》2013 年。

平均化的居民生活费用支出虽然总体上反映了全国城镇居民的消费支出数量，但是并不能真实反映每一个纳税人的实际消费支出。这是居民消费支出平均化的局限和弊端，具体分析见第 5.5 节。当然，采用居民消费支出作为确定免征额标准的时候，也不能全部以每个纳税人或者其家庭的实际消费支出作为标准，因为这样必然导致收入高的家庭免征额水平高、收入低的家庭免征额水平低，而并不能说每个家庭的消费支出都是基本生活费用支出。重要的是，在平均化免征额的基础上，如果能对基本生活费用支出因为特殊情形而过高的纳税人予以照顾，则会更加公平合理。

5.2.3 纳税人家庭赡养负担系数平均化

根据金人庆（2005）对免征额调整依据的立法阐述，免征额的确定除参考全国城镇居民人均消费支出外，还参考全国城镇单位就业人员的平均赡养系数。也就是说，假定某年全国城镇居民消费支出为 1,750 元，而平均赡养负担系数为 2.0，则允许纳税人扣除 3,500 元的免征额。因此，与确定免征额没有考虑纳税人家庭的实际消费支出一样，也没有考虑纳税人的具体赡养负担，每个纳税人都是按照全国城镇平均赡养负担计算的。

但实际上，每个纳税人的具体家庭赡养人口是有差别的。实际生活中我们就可以知道，有的家庭 4 口人，父母带两子女，全部就业，实际负担系数是 4，而按照平均赡养负担可以达到 8，按照平均赡养负担计算就在应税所得中多扣除了 4 个人基本生活费用支出，这不仅使免征额不公平，也导致国家税收减少。另外一种情况可能是，只有一个就业人口的 4 口之家，按照平均赡养负担只允许扣除两人的基本生活费用支出，而另外两个人则得不到扣除，这同样不公平，同时国家对该纳税人征收了过头税。可以看到，国家税收总额和居民税收负担总体可能是合理的，但是对每个家庭来说，可能存在较大的不合理性。这说明，赡养负担系数的平均化，虽然不会导致国家税收的简单增加或者减少，但是忽视了微观公平，尤其忽视了人际间税负公平。赡养负担系数平均化的弊端将在第 5.5 节中具体分析。

5.3 免征额对个人所得税税收规模的影响

众所周知，免征额是应税所得的减除，与不设立免征额相比，设立免征额必然导致纳税人减少，税收规模降低，其中低收入者甚至不纳税，高收入者纳税也减少。如前所述，除免征额外，我国个税还设立了免税收入和税前扣除，也是应税所得的减除项。按照我国税法规定，计算应税所得额时，应首先考虑一系列的免税收入（如养老金、救济金等），其次还应当考虑"三险一金"扣除，这部分收入从总收入扣减之后，才涉及适用免征额的问题。对于一个退休者来说，家庭仅取得养老金收入，那么扣除免税收入之后，应税所得额已经是 0，免征额并不对其产生任何实际影响。之所以先扣除"三险一金"，则是因为奉行"社会保障优于税收"的原则，需要先进行社会保险费和住房公积金缴纳的扣除。为此，我们分析免征额对税收规模的影响，要分析设立免征额与不设立免征额的比较，也要分析免征额与免税收入、税前扣除相比，哪个税基减少项的影响更大一些。

5.3.1 免税收入对税收的影响

根据我国个人所得税税法（2011）规定，免税收入可以概括为六种情况：①荣誉性奖金，具体指"省级人民政府、国务院部委和中国人民解放军军以上单位，以及外国组织、国际组织颁发的科学、教育、技术、文化、卫生、体育、环境保护等方面的奖励"。②国家统一发放的用于满足基本生活需要的补贴、津贴。③个人领取的社会福利金、社会保障金，包括福利费、抚恤金、救济金；以及按照国家统一规定发给干部、职工的安家费、退职费、退休工资、离休工资、离休生活补助费。④补偿性收入，指保险赔款；军人的转业费、复员费。⑤国债和国家发行的金融债券利息。⑥其他根据国际惯例、国际条约相关规定不征收个人所得税的收入。我们以全国城镇居民为样本来对免税收入的影响进行研究。表 5.3 给出了 2000—2013 年全国城镇居民人均总收入及其构成情况。[①]城镇住户调查中的转移性收入与免税收入的范围基本接近，我们用转移性收入替代免税收入指标。表 5.3 表明，2000 年以来，我国城镇居民收入中，有约五分之一到四分之一的收入是转移性收入，其规模是比较大的，也就是说，免税收入将使我国城镇居民收入的 20% 至 25% 免予纳税。

表 5.3　我国城镇居民的个人所得税的免税收入

年份 项目	2000	2005	2010	2013
城镇居民人均总收入（元）	6,295.9	11,320.8	21,033.4	29,547.1
城镇居民人均工资收入（元）	4,480.5	7,797.5	13,707.7	18,929.8
城镇居民人均经营性收入（元）	246.2	679.6	1,713.5	2,797.1
城镇居民人均财产性收入（元）	128.4	192.9	520.3	809.9
城镇居民人均转移性收入（元）	1,440.8	2,650.7	5,091.9	7,010.3
免税收入比率	0.228,8	0.234,1	0.242,1	0.237,3

资料来源：国家统计局《国家数据》2014 年。

---

①　需要说明的是，这里的城镇居民收入分组是按照可支配收入进行的，按照总收入分组与此并不完全一致。如果从居民总收入到可支配收入没有很大的重新排序，则误差不会很大。

如表 5.4 所示，与一般常识性认识不同，高收入者与低收入者的收入构成中，转移性收入比重基本相当，免税收入会免掉很大一部分高收入者收入，从而大大减少税收。2010 年的免征额为 2,000 元，而中上收入组（月平均收入 2,124 元）及其以上的居民总体上已经达到纳税起点，但是如果扣除转移性收入 20%，中上收入组的收入只有 1,700 元，达不到纳税起点，这样将使纳税人规模从 40%减少到 20%，减少一半。尤其是，高收入组和最高收入组中，转移性收入仍然高达 20%以上，这进一步使应税所得额和税收减少。

表 5.4　2010 年我国城镇居民收入分组及其来源构成

（单位：元）

项目 分组	人口 比重 （%）	组均 收入	工资 收入	经营 收入	财产 收入	转移 收入	转移收 入比重 （%）
最低收入组	0.1	6,703.70	4,319.69	729.23	82.77	1,572.02	0.234,5
低收入组	0.1	10,247.04	6,886.72	877.94	114.45	2,368.01	0.231,1
中下收入组	0.2	13,970.99	9,350.23	1,037.71	156.85	3,426.21	0.245,2
中等收入组	0.2	18,920.72	12,563.32	1,209.79	290.74	4,856.87	0.256,7
中上收入组	0.2	25,497.81	16,709.65	1,760.16	530.55	6,497.44	0.254,8
高收入组	0.1	34,254.64	22,296.60	2,562.41	944.70	8,450.93	0.246,7
最高收入组	0.1	56,435.17	35,197.89	6,247.31	2,736.59	12,253.38	0.217,1
总计或平均	1.00	22,441.96	—	—	—	5,420.538	0.241,5

资料来源：国家统计局城市社会经济调查司. 中国城市（镇）生活和价格年鉴[M]. 北京：中国统计出版社，2011.

此外，我国处于较大规模城镇化阶段，城镇房屋拆迁、农村征地都产生了很大规模的安置补偿收入。根据《财政部国家税务总局关于城镇房屋拆迁有关税收政策的通知》（财税〔2005〕第 45 号）规定："对被拆迁人按照国家有关城镇房屋拆迁管理办法规定的标准取得的拆迁补偿款，免征个人所得税。"也就是说，个人取得的拆迁补偿款，只要是按照国家有关城镇房屋拆迁补偿管理办法规定标准取得的，就可免征个人所得税。同样，政府征收集体所有制土地给予农民补偿的，也不缴纳个人所得税。因此，城镇房屋拆迁补偿安置费、农村土地征收安置补偿费成为一种新型的免税收入。这部分收入规模大，也造就了一些高收入者，但是该部分收入不纳税，也形成新的收入差距而导致个税再分配调节作用弱化。

5.3.2 税前扣除对税收的影响

我国的税前扣除主要是社会保险缴纳和住房公积金缴纳。我国的社会保险缴纳没有起征点，实行比例税率且有封顶，呈现一定的税收累退性。对于低收入者来说，其缴费比例等于法定费率；而对于高收入者来说，只有部分收入按照法定费率缴费，缴费额占全部收入的比率将低于法定费率。按照我国社会保险和住房公积金制度的规定，城镇职工的社会保险缴纳和住房公积金缴纳占工资的 20%左右，[①]占比比较大，"三险一金"税前扣除将大大减少税基，较大幅度降低平均税率（实际税率），减少税收规模。以 2010 年为例，在只有高收入组和最高收入组纳税的情况下，在扣除免税收入 20%以上的基础上，将再扣除 20%的税前扣除（当然，并不是所有人都平均扣除 20%，离退休人员不再缴纳社会保险费和住房公积金，因此总体上不会使税基减少 20%），这将使税基进一步大幅度减少，适用税率降低，税收规模下降。

按照工资薪金所得减除的税前扣除为 20%，考虑工资薪金所得占总收入的 65.03%，则税前扣除占到总收入的 13.01%。

5.3.3 个人所得税免征额对税收的影响

我国居民收入总体水平较低，2010 年全国城镇居民人均年收入为 22,441.96 元，平均月收入为 1,870.16 元，低于当时的免征额标准

[①] 2014 年 7 月 1 日起，天津市职工个人住房公积金缴存比例为 11%，养老保险缴存比例为 8%，医疗保险缴存比例为 2%，失业保险缴存比例为 1%，总计占工资总额的 22%。各省、自治区、直辖市的缴存比例不完全相同。

（2,000 元），而且税前收入一般都是右偏态分布的，这会使超过一半的城镇居民不纳税。平均收入中还要先期扣除免税收入、税前扣除，这就会使纳税人数进一步减少。在这种情况下，我国个税不可能成为大众税。

如表 5.5 所示，仅就工资薪金所得而言，2010 年，假定工资薪金收入减除税前扣除 20%，之后再进行免征额扣除。免征额扣除中，中等收入组及其以下，由于减除税前扣除后余额不足 2,000 元，所以该余额将通过免征额全部扣除，免征额扣除率达到 80%（对工资收入而言，相对于减除税前扣除之后的收入，则为 100%）。对于中上收入组、高收入组和最高收入组，其收入减除税前扣除后超过免征额，将成为纳税人，并获得免征额全额扣除，免征额扣除比率分别达到 71.81%、53.82%和 34.09%。根据各收入组占人口比重，我们可以计算出，免征额占工资收入比率平均为 57.88%。由于工资收入占总收入的 65.03%，免征额占总收入比率为 46.27%，超过了免税收入减除率 24.15%和税前扣除比率 13.01%，免征额降低税收规模的程度是最大的。

表 5.5　2010 年我国城镇居民收入分组及其来源构成

（单位：元）

项目 分组	人口 比重	组均 收入	工资 收入	就业者月 工资收入	税前 扣除	税前扣除 后余额	免征额 扣除	免征额 扣除率
最低收入组	0.1	6,703.7	4,319.69	719.95	143.99	575.96	575.96	0.8
低收入组	0.1	10,247.04	6,886.72	1,147.79	229.56	918.23	918.23	0.8
中下收入组	0.2	13,970.99	9,350.23	1,558.37	311.67	1,246.70	1,246.70	0.8
中等收入组	0.2	18,920.72	12,563.32	2,093.89	418.78	1,675.11	1,675.11	0.8
中上收入组	0.2	25,497.81	16,709.65	2,784.94	556.99	2,227.95	2,000	0.718,1
高收入组	0.1	34,254.64	22,296.6	3,716.1	743.22	2,972.88	2,000	0.538,2
最高收入组	0.1	56,435.17	35,197.89	5,866.32	1,173.26	4,693.05	2,000	0.340,9

资料来源：国家统计局城市社会经济调查司. 中国城市（镇）生活和价格年鉴[M]. 北京：中国统计出版社，2011.

注释：①就业者月工资收入=工资收入×赡养系数/12。②税前扣除按照工资收入的 20%计算。③由于工资已经进行了 20%的税前扣除，免征额扣除了 80%已经是最高的扣除率。

5.4 免征额对个人所得税税收累进性和再分配效应的影响

5.4.1 免征额是我国个人所得税税收累进性的重要来源

如第 3 章所述，免征额使低收入者免予纳税或者减少纳税，当然高收入者也将减少税收，但是低收入者收入中免征额占比高于高收入者，实际免征额具有累退性，对税收累进性具有积极效应，且免征额占居民收入比重比较大，收入低于免征额标准的纳税人免予纳税，免征额占税前收入比率为 100%，中等收入的纳税人，也有较大比率的收入免予纳税，而高收入的纳税人尽管能够享受全额的免征额，但是免征额占其收入比重毕竟不高，可以期望免征额对税收累进性和再分配效应的贡献应当是比较大的。

Wagstaff & Van Doorslaer（2001）认为税收累进性与免征额累进性效应关系为：

$$\pi_T^K = \pi_R^K - \frac{\alpha}{1-\alpha-\beta-\gamma}\pi_E^K - \frac{\beta}{1-\alpha-\beta-\gamma}\pi_D^K$$
$$- \frac{\gamma}{1-\alpha-\beta-\gamma}\pi_A^K \tag{5.3}$$

其中，π_T^K 表示毛税收累进指数；π_R^K 表示税率结构累进指数，π_E^K 表示免税收入累进指数；π_D^K 表示税前扣除累进指数；π_A^K 表示免征额累进指数；α、β、γ 分别表示免税收入、税前扣除和免征额占税前收入的比重。式（5.3）右边四项分别表示税率结构累进效应、免税收入累进效应、税前扣除累进效应和免征额累进效应。由于免税收入、税前扣除和免征额都是税收的减项，故其累退性将产生税收累进性。同时，免税收入、税前扣除和免征额比率越高，对税收累进性的贡献就越大。如前所述，免征额实际呈现累退性，且免征额扣除比率高于免税收入比率和税前扣除比率，我们可以期望免征额对形成税收累进性具有较大的积极贡献。

从表 5.5 可以看出，我国工资收入的免征额扣除率比重是累退的，这将使免征额具有税收累进性效应。也就是说，中等收入组以下的居民由于收入全部为税前扣除和免征额覆盖，应税所得额为 0，平均税率均为 0；中等收入组以上，一方面收入水平逐渐提高，另一方面免征额扣除比率逐渐降低，即使采取比例税率而不是超额累进税率，平均税率将随收入提高而提高，从而呈现出税收累进性。同时，根据上述分析，免征额比率比免税收入比率和税前扣除比率高，免征额税收累进性效应也将比较大。根据曹桂全和任国强（2014）的测算，免征额累进性效应是我国个税税收累进性的主要来源。

5.4.2 免征额对再分配效应的影响

卡瓦尼（Kakwanni，1977）认为忽略税收抵免、税收流失等因素，再分配效应由税收累进性和平均税率决定：

$$RE = \frac{t}{1-t}\pi_T^K \tag{5.4}$$

其中，RE 表示税收再分配效应，t 表示平均税率，平均税率和税收累进性越高，再分配效应就越强。其中，平均税率是税收占税前收入的比重，税收根据式（5.1）和式（5.2），平均税率可以表示为：

$$t = \frac{s(X - E - D - A)}{X} \tag{5.5}$$

那么，免征额越高，平均税率就越低。所以，免征额的存在产生了税收累进性，但是也降低了平均税率，我们不能期望免征额的存在一定能产生积极的再分配效应。同样的逻辑，也无法预期免征额提高一定提高再分配效应。

那么，我国免征额对个税再分配效应将产生什么影响呢？如上所述，免征额产生税收累进性且免征额扣除比率越高，免征额税收累进性效应就越强，这有助于提高税收再分配效应，但这只是问题的一个方面。免征额扣除比率越高，应税所得额必然导致平均税率降低，这将不利于提高税收再分配效应。因此，在我国居民收入水平不高的条件下，免征额对低收入减税的效应大，扣除比率高，能够形成较高的税收累进性；但同时由于免征额扣除比率很高，应税所得额较少，必然导致平均税率很低，结果再分配效应并不会很大。

因此，个税再分配效应能否提高，不应当纠缠于免征额。从式（5.5）可知，在税率结构是累进性的条件下，平均税率是税前收入的增函数，将对平均税率从而对再分配效应起决定性作用。决定再分配效应的，不是免征额的多少，而是居民收入水平的高低。免征额扣除比率高，不是因为免征额过高，而是因为我国居民收入总体水平较低，免征额不过是按照居民基本生活费用支出确定的一个固定数。原则上，免征额制度设计的目标在于贯彻对所有个体都落实了"生计所得不纳税"的要求，而税收累进性和再分配效应则是附带效应和相关效应。在给定税制包括免征额按照其机制要求合理调整的条件下，如果居民收入水平不断提高，平均税率将不断提高，税收再分配效应也将扩大。

5.5 我国标准化免征额的弊端

5.5.1 标准化免征额制度的总体分析

就我国目前而言，尽管免征额是税收累进性的主要来源，也是再分配效应的主要来源（曹桂全和任国强，2014），但这是将居民收入作为给定因素进行的分解分析，只是在给定收入下，对各种税制因素的作用的比较分析，而不是与居民收入的作用比较。考虑个税再分配效应的决定性因素，必须在更宽的范围内全面考察。依靠税收累进性获得再分配效应是以低平均税率为代价的，其再分配效果不一定很好，即使在给定收入下有一个最大化的税收累进性和再分配效应（岳树民，卢艺和岳希明，2011），但这个免征额可能并不符合其内在价值要求。我们应当认识到，免征额是刚性的，因为居民基本生活费用支出是确定性的概念，并不一定允许免征额按照再分配效应最大化进行选择。所以，免征额再分配效应不是免征额标准确定时考虑的直接的、主要的因素。

那么，免征额设计应当考虑什么呢？应当考虑免征额本身的价值及其效率和公平，尤其是公平。我们看到，我国个税免征额采取完全平均化、标准化的免征额，个人基本生活费用支出平均化、纳税人赡养负担平均化，每一个纳税人都被视为平均人看待。这无论对于税收原则的要求来说，还是对于免征额内涵和价值的要求来说，都存在较严重的弊端，这些弊端表现为税收不公平，概括于表 5.6 中。标准化免征额制度具有计算简单、征管便利的优点，但也存在严重弊端，基本生活费用支出平均化和赡养系数平均化导致垂直公平损失，不利于进行纵向调节，蕴藏着税收不公平和税收累进性弱化，对再分配效应不利。我国单一标准化免征额制度则过于简单，无法全面贯彻税收公平原则。我国个税免征额确定方法分析框架如表 5.6 所示。

表 5.6　我国个税免征额确定方法分析框架

个税免征额特征		参照城镇居民消费支出	基本生活费用平均化	赡养负担平均化
免征额价值	扣除的充分性	整体上比较充分	整体上比较充分，但是过度扣除和扣除不足并存	整体上比较合理，但是不符合每个纳税人赡养负担实际
	税收累进性效应	具有税收累进性，且扣除比率高，税收累进性效应强	一定程度降低税收累进性	一定程度降低税收累进性
税收原则	税收效率	征管成本低	征管成本低	征管成本低
	税收公平	整体公平	存在税负不公平	存在税负不公平

参照城镇居民消费支出作为确定免征额数量的标准，且只考虑城镇居民人均消费支出水平，纳税人赡养负担平均化，有利于税收计算

和税收征管，有降低税收征管的优点。如果税收规模不大，纳税人不多，税负公平问题不迫切，这种低成本方式也是可以选择的。按照我国税法规定，对于工资薪金所得采取标准化免征额制度。标准化免征额是按照"简便易行"原则建立的，的确有其简便易行的优势。但是，随着居民收入增加、对个人所得税功能社会需求的增加，标准化免征额制度的不合理性日益突出。平均化掩盖个体差异，而个人所得税正是针对个人而进行的收入分配调节，平均化弊端明显。

5.5.2 居民基本生活费用平均化的消极影响

对于基本生活费用不同的纳税人，允许进行统一的免征额扣除，虽然表面上待遇都一样，但是却没有考虑纳税人基本生活费用支出实际，而这是应当考虑的因素。不考虑应当考虑的因素，必然导致不公平。

我们通过平均化的免征额与按照实际情况进行免征额扣除的比较来说明平均化免征额的消极影响。假定两个纳税人 M、N 具有相同的税前收入水平（$X_M=X_N=X$），但家庭条件不同（比如医疗费用支出不同），基本生活消费支出分别为 E_M、E_N，且 $E_M<E_N$。按照生计收入不纳税原则，免征额应该考虑每个纳税人实际基本生活费用支出情况，分别确定为 $A_M=E_M$ 和 $A_N=E_N$。相应地，应税所得额分别是（$X-E_M$）和（$X-E_N$），且 $X-E_M>X-E_N$，二者纳税能力不同，按此纳税，M 将多纳税而 N 少纳税，平均税率呈现累进性，纳税能力强的，平均税率高；纳税能力弱的，平均税率低，并具有纵向公平效应。

如果采取标准免征额 A_0，按照平均基本生活费用支出 $A_0=(E_M+E_N)/2$ 确定免征额，则 M 的免征额高于实际基本生活费用支出，而 N 的免征额低于实际生活费用支出，免征额过高和过低并存；且 M、N 的应税所得额相同，均为（$X-A_0$），纳税额也相同，平均税率相同，税收没有累进性，也没有纵向公平效应，不能进行收入分配调节（见表 5.7）。

表 5.7　居民基本生活费用支出平均化的影响

纳税人		纳税人 M	纳税人 N	关系
税前收入（X）		X_M	X_N	$X_M=X_N=X$
基本生活费用实际支出（E）		E_M	E_N	$E_M<E_N$
按照纳税人基本生活费用支出实际确定免征额的方法	免征额（A）	$A_M=E_M$	$A_N=E_N$	$A_M<A_N$
	应税所得额（TX）	$TX_M=X-E_M$	$TX_N=X-E_N$	$TX_M>TX_N$
	税收（T）	$T_M=s\cdot(TX_M)$	$T_N=s\cdot(TX_N)$	$T_M>T_N$
	税率（t）	$t_M=T_M/X$	$t_N=T_N/X$	$t_M>t_N$
按照平均化的基本生活费用确定标准免征额的方法	免征额（A）	$A_M=A_0=(E_M+E_N)/2$	$A_N=A_0=(E_M+E_N)/2$	$A_M=A_N$
	应税所得额（TX）	$TX_M=X-A_0$	$TX_N=X-A_0$	$TX_M=TX_N$
	税收（T）	$T_M=s\cdot(X-A_0)$	$T_N=s\cdot(X-A_0)$	$T_M=T_N$
	平均税率（t）	$t_M=T_M/X$	$t_N=T_N/X$	$t_M=t_N$

资料来源：作者自行设计。

注：$s(\cdot)$ 表示适用税率结构函数，根据应税所得额计算税收；A 表示标准免征额。

　　因此，考虑每个纳税人实际基本生活费用支出才能体现税收公平和进行再分配调节，不考虑纳税人实际生活费用支出的标准免征额必然造成垂直公平损失，不利于形成税收累进性和有效缩小收入差距，不利于发挥个税再分配调节功能。

5.5.3　纳税人赡养负担平均化的消极影响

　　纳税人赡养系数平均化的影响是类似的，也将导致免征额对不同赡养负担的纳税人扣除过多和扣除不足并存。平均化赡养负担没有差别考虑纳税人赡养负担实际，而这是应当考虑的因素，不考虑应当考虑的因素，必然导致不公平。

　　仍以上述 M、N 为例，再假定按照基本生活费用支出确定的个人免征额为 a，M、N 的实际赡养系数分别为 1 和 3。在考虑每个纳税人实际赡养负担的条件下，免征额应当分别为 $A_M=a$ 和 $A_N=3a$，应税所得额分别为 $(X-a)$ 和 $(X-3a)$，M 赡养负担小，纳税能力强，将多纳税，平均税率高；而 N 赡养负担重，纳税能力弱，将少纳税，平均税率低，税收具有累进性和垂直效应。反之，如果实行标准免征额制度，标准免征额将设定为 $A_0=2a$，M 的免征额高于实际基本生活费用支出而 N 的免征额低于实际生活费用支出，导致免征额过高和过低并存；且 M、N 的应税所得税额均为 $(X-2a)$，纳税额相同，税收不具有累进性，也没有再分配调节能力，如表 5.8 所示。

表 5.8　纳税人赡养负担平均化对税收累进性与税收公平的影响

纳税人		纳税人 M	纳税人 N	对比关系
税前收入（X）		X_M	X_N	$X_M=X_N=X$
基本生活费用实际支出（E）		$E_M=a$	$E_N=3a$	$E_M<E_N$
实际扣除方法	免征额（A）	$A_M=E_M=a$	$A_N=E_N=3a$	$A_M<A_N$
	应税所得额（TX）	$TX_M=X-a$	$TX_N=X-3a$	$TX_M>TX_N$
	税收（T）	$T_M=s\cdot(X-a)$	$T_N=s\cdot(X-3a)$	$T_M>T_N$
	税率（t）	$t_M=T_M/X$	$t_N=T_N/X$	$t_M>t_N$
标准扣除方法	免征额（A）	$A_M=A_0=2a$	$A_N=A_0=2a$	$A_M=A_N$
	应税所得额（TX）	$TX_M=X-2a$	$TX_N=X-2a$	$TX_M=TX_N$
	税收（T）	$T_M=s\cdot(X-2a)$	$T_N=s\cdot(X-2a)$	$T_M=T_N$
	平均税率（t）	$t_M=T_M/X$	$t_N=T_N/X$	$t_M=t_N$

资料来源：作者自行设计。

因此，考虑每个纳税人的实际赡养负担才能体现税收公平和进行再分配调节，而实行标准免征额必然弱化税收累进性，造成垂直公平损失，不能有效缩小收入差距。假如有纳税人 M、N，其月工资薪金收入均为 10,000 元，但 M 为四口之家，且只有一个人有工作和收入，赡养负担系数为 4；N 为两口之家，且两人均有工作和收入，赡养负担系数为 1。假定人均基本生活费支出为 2,000 元，那么，M 应当给予总计 8,000 元的免征额，应税所得额为 2,000 元（不考虑其他扣除）；N 则应当给予 4,000 元免征额，应税所得额为 6,000 元，N 将比 M 缴纳更多的税收，这是公平的。反之，假定采取标准化免征额 6,000 元，则 M、N 的应税所得额均为 4,000 元，需要缴纳相同的税收，M 纳税多了而 N 纳税少了，平均化的做法没有考虑应当考虑的因素，导致税负不公平，不能很好实现免征额价值和个税收入分配调节的功能。

5.5.4 中国与美国个人所得税免征额标准确定方法的比较

前文我们对美国联邦个税免征额标准已经进行了介绍，我们首先将美国个税中的个人免征额（personal exemption）和纳税人选择的分项扣除（itemized deductions）或者标准扣除（standard deduction）之一的总和，定义为免征额，否则与我国免征额没有对比性。其次，美国个税免征额设立有个人免征额缩减、标准扣除附加、分项扣除限制制度，对超过一定水平的高收入者的免征额进行限制，对有特殊需要的纳税人进行照顾，纳税人实际得到的免征额是有差别的。美国个税的免征额标准确定方法可以概括为以下公式：

$$免征额=纳税人个人免征额-个人免征额缩减+$$
$$标准扣除+附加标准扣除 \tag{5.6}$$

或者

$$免征额=纳税人个人免征额-个人免征额缩减+$$
$$分项扣除-分项扣除缩减 \tag{5.7}$$

我国工资薪金所得税免征额标准则是唯一的，等于税法规定的费用减除（标准化免征额），可以写为：

$$免征额=标准化免征额 \tag{5.8}$$

因此，对比可以发现，我国个人所得税免征额标准的确定方法是极端简化的，与美国个税相比，缺少了几个重要的免征额制度因素：①我国个税免征额没有对纳税人赡养负担按照实际负担考虑而是平均考虑，而美国联邦个税通过设立个人免征额，纳税人及其配偶、亲属按照实际获得个人免征额数量。②美国个人免征额总量需要根据纳税人收入（指调整后毛所得 AGI）进行调整，收入过高的，需要进行缩减，直至缩减到 0；而中国个税统一适用标准费用扣除，没有缩减。③美国免征额包括个人免征额和标准扣除（或分项扣除）两部分，个人免征额是标准化的，但纳税人的个人免征额待遇按照负担人口的实际汇总。标准扣除和分项扣除由纳税人自行选择，实际上将免征额划分出来一部分，允许纳税人按照法定项目据实申报，也就是考虑纳税人的实际情况。总体上，不可能多数人都选择分项扣除，否则成本太高，但是分项扣除为由于生活需要而支出过多的情况提供了税前扣除的机会。当然，分项扣除中也有的体现社会政策，比如慈善捐助，这项中国个税也有，但是不属于免征额。④美国个税的标准扣除有附加，体现了对老年人和失明人士的照顾；分项扣除也有限制，这是对高收入者可能发生的少纳税的限制，以实现个税的目标。从②、③和④看，实际上是对纳税人同等对待的条件下，增加了对不同纳税人根据不同情况的差别对待，更加体现税收的纵向公平，而我国个税完全是以城镇居民人均消费支出作为标准的，没有考虑纵向公平，不同的人也同等对待。可以说，美国个税免征额是标准化部分与差异化部分相结合，而我国个税免征额只有标准化。

我国个税的免征额是不是高呢？我们与美国进行对比说明。中国工资薪金所得免征额考虑了赡养负担，按照负担系数 1.9 考虑，2015 年的个人免征额是每月 1,842 元，也就是每年 22,104 元，按照 6.5 元人民币/美元的汇率计算为 3,401 美元。2015 年，美国个税个人免征额（4,000 美元）和标准扣除（按照单身报税或者夫妻分别报税，6,300 美元）合计是 10,300 美元，美国的个税免征额标准是我国的 3.19 倍。2015 年美国人均 GDP 是 54,370 美元，中国人均 GDP 是 8,280 美元（国际货币基金组织预测数据），美国是中国的 6.57 倍，但中国城乡居民收入占 GDP 的 50%，美国居民收入占 GDP 的 80%，美国人均可支配收入估计为 43,494 美元，中国则为 4,140 美元，美国是中国的 10.51 倍。因此，免征额与人均 GDP、人均收入是不成比例的，而且美国免征额是人均收入的 23.68%，而中国免征额是人均收入的 78.04%。因此，中国个税免征额占人均收入的比重更高（当然，实际上中国很多城乡居民并不实际享受免征额标准的数量，因为他们的收入低于免征额）。这是不是不合理呢？2015 年中国恩格尔系数为 21%（美国农业部数据，中国官方数据稍高），美国为 7%，中国恩格尔系数高于美国，是美国的三倍，中国基本生活费用支出占收入比重更高一些，免征额占人均收入比重更高一些也是合理的，不能简单地说，中国的免征额水平比美国高。

5.6 本章小结

根据本章的研究，我们得出以下主要结论：

（1）我国个税免征额确定的政策实践与理论界关于个税免征额的一般认识一致，个税免征额标准的确定以居民基本生活费用支出不纳税为价值目标。鉴于我国仍然处于发展中国家的发展阶段，居民收入水平较低，免征额标准的确定还考虑使低收入者不纳税，甚至部分中等收入者少纳税。

（2）在遵循免征额使居民基本生活费用支出不纳税的原则之下，我国工资薪金所得实行标准化免征额制度，2006 年以来，参照城镇居民人均消费支出确定个人免征额标准，按照全国城镇就业人员平均赡养负担系数确定纳税人标准化免征额，使所有纳税人免征额完全相同。

（3）我国工资薪金所得的个税免征额对纳税人基本生活费用支出扣除比较充分，只有中上收入甚至更高收入水平的工薪阶层才缴纳个人所得税，能够实现免征额价值。

（4）由于我国城镇居民收入水平总体不高，免征额减除成为税前收入减除的主要项目。免征额减除比率高于免税收入和税前扣除，免征额减除具有较强的个税税收累进性效应，成为我国个税税收累进性的主要来源；加之免征额扣除比率高，使免征额成为个税再分配效应的主要来源。但是，由于居民收入水平低，免税收入、税前扣除和免征额总体减除比率高，导致平均税率低，再分配效应弱。

（5）标准化免征额具有简便易行的优点，符合税收征管效率原则。但是，标准化免征额确定使居民基本生活费用支出平均化、纳税人赡养负担系数平均化，免征额标准不能反映纳税人及其家庭实际基本生活费用支出，存在税负不公平，在一定程度上造成税收累进性减弱、再分配效应降低。

（6）与美国个税相比较，我国个税免征额标准没有考虑纳税人实际赡养负担、没有对实际基本生活费用支出高于标准免征额的纳税人予以照顾、没有对高收入者的免征额进行缩减，有诸多不公平的问题，并在城镇居民收入来源多样化、城镇居民基本生活费用支出差异化扩大的条件下，不公平问题越来越重要，具有较大的改革和完善空间。

第6章
我国个人所得税免征额调整方式

本章研究我国个人所得税免征额调整制度以及存在的问题，并结合现有文献，着重分析免征额调整的税收规模效应和对平均税率、再分配效应的影响。总体上看，我国个税免征额采取累进性调整方式，产生了税收规模以及平均税率、再分配效应的波动，存在严重弊端，应当进行改革。但是现有文献未能认识到我国个税免征额累积性调整方式的特征和居民收入增长税收效应的主导作用，关于免征额调整降低了平均税率和再分配效应的结论不符合实际。此外，2011 年 9 月的免征额调整存在超过适应性调整标准的问题，但并不像有关文献阐述的那么严重，但由于 2016 年仍在适用 3,500 元的免征额标准，免征额过高的结论也为时尚早。本章根据 2007 年的中国家庭收入调查（CHIP）数据进行了微观模拟，估计了按照累积性调整的实际规模在采取适应性调整方式的情况下可能的税收规模、平均税率和再分配效应。

6.1 免征额从长期不调整到不确定的周期性调整

6.1.1 免征额长期不调整及其后果

1994 年实施新个税所得税法后，工资薪金所得免征额长期没有调整，一直持续到 2005 年。按照免征额依据居民基本生活费用不纳税的准则，并参考城镇居民消费支出，对比城镇就业单位就业人员工资水平，长期不调整面临的问题是免征额标准不足，无法实现免征额价值，存在过头税。从表 6.1 可以看出，按照我国城镇单位就业人员负担率 1.9 计算，2000 年的职工负担的消费支出应为 792.3 元/月，与免征额一致；2001 年，城镇职工负担的月消费支出为 839.8 元，免征额已经低于城镇职工负担的消费支出，免征额减除已经不足，处于平均工资水平的职工开始缴纳个人所得税，与我国个税设计宗旨相背离。

表 6.1　1995—2005 年我国个税的免征额、城镇居民消费和工资水平

年份	月标准免征额（元）	月平均工资（元）	月平均工资增长率（%）	城镇居民人均消费（元）	城镇居民人均消费增长率（%）	个税税收（亿元）	个税收入增长率（%）	个税占GDP比重（%）
1995	800	—	—	295	24.07	131.30	—	0.22
1999	800	—	—	385	6.56	413.66	—	0.46
2000	800	778	—	417	8.28	659.64	59.46	0.66
2001	800	906	16.45	442	6.22	995.26	50.88	0.90
2002	800	1,035	14.23	502	13.58	1,211.78	21.76	1.00
2003	800	1,170	13.04	543	7.98	1,418.03	17.02	1.04
2004	800	1,335	14.10	599	10.31	1,737.06	22.5	1.08
2005	800	1,517	13.63	662	10.59	2,094.91	20.6	1.13

资料来源：国家统计局，国家数据网站，http://data.stats.gov.cn/。
注：①月平均工资为城镇单位就业人员平均工资。②工资等收入指标为名义量。③部分数据缺乏，以"—"表示。

我们看到，2000 年之后，由于免征额不能及时调整，随着城镇单位就业人员工资两位数增长，税收增长幅度巨大，2000 年和 2001 年增长率都达到 50%以上，2002 年、2004 年和 2005 年也分别达到 20%以上。①仅就国家财政收入来讲，个税税收增长是好事情，但是在免

① 进入 21 世纪后，一些经济发达地区自主提高了个税免征额，原则上是违反法律规定的，是 2002 年后个税增速下降的重要原因；但是，个税规模在免征额不调整之下如此高速增长，本身也违反个税立法宗旨，提高个税免征额势在必行。

征额不能适应性调整、免征额标准对居民基本生活费用扣除不足的条件下，税收增长是以损害个税免征额价值为代价的，也就是以损害个税税制本身为代价的（魏明英，2005），这将破坏税收公平和效率原则，使众多的低收入者成为纳税人，会增加征税成本，降低税收效率。如果说 2001 年免征额就已经不充分，那么到 2005 年的时候，免征额不充分就已经相当严重，提高免征额势在必行。

当然，我们也应当注意到，我国个税免征额在一段时间内没有调整也有合理原因。1995 年城镇居民消费支出只有 295 元，按照当年的负担率 1.8 计算，免征额应当是 531 元，800 元免征额的扣除标准是充分的，而且有较大的余量。我们可以推断，1994 年国家立法确定了工资薪金所得的免征额是每月 800 元，实际上已经考虑 800 元免征额将适用一段时间而不是仅仅适用于 1994 年。对比免征额和工资收入水平可以看出，最初的个税更加注重对高收入者的调节，而且高收入者只限于少数纳税人，这也符合我国经济发展水平低、居民收入主要用于基本生活费用支出的实际情况。因此，在我国个税免征额的问题上，过去一段时间内长周期调整可能是既定策略（余显财，2010）。但是，长周期调整不是经常性不调整，只不过是因为当时居民收入水平低而确定的免征额水平高，可以进行长周期调整而已。当超过这个周期能够容纳的范围的时候，调整就是必要的了。我国个税免征额是从 2006 年开始调整的，应当说调整已经比较晚了，而 2001 年就应该调整。那么，我们也就可以判断，2006 年调整的时候，实际上包含着对于之前没有及时调整部分的补救。个税免征额从 2005 年的 800 元直接提高到 2006 年的 1,600 元，这个调整绝对不是仅仅针对 2005 年进行的调整，这是非常重要的认识。但是，补救并不能改变既成事实，2005 年税收已经征了，尽管已经多征了；既然 2005 年已经多征了，那么，2006 年税收规模或者平均税率下降就不等同于正常条件下的下降，不是国家正常税收的减少，而主要的应当理解为减轻过重的税收负担，这也是非常重要的认识。

6.1.2 免征额累积性调整方式

随着经济增长和居民收入水平提高，加之 1992 年以来我国市场经济体制改革步伐加快，居民基本生活费用也出现了较大幅度增长，免征额调整的时机逐渐成熟，而且不调整产生的问题越来越严重。在这种背景下，从 2006 年开始，我国进入个税免征额调整时期。

回顾我国个税免征额的调整过程，结合免征额标准及调整标准的确定方法，可以概括我国免征额调整的两个特点：①若干年调整一次，但是调整周期并不是确定的，第一次调整经历了 12 年（1994—2006 年），第二次调整经历了两年（2006—2008），第三次调整经历了三年半（2008 年 3 月—2011 年 9 月）。2011 年 9 月调整免征额之后，到当前（2016 年 3 月），已经超过了四年半，仍然没有进行第四次调整。②调整后的免征额水平超过了调整年的居民基本生活支出水平，可以判断免征额并不严格按照调整年当年情况确定。如上所述，800 元的免征额远远超出了 1994 年的居民消费支出水平，2000 年城镇居民人均消费支出才与 800 元的免征额接近，可见 1994 年 800 元免征额超过了当时居民基本生活费用水平较多。2006 年、2008 年免征额超过当年城镇职工负担的消费支出数量则明显减少，但是，2011 年 9 月免征额超过当年城镇职工负担的消费支出数量则明显上升。我们有理由认为，1994 年和 2011 年 9 月确定免征额时，免征额水平较高，计划适用的时间较长，而不需要在很短时间内调整；而 2006 年和 2008 年的免征额只是略高于当年的城镇职工负担的消费支出数量，不可能较长时间适用，可能很快面临调整的需要。从免征额与工资水平比较看也是如此，2000 年，800 元的免征额仍然使处于平均工资水平的职工免于纳税，显示免征额水平很高；2006 年、2008 年免征额低于城镇职工平均工资，处于平均收入位置的职工需要纳税，但相差不大，而 2012 年平均工资与免征额差距缩小，显示免征额水平较高。表 6.2 显示了我国个税免征额与期间城镇居民消费和工资水平对比情况。

表 6.2 我国个税免征额与期间城镇居民消费和工资水平对比

年份	免征额（元）	城镇居民月消费支出（元）	负担系数	城镇职工负担的消费支出（元）	免征额超过城镇职工负担的消费支出（元）	城镇职工平均工资（元）	城镇职工平均工资超过免征额（元）	平均工资超过免征额比率
2000	800	417	1.9	792.3	7.7	778	-22	-0.028
2006	1,600	724.6	1.9	1,376.7	223.3	1,738	138	0.086
2008	2,000	936.9	2.0	1,873.8	126.2	2,408	408	0.204
2012	3,500	1,389.5	1.9	2,640.0	860	3,897	397	0.113

资料来源：作者根据相关资料测算。

注：因为 2000 年的城镇职工平均工资仍然低于免征额，可以知道 1995—1999 年的工资水平要比免征额低得更多，大部分职工将免于纳税。

6.1.3 免征额累积性调整的类型：前向累积和后向累积

2006 年以来，我国个税免征额的调整，实际上是累积性调整，但是累积的时间即周期长短不确定，而且不仅包括前向累积（预留性累积），还包括后向累积（补救性累积）。假定 800 元的免征额对于 2001 年是准确的，那么，按理说，800 元的免征额只能向前累积预留到 2001 年，也就是说，1994—2001 年的免征额本不需要进行调整，因为从 1994 年开始适用的 800 元的免征额已经将该期间应当调整部分预先考虑了。但是 2001 年免征额并没有调整，2001—2005 年免征额水平就已经过高，当 2006 年调整的时候，实际上包括了对 2001—2005 年应当调整而没有调整部分的补救，这部分免征额调整是后向累积。由于 2006 年确定的 1,600 元免征额适用时间较短，应当没有很多的前向累积（至多两年的预留性累积），主要应当属于补救性的后向累积，也就是说，把 2001—2005 年没有调整的部分补上来，再加上从 2005 年到 2006 年应当调整的部分，而并没有给 2006 年之后预留很多。2008 年调整的累积性数量很小（从 1,600 元调整为 2,000 元），既没有多少后向可以补救的，也没有多少可以向前预留的。2011 年 9 月的调整规模较大，多少回到了 1994 年确定免征额时的情况，既有对

2009 年、2010 年和 2011 年 9 月前的后向累积（补救性累积），又可能包含了较多的预留累积（向前累积），以至于到 2014 年，免征额虽然还没有进行调整，但对城镇职工消费支出的扣除还是充分的。

图 6.1 以图示的方式描述了我国个税免征额累积性调整方式。图中虚线表示合意的免征额，反映居民基本生活费用支出水平，总体上呈现上升趋势；实线表示按照累积性调整方式确定的免征额，也就是实际免征额，分为四个阶段，分别是 800 元、1,600 元、2,000 元和 3,500 元。比较而言，实际免征额有偏高的时候，这就是免征额调整及其之后的一段时间；免征额也有不足的时候，这就是原免征额的后期、新免征额尚未出台的阶段。这样，在累积性调整方式之下，存在免征额偏高和不足的相互交替。当免征额实行累积性调整的时候，包括两种累积性调整，一是对过去阶段免征额不足部分的补救，这可以称为后向累积；二是为使免征额能够适用一段时间，也为未来几年留下余量，这就是前向调整。这是我们对我国所采取的个税免征额调整方式的认识。

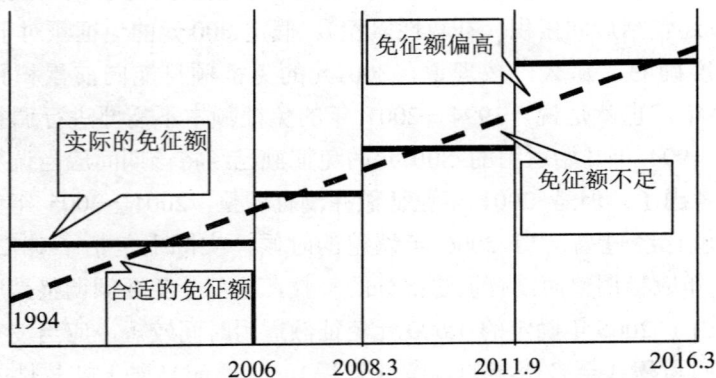

图 6.1 免征额累积性调整示意图

注：图中虚线表示按照适应性调整方式确定的免征额，实线表示实际的免征额。

6.2 免征额累积性调整方式的弊端和不良后果

理论上说，免征额应当进行适应性、及时性调整，这就是免征额适应性调整方式。如果免征额不能及时调整，那么免征额就不能充分实现其价值。但是，我国个税免征额实际上采取了累积性调整方式，也就是说，免征额集中若干年调整一次，调整后的免征额标准可能不一定与当年应有的免征额标准一致，而是为未来留下了余量，使之为将来的年份仍然可以适用（当然不是准确适用）。我们区分免征额调整不及时、免征额调整存有余量两种情况进行分析，再综合观察其结果。

6.2.1 免征额扣除不足，不能充分实现其功能

免征额不能及时调整，是指在免征额累积性调整方式之下，在免征额准确适用的年份之后，免征额数量已经不足，但是由于还没有达到调整年份，免征额没有得到及时调整。表 6.3 给出了假定的免征额累积性调整与适应性调整的对比关系，该例子全部是后向的累积性调整。免征额不能及时调整，导致的首要问题就是免征额减除不足，免征额价值受到损害。假定原来（第 0 年）免征额为 1,000 元，居民收入每年增长 10%（名义增长，含通货膨胀），同时假定居民基本生活费用支出每年增长 5%（含通货膨胀因素），那么第 1 年、第 2 年、第 3 年、第 4 年、第 5 年的免征额应当按照居民基本生活费用支出增长分别适应性地调整为 1,050 元、1,102.5 元、1,157.63 元、1,215.51 元和1,276.28 元，这样才能保证居民基本生活费用支出每年都得到充分扣除。累积性调整方式则不然，将 5 年调整全部集中在第 5 年，第 1年、第 2 年、第 3 年、第 4 年仍然适用 1,000 元，到第 5 年一次性提高到 1,276.28 元，这就使第 1 年、第 2 年、第 3 年、第 4 年的免征额扣除不足，不能充分实现免征额的价值。

表 6.3 免征额累积性调整与适应性调整的比较：一个示例

年份		第 0 年	第 1 年	第 2 年	第 3 年	第 4 年	第 5 年
居民收入年增长（%）		—	10	10	10	10	10
生计支出年增长（%）		—	5	5	5	5	5
适应性调整方式	免征额（元）	1,000	1,050	1,102.5	1,157.63	1,215.51	1,276.28
	免征额扣除充分性	充分	充分	充分	充分	充分	充分
	税收规模比上年	—	增加	增加	增加	增加	增加
	平均税率比上年	—	上升	上升	上升	上升	上升
	再分配效应比上年	—	可能扩大	可能扩大	可能扩大	可能扩大	可能扩大
累积性调整方式	免征额（元）	1,000	1,000	1,000	1,000	1,000	1,276.28
	免征额扣除充分性	充分	不充分	不充分	不充分	不充分	充分
	税收规模比上年	—	增加，存在过头税	增加，存在过头税	增加，存在过头税	增加，存在过头税	可能降低
	平均税率比上年		增加	增加	增加	增加	可能降低
	再分配效应比上年		可能扩大	可能扩大	可能扩大	可能扩大	可能降低

6.2.2 产生过头税，税负过重，税收规模扩张不合理

免征额不充分将导致过头税，过头税在累积性调整方式下必然经常性发生。在表 6.3 的例子中，免征额调整前，第 1 年、第 2 年、第 3 年、第 4 年的免征额应当调整而没有调整，免征额减除不充分，应税所得额超过应有的合理水平，税收也就超过了应有规模，征收了过头税。假定第 0 年和第 5 年的免征额是合理的，则第 1 年、第 2 年、第 3 年、第 4 年都存在过头税，而由于第 4 年免征额没有及时调整的数量是四年累积的，过头税就更为严重。过头税的存在表明，免征额调

整前的税收规模尽管增长快、平均税率高，但是已经包括不合理的税收，相应的再分配效应即使提高、所得税比重即使上升，也不是合理的提高和上升。当免征额背离给予居民基本生活费用充分扣除的基本要求时，个税作为良税的基础条件受损，危害的是个税税制本身。

另外，第 5 年调整免征额的时候，即使税收规模比第 4 年下降，也属于合理下降，也就是说，税收比调整前一年下降是减轻过重税收负担的体现。笼统说税收规模下降，就显得语义模糊，似乎是减轻居民正常的税收负担。减轻过重税收负担和减轻居民税收负担的语义是不同的，减轻过重税收负担是纠正不合理的税收，而减轻居民税收负担一般理解为让居民得到更多实惠。当降低、消除过重的税收负担的时候，这种减税并不是税收优惠，而是把不应该征收的税收减下来，严格地说，国家并没有少征税，而是使税收回到合理的水平。

6.2.3 如果实行前向累积性调整，则存在扣除过度和税收不足

上述的例子是假定免征额调整年的免征额是准确的（按照当年的基本生活费用情况确定），之后有一些年份不调整，导致免征额不足，此时的免征额累积性调整都属于后向调整，是补救性的调整。在累积性调整方式之下，还有另外一种情况，由于考虑进行累积性调整，调整之时就需要考虑对未来若干年的适用性，从而对于调整年来说，免征额数量将比当年基本生活费用偏高（因为这样才能适应之后的年份），那么，结果就是，在两个调整年之间，前期免征额将偏高，中间比较准确，而后期则不足。在免征额偏高的情况下，就会出现免征额扣除过度，税收相对较少，该征收的税收没有征收，平均税率相对较低。1994 年我国个税免征额是 800 元，显然对于当时来说是过高的，但正是因为对于当年偏高，才可以适用较长的时间，即使在若干年后（如 2001 年）免征额不足，也比 1994 年按当年标准确定条件的相差得少。我国 2011 年 9 月免征额调整大致也可以理解为前向累积性调整。因为之前都是几年调整一次，当向社会征求意见的时候，公众可能不仅考虑了当时的情况，而是将对未来一段时间内不调整的

预期体现在意见之中，这可能是导致最后确定的 3,500 元标准超过了立法建议 3,000 元标准的原因之一。①2011 年 9 月开始适用 3,500 元标准后，一直到 2016 年 1 月仍然没有再次调整。如果 2011 年 9 月的调整正好符合 2012 年的居民基本生活费用标准的话，2013 年、2014 年就会出现不足；而实际上，按照城镇居民人均消费支出水平，3,500元的免征额仍然能够覆盖 2013 年、2014 年的消费水平，而没有出现不足。当然不难发现，如果采取累积性调整方式，调整年按照当年标准确定和留有余量的方式相比，留有余量的方式在整个调整周期的免征额偏差会小一些，前期偏高而后期不足，但总体偏差较小。但是，与按照调整年当年标准确定免征额不同，调整年当年和稍后年份的免征额会扣除偏多，而税收偏低。如果这样理解 2011 年 9 月的免征额调整的话，也就能很好解释 2012 年税收规模的波动，因为 3,500 元的免征额对于 2012 年来说是偏高的，结果 2012 年税收规模明显不降，而2013 年、2014 年免征额也是偏高的，所以税收规模虽有所扩大，但仍低于 2011 年的水平。之后，居民生计支出达到免征额水平之后，如果还没有达到新的调整年，将出现免征额扣除不足。但扣除不足明显时，将启动新一轮免征额调整。

6.2.4 税收规模、平均税率、再分配效应的不合理波动

综合上述分析，免征额累积性调整方式之下，将出现税收规模、平均税率、再分配效应的不合理波动。这是与适应性调整方式相比较而言的。适应性调整是对居民基本生活费用支出变化的及时调整，且免征额增长速度一般不会超过居民收入增长速度。基本生活费用支出是居民家庭支出的一部分，居民收入增长不可能全部用于满足基本生

---

① 第十一届全国人大常委会第二十一次会议审议通过个税法修正案草案，免征额调高至 3,500元。全国人大常委会办公厅举行新闻发布会，财政部税政司副司长王建凡在答问中表示，本次免征额调整的主要依据仍是参考城镇居民基本生活消费支出，之所以把减除标准从 3,000 元进一步提高到 3,500 元，是因为更具有前瞻性。所谓前瞻性，也就是可以解释为向前累积。参见财政部：免征额由 3,000 元提高至 3,500 元更具前瞻性，http://money.163.com/11/0630/17/77QK1UV100254LG5. html。

活支出需要，适应性调整方式下的免征额增长速度必然小于居民收入增长（比如居民收入增长 10%，而基本生活费用支出增长 5%）。在适应性调整方式之下，假定其他税制因素不变，扣除免征额提高部分之后，居民收入增加中仍然有部分收入用于新增税收，且由于累进税率结构使税收比收入增长更快，纳税人将增加，原纳税人适用更高边际税率，税收规模扩大，平均税率稳步上升；按照再分配效应与税收累进性、平均税率的关系（Kakwanni，1977），平均税率增加将带动再分配效应扩大。因此，免征额适应性调整方式的结果是，税收规模持续增长，平均税率上升，再分配效应扩大（见表 6.3）。累积性调整方式则可能出现新问题，由于免征额若干年调整一次，且可能选择调整年当年免征额准确确定或者留有余量的方式，调整年当年免征额如果是准确的，则之后的不调整年的免征额都将不足，从而经常性出现过头税；如果留有余量（存在前向累积），则免征额调整年就会出现减除偏高，税收不足，之后渐次达到准确减除、减除不足，不调整期间将会出现免征额偏高、准确和不足的情况，出现税收不足和过头税的交替。

再就适用不同免征额的期间来看，免征额调整数量都集中在了免征额调整年，调整年与前一年相比，税收规模、平均税率和再分配效应可能出现较大幅度的向下波动。当然，三者的可能性程度会有所不同。税收规模降低可能性不如平均税率下降的可能性大，因为税收规模受益于居民收入增长，税收可以在免征额提高的情况下依靠居民收入增长而增长，平均税率下降可能性更大则因为税收增加并不一定带来平均税率增加。

当然，税收规模、平均税率和再分配效应还受其他因素（比如居民收入增长、税收征管、收入分配差距等）的影响。比如，尽管 2006 年进行了免征额累积性调整，但税收规模和相对规模都没有比 2005 年下降，而 2012 年税收规模和相对规模都比 2011 年出现了下降（参见表 1.1），这不能完全归结于免征额调整效应。2005 年到 2006 年，免征额提高了一倍，免征额调整效应必然表现为平均税率下降；但是，2006 年比 2005 年具有较高的居民收入增长，从而带来了较大规模的税收增长效应，而且我国 2006 年加强税收征管也会带来税收增加效应，这样综合导致了税收规模和平均税率的实际结果，税收规模不下降是因为居民收入增长、税收征管等因素导致的。因此，总体上看，累积性调整将导致税收规模、平均税率和再分配效应的不合理波动，是指免征额调整效应而不是税收实际，税收实际不仅受免征额调整效应的影响，还受其他因素影响。这是本书的重要观点。与以往观点不同的是，免征额调整的结果不见得是平均税率和再分配效应下降，而是平均税率、再分配效应的不合理波动。

6.3 我国个人所得税免征额调整效应的估计

6.3.1 免征额累积性调整方式下的再分配效应分析模型

在免征额累积性调整方式之下，进行区间（指两个免征额调整年之间的时期）比较会更符合我国税制的实际，也就是说，调整年与调整年比较，调整年之间的时期之间进行比较。这样比较来看，就税收规模和相对规模而言，2006 年比 2000 年提高了（参见表 1.1、表 1.2和表 2.6），2008 年比 2006 年提高了；2006—2007 年比 2000—2005 年提高了，2008—2011 年比 2006—2007 年提高了。这种情况可以通过区间免征额调整与居民收入增长的对比进行解释，1994—2006 年间免征额提高了 100%，而仅 2000—2006 年居民收入增长就超过了100%；2006—2008 年期间，免征额提高了 25%，小于期间居民收入38.55%的增长幅度。这就表明，从区间看，2006 年和 2008 年免征额调整没有超过适应性调整的范围，因此没有出现税收规模和相对规模的下降。剩下的问题是，2012 年税收规模和税收占 GDP 比重比 2008年下降了，而且 2012—2014 年税收占 GDP 的比重也比 2008—2011 年下降了，这的确应当引起重视。2008—2012 年期间，城镇单位就业人员平均工资上涨了 61.84%，而免征额提高了 75%，因此，即使从区间来看，免征额调整也不符合适应性调整方式。免征额提高幅度超过了居民收入增加幅度，一般情况下是不合理的，因为不可能一个时期内的居民基本生活费用支出增长超过了全部收入增长，从这个角度看，免征额调整过高了。当然，2011 年 9 月的免征额调整也可以理解为采取前向累积调整（预留调整）方式，2011 年 9 月偏高的免征额是为了能够适用未来几年，但是其后果之一是 2011 年 9 月开始尤其是 2012 年的免征额偏高，导致税收不足。不巧的是，2012 年开始，我国居民收入和 GDP 增长率开始下降，尤其是 GDP 增长率下降明显，这显然会影响税收规模和平均税率，最终导致 2012 年税收规模比 2011 年下降。我们认为，2011 年 9 月免征额调整是 2012 年甚至 2012—2014 年区间税收规模和水平下降的原因之一，但不是唯一因素，甚至可能不是主要因素。

结合图 6.1 的分析，我们可以总结出我国税收规模、平均税率与免征额调整之间的变化模式图。图 6.2 显示了实行完全的后向累积的免征额累积性调整方式的税收规模（可以用税收规模或者相对规模表示）的变化图。假定居民收入增长和税制其他因素、税收征管等条件不变，在这种情况下，在适用同一免征额的各个区间，税收规模将随着居民收入增长而增长；就调整年之间比较而言，后一个调整年的税收规模比前一个调整年的税收规模将有所增长；就不同调整年之间的区间而言，后一个区间的总体税收规模将比前一个区间有所增长；但是，调整年与调整年前一年相比，税收规模可能下降。

实行完全的前向累积的免征额累积性调整方式的税收规模（可以用税收规模或者相对规模表示）的变化图与图 6.2 的变化趋势是一致的。在这种情况下，在适用同一免征额的各个区间，税收规模将随着居民收入增长而增长；后一个调整年的税收规模比前一个调整年的税收规模将有所增长；后一个区间的总体税收规模将比前一个区间有所增长；但是，任何调整年与调整年前一年相比，税收规模可能下降。但是，与完全后向累积的免征额累积性调整方式相比，二者相同之处在于只有调整年的免征额是合适的，完全向后累积方式之下，免征额调整年之外年份免征额都是不足的，因此广泛存在的是过头税，且过头税越来越重，总体税收规模过高；而完全前向累积的条件下，除调整年之外，免征额都是偏高的，而且偏高的程度越来越小，因此税收是不足的，但不足的程度越来越低，总体税收规模偏小。

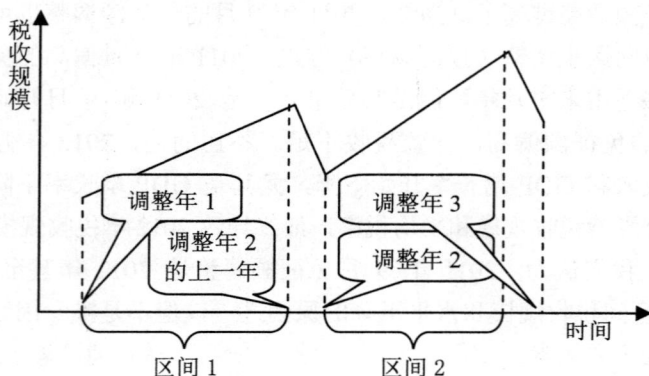

图 6.2 完全后向累积的免征额调整方式下规模变动趋势

如果实行前向累积和后向累积同时存在，则只有区间中的某年的免征额将是合适水平，之前免征额过高，税收不足；之后免征额过低，税收过度。而且，免征额调整的时候，不仅要向后补救已经不足的免征额，而且向前要为免征额留下余量，免征额调整幅度会较大，这样，调整年的税负水平将低于正常水平，形成免征额调整前一年的大幅向下波动。

6.3.2 免征额调整效应估计的方法

我国实行免征额累积性调整方式，因为不能及时调整，将导致税收规模和税收再分配效应的不合理波动。以 2007 年中国家庭收入调查（CHIP）居民收入数据为基础，按照适应性调整方式估计，我国 2006 年以来的免征额累积性调整并不会导致再分配效应下降，而个别年份再分配效应的实际下降是累积性调整方式导致的，尤其是发生在调整年与调整年前一年的对比上。

1. 个税再分配效应测算指标和方法

个税再分配效应（*RE*）为税前收入基尼系数（G_B）与税后收入基尼系数（G_A）的差额。再分配效应为正值时，税后居民收入差距较之税前小，个税产生缩小收入差距的正向调节作用。个税再分配效应按下式计算：

$$RE = G_B - G_A \tag{6.1}$$

税收累进指数（π_T^K）是衡量个税税收在不同收入群体间分布情况的指标，反映税收调节收入分配的方向。如果高收入群体的税负高于低收入群体，税收集中系数高于税前基尼系数，则有助于收入差距的缩小，产生正向的再分配效应，此时税收累进性为正值；反之，税收累进性为负值。具体地，税收累进指数等于税收集中系数（C_T）减去税前收入基尼系数得到的差额，按下式计算（Kakwanni，1977）：

$$\pi_T^K = C_T - G_B \tag{6.2}$$

平均税率（*t*）衡量居民纳税的相对规模，等于居民纳税总额（*T*）占总税前收入的比重，计算公式如下：

$$t = \frac{T}{X_B} \tag{6.3}$$

在不考虑税收水平效应和再排序效应的条件下，再分配效应与税收累进指数、平均税率的关系如下（Kakwanni，1977）：

$$RE = \frac{t}{1-t}\pi_T^K \tag{6.4}$$

假定税收累进性为正，则平均税率越高，再分配效应越强。但也必须看到，给定税制，只有居民收入水平越高，平均税率才会越高。我们不应当局限于式（6.4）而看不到居民收入水平对再分配效应的关键影响，平均税率不可能主要依靠税制改革来挖掘，税制改革的目标主要是公平。平均税率提高主要来自于税制之外的因素，这就是居民收入水平。

2. 样本和收入数据处理方法

本样本采用 2007 年中国家庭收入调查（CHIP）中的城镇部分

数据，对数据进行整理后，共包含江苏、安徽、河南、湖北、广东、重庆、四川、上海、浙江等共九省份的 4,999 个城镇家庭收支数据。

家庭全年总收入为工资性收入、经营净收入、财产性收入和转移性收入四项之和，四项收入依次用 X_i（i=1, 2, 3, 4）表示，家庭全年总收入（X）为：

$$X=X_1+X_2+X_3+X_4 \qquad (6.5)$$

税前收入 X_B 为人均月收入，则其计算公式为

$$X_B = \frac{X}{12Z} \qquad (6.6)$$

其中 Z 为调整后的家户人口。

由于计算过程中使用指标为人均收入，家庭人口数量会影响到平均化后收入水平，进而对收入平等程度产生影响，所以在家户收入平均化的过程中需要对家户人口进行调整。我们沿用已有文献中的等价成人折算因子收入调整方法，用 A 和 C 分别代表家庭中成人和儿童（14 岁及以下）的数量，调整后的家户人口数为：

$$Z = \left(A + \varphi C\right)^{\theta} \qquad (6.7)$$

其中，φ 指儿童在家户消费中的重要程度，θ 表示家庭规模效应，二者取值范围皆为[0，1]。当 φ 取值为 0 时代表该衡量系统中儿童不参加测量，取值为 1 时则表示儿童和成人拥有一样的重要性；当 θ 取值为 0 和 1 时，分别表示拥有完全弹性的规模经济和不存在规模经济。阿隆索（Aronson，1994）等对英国个人所得税再分配效应分析、瓦斯塔夫等（1999）对 OECD 国家个税税收累进性和再分配效应分析、肯姆和拉姆伯特（Kim & Lambert，2009）对美国个税再分配效应分析以及刘柏惠和寇恩惠（2014）对我国各项政府再分配项目的再分配效应分析，都选择使用家户人口调整的参数值 $\varphi=\theta=1/2$，这里也设定 $\varphi=\theta=1/2$。

3. 微观模拟方法

以人均月收入为税前收入。税收采用微观模拟方法进行测算，是

178

在不存在偷漏税时所能取得的税收，体现税收潜力。税收潜力不等于实际税收，但反映税制特征和潜力，而这正是我们测算的目标。为能够方便测算和体现工资薪金所得免征额调整的影响，对家庭总收入统一使用工资薪金所得缴税方法进行测算，以 $s(\cdot)$ 表示工资薪金所得适用的税率表，TX 为应纳税所得额，则纳税额为：

$$T=s(TX) \tag{6.8}$$

税后收入（X_A）为税前收入减去纳税额：

$$X_A=X_B-T \tag{6.9}$$

进行微观模拟计算，重要的是计算应税所得额。根据我国税法，从应税所得到应纳税所得额有三项税基减除政策。第一项是免税收入（E），近似等于居民住户调查中的转移性收入，这部分收入免于纳税，我们按照转移性收入确定免税收入，首先从税前收入中扣除。第二项是税前扣除（D），即居民缴纳的"三险一金"，在减除免税收入后接着扣除。我国住户调查数据中，税前扣除对应于居民社会保障缴纳（SE）。第三项是免征额（A），也就是按照国家税法规定的工资薪金所得的费用扣除标准确定的免征额。税前收入扣除免税收入、税前扣除、免征额后，得到应税所得额：

$$TX=X_B-E-D-A \tag{6.10}$$

如果一个家庭只有转移性收入，则税前收入被免税收入完全减除，该家庭将不缴税，之后也不必再进行税前扣除和免征额减除。

虽然税法允许社会保障缴纳在计算应税所得额时进行扣除，但是纳税人能够真正减除的数量不一定是社会保障缴纳的全部，税前收入减除免税收入后的余额（X_B-E）小于等于社会保障缴纳的，税前扣除额等于该余额；该余额大于社会保障缴纳额的，则税前扣除额等于社会保障缴纳额，税前扣除额根据下式模拟计算：

$$D=\begin{cases} X_B-E & \text{如果} X_B-E \leqslant SE \\ SE & \text{如果} X_B-E > SE \end{cases} \tag{6.11}$$

同样，虽然我国实行标准化免征额制度，允许纳税人减除的免征额相同，但纳税人实际享有的免征额并不必然相同。比如 2015 年一个人的工资薪金所得扣除社会保障缴纳后为 3,000 元，尽管可以享受 3,500 元的免征额，但是他实际只能享受 3,000 元的实际免征额。税前收入减除免税收入、税前扣除的余额（$X_B - E - D$）小于等于标准免征额（A_0）时，免征额数额即为该余额；该余额超过标准化免征额时，免征额数量为标准化免征额：

$$A = \begin{cases} X_B - E - D & \text{如果} X_B - E - D \leqslant A_0 \\ A_0 & \text{如果} X_B - E - D > A_0 \end{cases} \tag{6.12}$$

根据税法，按照式（6.8）、式（6.10）计算的税收是毛税收，毛税收并不是最终纳税额，因为还有一些税收优惠项目，净税收比毛税收要少。鉴于我国税收优惠项目少，数额不大，且不容易进行模拟计算，这里忽略税收优惠。此外，模拟计算的税收不等于实际税收，税收征管总会有各种偷漏税，这里也不对税收流失进行估计。所以，我们使用测算的税收并不严格代表实际情况，而是对潜在税收、税收潜力的估计。更为重要的是，我们的目标是以此为基础估计个税免征额调整效应。

6.3.3 2008 年和 2011 年 9 月个人所得税免征额调整影响的估计

免征额应当适应居民基本生活费用支出增长和通货膨胀进行调整，以使居民生计支出及时充分减除。我国个税实行免征额数量累积性调整，几年甚至多年调整一次。这种调整方式是有缺陷的，新免征额标准或许在当年合适，但之后就会出现免征额数量不足，导致征收"过头税"的情况。比较而言，适应性调整是更加合理的。我们这里要分析的是，在实际实行累积性调整情况下的免征额调整规模，按照适应性调整的原则确定适应性调整下的免征额，再以此估计的免征额调整的再分配效应。这样，我们就能够分析累积性调整宏观上的合理性和微观上的不合理性，并发现微观上存在的问题。

1. 免征额适应性调整与实际居民收入增长情况的比较

2006 年的标准化免征额为 1,600 元，假定符合适应性调整要求，是合理的。2008 年 3 月将免征额调整为 2,000 元是累积性调整，虽然 2007 年实际仍然适用 1,600 元的免征额，但是按照适应性调整方式，并采取等速调整的方式（从 2006 年 1,600 元到 2008 年 2,000 元的年均增长率为 11.8%），则 2007 年免征额适应性调整应为 1,790 元，2008 年则调整到 2,000 元。类似地，免征额从 2011 年 9 月（以下分析中按照 2012 年开始执行，因为 2011 年的前 8 个月仍然适用 2,000 元的免征额）开始调整为 3,500 元，年均增长率为 15.02%，所以 2009 年、2010 年、2011 年 9 月之前的免征额虽然实际为 2,000 元，但按照适应性调整方式，则应当分别为 2,300 元、2,646 元和 3,043 元，到 2012 年（实际从 2011 年 9 月开始）才真正调整为 3,500 元。表 6.4 给出了按照我国标准化免征额的累积性调整的总增速与按照适应性调整方式的年均增速，以及期间城镇居民收入增长率的数据。

表 6.4 个税免征额实际的累积性调整与估计的适应性调整

	1994—2006 年	2006—2008 年	2008—2012 年
实际调整总增速（%）	100	25	75
实际调整按适应性方式估计的年均增速（%）	5.92	11.8	15.02
城镇居民收入增长（%）	196.62	34.19	57.95

资料来源：国家统计局.国家数据[M].北京：中国统计出版社，2013.

我们将免征额增速与居民收入增速比较，发现 2006 年和 2008 年的免征额调整都没有超过期间居民收入增长速度，不会出现整个区间上的税收规模、平均税率下降。2011 年 9 月的调整则不同，2008—2012 年期间居民收入增长 57.95%，而免征额提高了 75%，期间税收规模、平均税率下降是有可能的。

表 6.5 给出了适应性调整方式下的估计免征额以及城镇居民收入增长、通货膨胀（用 CPI 表示）的对比，以分析免征额调整是否充分。其一，按照适应性调整，2007—2012 年的免征额调整都足以抵消通货膨胀的影响，免征额适应通货膨胀的调整是充分的。换句话说，免征额调整之中，只有部分可以用通货膨胀进行解释，而其余部分需要用居民基本生活费用支出提高、经济体制改革导致居民基本生活费

用提高进行解释,甚至存在调整过快的情况。其二,比较免征额调整速度与居民收入增长速度可以看到,2007 年、2008 年免征额增长速度低于居民收入增长速度,可以期望税收规模扩大、平均税率上升、再分配效应增强。2009 年、2010 年、2011 年、2012 年的免征额增长速度超过居民收入增长速度,平均税率可能下降,其中 2010 年、2011 年、2012 年免征额增长速度稍微超过居民增长速度,平均税率即使下降,也不会很大;而 2009 年居民收入增长速度偏低,平均税率下降的可能性更高,甚至可能导致再分配效应下降。

表 6.5 2006—2012 年免征额变动与居民收入、通货膨胀的比较

	2006 年	2007 年	2008 年	2009 年	2010 年	2011 年	2012 年
按适应性调整的免征额(元)	1,600	1,790	2,000	2,300	2,646	3,043	3,500
免征额增长率(%)	—	11.8%	11.8%	15.02%	15.02%	15.02%	15.02%
城镇居民人均收入(元)	12,719	14,909	17,068	18,858	21,033	23,979	26,959
城镇居民收入增长率(%)	—	16.7%	14%	8.9%	11%	13.7%	12.3%
CPI 增长率(%)	—	4.5%	5.6%	−0.9%	3.2%	5.3%	2.7%

资料来源:国家统计局. 国家数据[M]. 北京:中国统计出版社,2013.

2. 免征额适应性调整下的再分配效应估计

我们分析 2007 年以来免征额调整在采取适应性调整方式下的再分配效应变动。表 6.6 给出的 2008 年、2009 年、2010 年、2011 年和 2012 年城镇居民入数据,是以 2007 年 CHIP 数据为基础,各项收入同步按照城镇居民收入增长率(实际情况)计算的收入分布,该收入总水平与实际水平一致。之所以这样测算,是因为没有这些年份的国家城镇住户收入调查数据。在此基础上,将免征额累进性调整总规模分解为适应性调整方式,逐年测算相应的平均税率、税收累进性再分配效应。为突出免征额调整的影响,全部年份按照九级超额累进税率表计算。测算结果如表 6.6、表 6.7 所示。

表 6.6 2007—2012 年免征额适应性调整对再分配效应的影响

年份	A_0 (元)	G_B	G_A	RE	RE% (%)	C_T	K	t (%)
2007	1,790	0.358,3	0.341,8	0.016,5	4.61	0.818,5	0.460,2	3.48
2008	2,000	0.358,3	0.340,9	0.017,4	4.86	0.814,3	0.456,0	3.70
2009	2,300	0.358,3	0.340,8	0.017,5	4.88	0.824,4	0.466,1	3.63
2010	2,646	0.358,3	0.340,5	0.017,7	4.95	0.830,7	0.472,4	3.63
2011	3,043	0.358,3	0.339,9	0.018,3	5.12	0.832,0	0.473,7	3.74
2012	3,500	0.358,3	0.339,6	0.018,7	5.23	0.835,7	0.477,4	3.79

注：2012 年仍然适用九级超额累进税率表。其中 K 表示税收累进指数。

表 6.7 2008—2012 年再分配效应及税收累进性、平均税率变动

年份	RE%增量（比上年）	K 增量（比上年）	t 增量（比上年）
2008	0.25	−0.004,2	0.22
2009	0.01	0.010,1	−0.07
2010	0.07	0.006,3	0.01
2011	0.17	0.001,3	0.11
2012	0.11	0.003,7	0.05

可以看到，2007—2012 年期间，在居民收入增长、标准化免征额逐年适应性调整的情况下，税收再分配效应呈现逐渐增强的态势，由 4.61%上升到 5.23%，而税收累进指数和平均税率在绝大多数年份都保持上升。其中，2008 年，标准化免征额的增长速度慢于居民收入增长速度，再分配效应增长较多，增加了 0.25 个百分点，平均税率显著上升了 0.22 个百分点；2009 年，免征额增长显著快于居民收入增长，再分配效应只有略微增加（增加 0.01 个百分点），而平均税率则下降 0.07 个百分点，这可以归因于免征额增加相对于居民收入过快导致，也符合预期。2010—2012 年期间再分配效应和平均税率均只有微弱增加，可以归因于期间免征额增加速度超过了居民收入增长速度，仅仅由于居民收入增长的税收效应，才避免了平均税率下降。最后，整个期间再分配效应总体增长有限，主要是免征额提高速度较快所致，但是免征额调整并没有导致再分配效应下降，不仅总体上没有下降，而且按照适应性调整的情况下，逐年均没有出现下降。

因此，模拟分析表明，2008 年和 2011 年 9 月的免征额调整并不会导致平均税率和再分配效应下降，但是 2011 年 9 月免征额调整幅度大，明显限制了平均税率提高。同时，即使从区间来看，2008—2012年的免征额调整也不符合适应性调整的要求，是值得商榷的，这也是2008—2012 年平均税率和再分配效应提高的制约因素。

需要补充说明的是，2011 年 9 月的免征额调整不只是适用到 2012年，之后 2013 年、2014 年、2015 年甚至 2016 年仍在适用，那么，随着居民收入水平的提高，税收规模和再分配效率将扩大。据此，我们还不能说 2011 年 9 月免征额调整过高了，这还要看该免征额适用多长时间。

6.4 关于税制改革时期再分配效应降低观点的商榷

6.4.1 关于税制改革降低再分配效应的问题

《中国社会科学》2013 年第 6 期发表了徐建炜、马光荣、李实的论文"个人所得税改善中国收入分配了吗——基于对 1997—2011 年微观数据的动态评估"（简称徐文）。该论文使用国家统计局 1997—2009 年的 16 个省份的城市住户调查数据，测算了个人所得税对城镇居民收入分配的影响，并以 2006 年为界线，将个人所得税调节收入分配的情况划分为两个时期，1997—2005 年为税制不变时期，2006—2011 年为税制改革时期。在前一个时期，税制不变而居民收入增长，平均税率上升，税收累进性降低，再分配效应上升；在后一个时期，平均税率下降，税收累进性增强，再分配效应降低。该论文还使用2006 年、2009 年的收入分布，对比测算了税制改革（主要是免征额调整）与税制不变条件下的税收累进性、平均税率、再分配效应，用以证明税制改革降低了平均税率和再分配效应。①徐文的逻辑和观点是：我国个税再分配效应本来就很弱，但是本来可以随着居民收入增加而逐步增加的，而税制改革破坏了这种趋势，导致再分配效应降低，税制改革时期就是再分配效应降低时期，税制改革恶化了再分配效应。

我们认为，徐文提出了一个值得研究的课题，这就是免征额调整的再分配效应，并利用国家城镇住户调查数据，使用微观模拟方法，对我国个人所得税调节城镇居民收入分配的潜力做出了估计，这对于认识我国个税再分配潜力具有重要意义。但是，徐文以模拟计算的结果代替实际，用模拟计算来判断实际结果，却并不声明，是不可取的；关于税制改革恶化了个人所得税再分配效应的判断与他们自己1997—2009 年的测算结果并不相符，而且并没有对 2009 年之后进行模拟测算，而 2011 年 9 月的免征额调整才是最为重要的，其结论并不可靠；2006 年免征额的调整实际上是对 1995—2005 年多年累积应当调整的免征额进行的集中调整，不应该用 2006 年与 2005 年相比较来说明再分配效应恶化；使用固定年份收入分布评估免征额调整效果不科学，方法明显有误，忽略了居民收入增长的作用，也就是脱离了实际，其关于个人所得税是否改善收入分配的判断不可信；使用再分配效应的绝对指标进行国际比较不合理，对居民收入增长在未来再分配调节中的作用没有充分重视。从政策影响看，徐文将适应居民基本生活费用增加而提高免征额的客观要求与提高个税税收收入规模、加强个税再分配调节对立起来，虽然不调整甚至降低免征额表面上与国家提出的提高直接税比重的方向一致，但这将牺牲个税奉行的居民基本生活费用不课税的良税基础，是不可取的。为此，我们在上述几个方面进行讨论，提出商榷意见。

针对徐文，我们着重提出五个方面的观点。①不应该将提高免征额与发挥个税功能的目标对立起来。当前不少文献倾向于认为不应该继续提高个税免征额，认为提高个税免征额没有价值，无助于再分配

---

① 徐建炜，马光荣，李实. 个人所得税改善中国收入分配了吗——基于对 1997—2011 年微观数据的动态评估[J]. 中国社会科学，2013（6）.

调节和发挥个税筹集税收收入、优化税收结构的作用，徐文所谓税制改革时期个税再分配效应恶化的观点与此一致。我们将通过对徐文的商榷，证明提高个税免征额恶化再分配效应的观点是站不住脚的，提高个税免征额实现居民基本生活费用充分扣除与发挥个税功能是可以兼容的。②客观看待我国个税免征额制度存在的问题。我国个税免征额标准及其调整方式存在较为严重的问题，免征额不是适应性、及时性的逐年调整，而是若干年集中进行一次调整，其结果是调整年税收规模下降，而调整期间的年份存在过头税，税收规模、平均税率乃至再分配效应出现不合理的波动。但通过改革免征额调整方式就能解决这些问题，而不是否定免征额调整。③免征额基本价值是个税成为良税的基础，免征额调整在个税税制中具有优先地位。免征额的基本价值是实现对纳税人基本生活费用支出不课税，使税收不侵蚀居民生计。如果免征额不能适应居民基本生活变化而进行调整，即使税收增加、计算的再分配效应扩大，也是以中低收入者的基本生活费用不能充分扣除为代价的，是以牺牲个税作为良税的基础为代价的，是不值得的。④追求个税功能不能囿于税制，更好发挥个税功能依赖于居民收入长期增长。免征额调整一定是随着居民收入变化而进行的，测算免征额调整效应不能忽略收入增长效应，否则就会使实现个税免征额价值与个税功能对立起来。更好发挥个税功能是长期目标，而且居民收入增长必然在发挥个税功能的长期目标中发挥决定性作用。⑤个税再分配调节是有局限的，可以通过其他再分配调节项目进行弥补。提高免征额当然无法使原本就不纳税的居民获益，但只要实现了税制改革的目标而总体上没有效率损失就是可取的，公共政策追求帕累托效率，但实际操作更多的是卡尔多效率。没有从提高免征额获益的低收入者，可以通过国家提供基本公共服务、社会救助等其他项目进行弥补，不可能依靠个人所得税一个再分配调节项目进行全部的再分配调节，不能因为个税制度存在局限性就否认其价值，也不能因为免征额调整存在局限性就否认免征额调整的价值。

6.4.2 微观模拟方法的性质和局限

徐文论文题目提出实际问题：个人所得税改善中国收入分配了吗？但是，论文的主要研究方法是微观模拟计算。这本身就有方法论上的不合理之处。如果用微观模拟代替实际，也应该加以说明这种代替的合理性，而不能仅说明住户调查数据偏低，就当然用微观模拟代替之。既然微观模拟计算是主要方法，也应当是论文着重探讨的问题，但徐文没有介绍微观模拟方法，比如如何考虑转移性收入、社会保障缴纳扣除、免征额等，其测算结果无法让读者获得深入理解。

模拟计算与实际情况可能存在三个方面的差别。①模拟计算严格按照税法规定测算，而实际征管必然存在各种漏洞，这些漏洞主要是偷漏税，甚至也存在"过头税"。实际征收率越低，则模拟测算结果与实际结果差别就越大。如果征收率像一些研究者（刘黎明、刘玲玲，2005；李一花、董旸、罗强，2010）估计的那样，我国个人所得税征收率只有 50%左右，那么，模拟计算结果就难以反映实际情况。因此，不考虑征收率的模拟结果会产生很大的偏差。②模拟计算研究的目的是分析税制公平性和再分配效应潜力，税制调节潜力不等于实际情况。模拟计算更大的意义在于给出潜力和方向，而不是再分配效应规模的评价。③我国个人所得税实行分类分率模式，难于模拟；即使对工资薪金所得课税，从税前收入到应税所得额经历免税收入（主要是转移性收入）、税前扣除（主要是个人社会保障缴纳）、免征额（费用扣除），不同的处理方法将导致不同的测算结果。

徐文测算 1997—2009 年的再分配效应范围为 1.72%～3.61%（见表 6.8），与岳希明和徐静（2012）测算的 2002 年、2007 年的结果（2002 年为 2%，2007 年为 4%）接近，都是采用微观模拟方法。比较而言，使用住户填报纳税额计算的再分配效应则没有这么大，石子印和张燕红（2012）测算 2007—2010 年个人所得税对湖北省城镇居民收入的再分配效应在 0.5%左右。如果说住户填报的纳税额偏低的话，徐文测算的纳税额就存在偏高的问题。我国住户调查数据中纳税额偏低的情况是客观存在的，但微观模拟计算采用 100%的征收率显然也是不合适的。综合起来说，取两种测算结果的中间值作为估计结果更合适一些。

表 6.8 我国个人所得税的再分配效应

年份	税前收入基尼系数	税后收入基尼系数	绝对再分配效应	相对再分配效应（%）	税收累进性	平均税率（%）
1997	0.301,39	0.295,73	0.005,65	1.87	0.501,15	1.122
1998	0.300,72	0.295,28	0.005,44	1.81	0.478,05	1.133
1999	0.296,77	0.291,68	0.005,09	1.72	0.441,28	1.151
2000	0.323,35	0.316,84	0.006,51	2.01	0.425,84	1.521
2001	0.323,56	0.316,27	0.007,30	2.24	0.419,66	1.725
2002	0.324,66	0.318,15	0.006,50	2.00	0.391,36	1.651
2003	0.344,12	0.336,04	0.008,08	2.35	0.384,74	2.078
2004	0.345,35	0.335,34	0.010,01	2.90	0.363,16	2.712
2005	0.352,32	0.341,52	0.010,81	3.07	0.340,73	3.117
2006	0.346,59	0.337,08	0.009,50	2.74	0.469,02	2.005
2007	0.344,75	0.332,29	0.012,46	3.61	0.441,36	2.781
2008	0.362,53	0.350,68	0.011,85	3.27	0.425,32	2.751
2009	0.346,58	0.334,52	0.012,06	3.48	0.409,98	2.908

资料来源：徐建炜，马光荣，李实.个人所得税改善中国收入分配了吗——基于对 1997—2011 年微观数据的动态评估[J].中国社会科学，2013（6）.其中相对再分配效应的结果是本书作者依据该论文数据计算出来的。

6.4.3 做出个人所得税再分配效应恶化判断的依据不充分

首先说明，再分配效应有绝对指标和相对指标之分，绝对指标就是税前收入基尼系数与税后收入基尼系数的差额，称为"基尼点（Gini point）"，而相对指标是绝对指标对税前收入基尼系数的百分比。与任何统计指标一样，趋势和比较研究应当使用相对指标，否则，如果税前收入基尼系数变化了，再分配效应的绝对指标就不能说明问题。假设绝对再分配效应相同，但如果税前收入基尼系数比较小，则相对再分配效应较大，个税再分配调节能力强；如果税前收入基尼系数比较大，则相对再分配效应比较小，个税再分配调节能力弱。徐文采用绝对再分配效应来分析再分配效应变化趋势和进行国际比较，值得商榷。

徐文所做的微观模拟研究，估计了我国税收调节潜力，是很有价值的。如果各种收入都按照工资薪金所得课征，征收率很高，能够缩小城镇居民收入差距的 3.61%（徐文测算 2007 年的结果），这已经很不错了。因为法国 1989 年个税再分配效应不过是 5.59%。[①]但是，徐文仍然认为我国个税再分配效应微弱，与岳希明和徐静（2012）模拟测算 2007 年再分配效应达到 4%却仍然判断其"几乎可以忽略不计"类似，是值得商榷的。如果徐文估计结果可信的话，在全部收入都适用工资薪金所得税率表、标准化免征额的条件下，我国个税税制具有较好的调节潜力，应当对我国个税再分配效应做出积极评价，这是符合逻辑的结论，但是，徐文给出的是相反的结论。

从徐文微观模拟的结果来看，并不能做出再分配效应在税制改革时期恶化的判断。表 6.8 复制了徐文的表 2 的部分内容，但增加了相对再分配效应指标。可以看出，1997—2005 年间（属于税制不变时期），也不是个税再分配效应逐年上升，个别年份相对再分配效应也有下降，但总体上升，而平均税率逐年上升，税收累进性逐年下降；2006—2009 年间（属于税制改革时期），只有 2006 年相对再分配效应有所下降，其他年份的相对再分配效应都高于 2005 年，而且除 2006 年外，绝对再分配效应也高于 2005 年，且 2006 年后再分配效应逐年提高，说税制改革时期再分配效应下降过于笼统。再者，税制改革时期，2006—2009 年的税收累进性比 2005 年高，但是 2007 年、2008 年、2009 年比 2006 年降低，也不能说税制改革时期累进性一直增加。用模拟计算出来的 2006 年当年再分配效应下降就推断税制改革恶化再分配效应，这不是从事实能够得出的结论。

徐文模拟测算的结果与国家个税征收的实际情况也不一致（参见

---

① Adam Wagstaff et al., Redistributive Effect, Progressivity and Differential Tax Treatment: Personal Income Taxes in Twelve OECD Countries, *Journal of Public Economics*, Vol.72,No.1,1999,pp 73-98.

表 1.1、表 6.8)。2005 年到 2006 年，个税税收仍然保持了 17.13%的增长速度，2006 年比 2005 年只降低了 2.47 个百分点，而 2006 年和 2005 年个税占 GDP 比重持平，均为 1.13%，这与徐文测算的平均税率具有 1.112 个百分点的差距相差太大了。

徐文称"基于 1997—2011 年的微观数据"，但徐文并没有使用 2010 年、2011 年的微观数据（住户调查数据）测算再分配效应，其所称"2006—2011 年税制改革时期"的平均税率、再分配效应又从何而来？尤其是 2011 年 9 月的免征额调整非常重要，也是引起免征额调整效应的争议点。而且，2011 年 9 月开始实施 3,500 元免征额，其效果主要要到 2012 年开始显现，连 2010 年的数据都没有，怎么对所谓"税制改革时期"的再分配效应做出判断呢？徐文是通过使用 2009 年收入数据和 2011 年 9 月调整后的免征额进行模拟的，结果是，免征额提高会使平均税率从 2.91%下降到 1.42%，下降 1.49 个百分点。而实际上如表 1.1 所示，免征额调整的确使税收规模发生较大变化，但不是发生在 2011 年，2011 年的税收规模和平均税率是比上一年上升的，徐文测算与实际结果相差甚远。2012 年，税收规模比 2011 年小幅下降了 3.86%，税收占 GDP 比重从 1.25%下降到 1.09%，下降了 0.16 个百分点，但也远没有徐文测算的下降规模那么大。

从国际（指 OECD 经济发达国家）比较来看，我国个税再分配效应的确低很多。在瓦斯塔夫（Wagstaff，1999）测算的 12 个 OECD 国家中，1989 年，法国平均税率为 6.2%，税收累进性为 0.271,7，绝对再分配效应为 0.015,4，相对再分配效应为 5.59%是最低的，其平均税率也最低。[①]比较而言，我国税收累进性高，而平均税率低，最终起决定作用的是平均税率。但是，为什么我国平均税率低？这不能简单归结于免征额和免征额提高，这种看法太过于短视了。税收多少、平均税率高低最终决定于居民收入水平。2006 年前，免征额没有调整时，我国平均税率也是低的，再分配效应也是低的；2006 年后，免征

---

① Adam Wagstaff et al., Redistributive Effect, Progressivity and Differential Tax Treatment: Personal Income Taxes in Twelve OECD Countries, *Journal of Public Economics,* Vol.72, No.1, 1999, pp.73-98.

额调整了，但是平均税率总体上比之前高，再分配效应也增强了。归根到底，给定税制，而无论免征额是否一定调整，平均税率和再分配效应由居民收入水平决定，居民收入提高将带动平均税率上升和再分配效应扩大。看不到这个基本规律，一定要埋怨免征额调整，即使再分配效应没有降低也要说成降低，抓住免征额调整不放松，将免征额调整提高到具有划时期意义的程度，并没有什么道理。

6.4.4 我国个人所得税免征额调整方式和调整年的特殊性

根据徐文的意见，2006 年开始的时期是税制改革时期，这一时期，平均税率下降，再分配效应下降，或者用其语言则称"恶化了个税的收入分配效应"。那么，随着免征额提高，平均税率一定下降吗？实际上，徐文的测算结果显示，仅仅是 2006 年的平均税率从 2005 年的 3.117%下降到 2.005%，而 2007 年、2008 年、2009 年都比 2006 年有所上升。那么，徐文所称的平均税率下降、再分配效应下降实质是指 2006 年比 2005 年下降。

首先是 2006 年比 2005 年的平均税率和再分配效应下降。正常情况下，后一年比前一年再分配效应下降了，而免征额提高了，我们自然可以将免征额归结为影响因素。但是，我国免征额调整存在特殊性，这样的判断方法并不合适。徐文测算的 2006 年比 2005 年平均税率和再分配效应下降实际上与我国个税免征额调整方式的特征有关。我国工资薪金所得 800 元的免征额是从 1994 年开始适用的，到 2006 年 1 月调整为 1,600 元，是多年累积起来的应当调整的数量。12 年间一共调高了 800 元，年平均名义增长率不到 5.92%，低于期间居民收入增长率。如果免征额是逐年调整的，2006 年免征额比 2005 年提高 5.92%，2006 年的平均税率就不会比 2005 年降低，这是合理的推断。徐文将累积调整额都归于 2006 年，用 800 元和 1,600 元两个免征额分别适用到 2005 年和 2006 年的收入分布计算平均税率，观察到平均税率大幅下降，只能表明这种免征额调整方式不合理。因为按理说，2005 年的免征额已经应该调整了，没有调整就意味着征收了过头税，税收规模是不合理的，平均税率也是不合理的，再分配效应大也是以居民基本生活费用支出不能充分扣除为牺牲的，不能作为比较的基础。所以，在实行免征额累积性调整方式的条件下，无论模拟测算结果还是实际情况，都可能出现调整年比上一年税收规模、平均税率和再分配效应下降的情况，但这是免征额调整方式不合理导致的。在这种情况下，可以比较的是调整年之间或者整个免征额适用区间之间。这样的话，同样作为调整年的 2008 年比 2006 年的平均税率是上升的，2006—2007 年的总体平均税率比 1997—2005 年是上升的，2008—2009 年的总体平均税率比 2006—2007 年也是上升的，结论是免征额调整并没有使平均税率下降。或者说，从区间看，免征额调整是适应性的。1994—2006 年，免征额增加幅度远远小于期间居民收入增长；2006—2008 年，免征额增加了 25%，也小于期间居民收入增加38.55%的幅度。

表 1.1 显示，2011 年 9 月免征额调整（还包括税率结构调整）后，2012 年个税税收占 GDP 比重下降了 0.16 个百分点，税收规模下降了 3.86%。即使与上一个调整年 2008 年相比，税收占 GDP 比重也下降了 0.09 个百分点，这可能对应着平均税率下降。2012—2014 年期间的总体税收占 GDP 比重也比 2008—2011 年期间下降。对比来看，2008—2012 年期间，城镇单位就业人员平均工资上涨了61.84%，而免征额提高了 75%，因此，即使从区间来看，免征额调整也不符合适应性调整方式。免征额提高幅度超过了居民收入增加幅度，一般情况下是不合理的。但是，我们也看到，2012 年之后，居民收入增长率和 GDP 增长率开始下降，尤其是 GDP 增长率下降明显，这显然影响税收规模和平均税率，免征额调整可能不是导致 2012 年甚至 2012—2014 年期间税收规模和水平的唯一因素，甚至可能不是主要因素。也就是说，可能存在 2011 年 9 月免征额调整导致的平均税率降低和再分配效应下降，因为 2011 年 9 月免征额提高的幅度的确有些过大了，但 2006 年、2008 年的调整并不存在这种情况，而徐文恰恰用 2006 年、2008 年的调整效果证明税制改革的失败。

6.4.5 使用固定年份收入测算不同免征额的方法不合理

为确认免征额提高导致平均税率降低，徐文以 2006 年的收入分布测算了在 800 元免征额条件下的平均税率，这个平均税率会达到 3.618%，远高于 1,600 元免征额条件下的 2.005%。但是，这是简单的算术关系，并不用证明。免征额是税基的减除，收入不变，当然免征额越高，平均税率越低，但这不能说明免征额不应该调整。如果免征额停留在 800 元的水平，免征额价值不能实现，个税将不是良税，这将是更严重的问题。免征额应当使居民基本生活费用支出充分扣除，这是原则问题，也是我国提高免征额的原则依据。[①]同样的道理，徐文用来证明 2011 年 9 月免征额提高导致平均税率降低也采取同样的方法，这不过是一个简单的算术关系，并不能说明免征额不应当提高。

理论上说，免征额提高超过了居民收入增长，平均税率才可能下降。理性的政府不会做这种调整，事实上也基本不会发生，我国 2011 年 9 月免征额的调整需要其他解释。[②]合理的免征额调整目的是保证居民所得中用于居民基本生活费用支出部分不纳税。[③]如果收入没有增长（指名义增长），居民基本生活费用支出也不会增长；如果收入增长了，新增部分收入不可能全部用于居民基本生活费用支出，免征额提高也不会挤占全部的收入增量，总会有一部分没有纳入免征额的收入增量来增加税收，平均税率必然上升。如果平均税率随免征额提

[①] 个人所得税法规定，个人工资薪金所得以每月收入减除一定费用后的余额为应纳税所得额。规定工薪所得减除费用的目的是为了体现居民基本生活费用不纳税的原则。当居民维持基本生活所需的费用发生较大变化时，减除费用标准也应相应调整。见谢旭人：《关于〈中华人民共和国个人所得税法修正案（草案）〉的说明》，全国人民代表大会常务委员会公报，2011 年第 5 期。

[②] 实际上，财政部报告个税修正案（草案）时，建议免征额提高到 3,000 元而不是 3,500元。如果按照 3000 元的标准，2008—2012 年的期间增长就是 50%而不是 75%，低于期间居民收入 61.84%的增长幅度，免征额期间调整就是适应性的，可能不会导致 2012 年税收占 GDP 比重低于 2008 年以及 2012—2014 年税负水平低于 2008—2011 年水平。参见谢旭人：《关于〈中华人民共和国个人所得税法修正案（草案）〉的说明》，全国人民代表大会常务委员会公报，2011 年第 5 期。

[③] 谢旭人：《关于〈中华人民共和国个人所得税法修正案（草案）〉的说明》，全国人民代表大会常务委员会公报，2011 年第 5 期。

高而下降，只能解释为免征额提高额度超过了收入增长，但这是不正常的。换句话说，即使一次免征额调整出现了这种情况，但不会每次都是这样。徐文称，提高免征额，一方面导致税收累进性增加，另一方面导致平均税率下降，形成对再分配效应的"双刃剑"效应。但是，正如岳树民、卢艺和岳希明（2011）等测算的那样，免征额提高并不只有税收累进性提高一个趋势，而是先增加后下降；[①]平均税率必然下降是以收入不变为前提的，而实际上免征额调整总是因为居民收入提高而进行的，且只有免征额增加超过了居民收入增加才可能下降。所以，所谓的"双刃剑"效应并不存在。如果说存在，也是忽略了收入增长的税收增加效应，而这是不能忽略的。

徐文使用 2009 年的收入分布计算来模拟计算 2011 年 9 月才开始的税制改革并评估其再分配效应，就是无视收入增长税收效应的直接体现。2011 年 9 月提高免征额，是为了适应居民基本生活支出增长的实际情况，使用 2009 年的居民收入测算 2011 年以及 2011 年免征额调整后的平均税率和再分配效应，存在方法上的错误。收入不变而免征额提高使平均税率降低，这是简单算术关系，无须测算。2011 年 9 月应该调整或者不应该调整，用 2009 年的收入分布说明不了。我国个人所得税进行了三次免征额调整，徐文的研究时期实际为 1997—2009 年，并不能判断 2010 年、2011 年的情况，但徐文笼统地说，包括 2011 年的税制改革时期，平均税率下降，再分配效应下降，这多少有些主观臆断的成分。

由于居民收入增长的税收效应，免征额调整很难说引起平均税率的实际下降。从理论上来说，免征额适应性调整不会引起平均税率的下降。在收入不变条件下，相对于免征额不变，免征额提高肯定存在税收减少的效应，但是新免征额是适用于新收入分配的，新收入分配下的收入增长产生税收增加效应，正常情况下税收增加效应应当大于税收减少效应，平均税率将上升。2011 年之后，我国经济增长出现了新情况，GDP 增长率明显下降，居民收入增长率也有所趋缓，居民收

---

① 岳树民、卢艺、岳希明：《免征额变动对个人所得税累进性的影响》，《财贸经济》，2011 年第 2 期。

入的税收增加效应必然弱化，可能是 2012 年甚至 2012—2014 年税收占 GDP 比重降低的主要原因。

所以，徐文以 2006 年收入分布按照不同免征额测算的结果不足为证；即使 2006 年实际平均税率比 2005 年下降，也是多年免征额调整累积的结果，不能说明 2006 年免征额调整恶化了再分配效应，而只能说免征额调整方式不合理；即使按照累积性方式调整，2008 年免征额调整也几乎没有降低平均税率；对 2011 年 9 月及其以后的结果还不得而知，税制改革降低平均税率和再分配效应的判断过于草率了。徐文关于 2006—2011 年期间免征额提高的税制改革导致平均税率下降的判断，不符合实际，也无理论上的依据，是不能成立的。

6.5 居民收入增长过程中免征额提高不同幅度的可能效应

运用第 6.3 节的微观模拟方法和 2007 年的 CHIP 数据，我们比较不同程度的居民收入增长与免征额提高幅度对比关系的情况，观察究竟免征额提高多大幅度时会引起平均税率和再分配效应下降。鉴于免征额及其调整是给定的（2005 年及之前是 800 元，2006 年和 2007 年是 1,600 元，2008 年至 2011 年是 2,000 元，2012 年及之后是 3,500元），所以我们对居民收入增长做出不同的假设。

我们对给定居民收入而适用不同免征额的再分配效应进行一个模拟，以说明免征额提高当然会引起平均税率的下降。2007 年，我国个税工资薪金所得的标准免征额为 1,600 元，模拟计算的结果如表 6.9所示，其中个税再分配效应为 4.83%，税收累进性为 0.438,6，平均税率为 3.81%。如果标准化免征额维持在 2006 年之前的水平（800元），则再分配效应将高达 5.32%，平均税率高达 5.64%；相反，如果免征额适用 2,000 元、3,500 元，再分配效应和平均税率则持续下降。显然，不同数量标准化免征额之下，高免征额对应低税率、低再分配效应。微观模拟也显示，随着免征额提高，尽管税收集中系数和税收累进性上升，但平均税率明显下降，导致税后基尼系数上升、个税再分配效应下降，这与岳树民、卢艺和岳希明（2011），岳希明、徐静和刘谦等（2012）的结论一致。但是，我们不认为这能够证明 800 元的免征额更合理，也不能说明 2007 年适用 1,600 元的免征额不合理，平均税率、再分配效应并不是免征额选择的直接依据。更为重要的是，如果 2006 年免征额调整是合理的话，要求 2007 年的再分配效应维持适用 800 元免征额水平的再分配效应是自相矛盾的。

表 6.9　给定收入分配条件下不同免征额的再分配效应

A_0（元）	G_B	G_A	RE	$RE\%$（%）	C_T	K	t（%）
800	0.358,3	0.339,2	0.019,1	5.32	0.679,8	0.321,5	5.64
1,600	0.358,3	0.341,0	0.017,3	4.83	0.796,9	0.438,6	3.81
2,000	0.358,3	0.342,7	0.015,6	4.35	0.839,6	0.481,3	3.15
3,500	0.358,3	0.351,1	0.007,1	1.99	0.949,1	0.590,8	1.21

注：免征额为 3,500 元时使用七级超额累进税率，其余均为九级超额累进税率。

资料来源：作者根据中国家庭收入调查（2007）数据自行测算。

现实情况是，免征额调整是随着居民收入增长而进行的。随着社会经济发展，人民生活水平不断提高，物价水平也不断变化，维持居民基本生活消费支出也发生变化，这客观要求免征额进行调整。而且，正常情况下，免征额提高速度不会超过居民收入增长速度，居民收入增长不可能全部用于满足基本生活消费支出，我们将重点考察免征额提高速度低于居民收入增长速度情况下的再分配效应变动。同时，鉴于我国个税免征额调整的实际情况（2011 年 9 月提高的幅度超过了居民收入增长），我们也对免征额增加速度超过居民收入增长速度情况进行考察，以形成免征额调整对再分配效应影响的全面认识。

具体考察以下情况：①鉴于 2008 年 3 月免征额调整到 2,000 元，比 2007 年增长了 25%，考察假定免征额提高幅度为居民收入增长的 75%、100%、125%、150%、175%、200%六种情况。为便于测算，假定转移性收入、社会保障缴纳与居民收入同步增长，这将导致税前收入基尼系数不变，具体情形如表 6.10 中的类型 1～类型 6。②鉴于

2011 年 9 月免征额调整为 3,500 元，比 2007 年提高了 118.75%，考虑免征额调整速度分别为居民收入增长速度的 75%、100%、125%三种情况，分别计算相应的居民收入，并模拟计算个税平均税率、税收累进性和再分配效应，具体情形如表 6.10 中的类型 7～类型 9。

表 6.10 免征额与居民收入变动再分配效应模拟测算的类型

	类型 1	类型 2	类型 3	类型 4	类型 5	类型 6	类型 7	类型 8	类型 9
居民收入增速（%）	33.33	25	20	16.67	14.29	12.5	158.33	118.75	95
免征额增速（%）	25	25	25	25	25	25	118.75	118.75	118.75
免征额/居民收入增速	0.75	1.00	1.25	1.50	1.75	2.00	0.75	1.00	1.25

表 6.11 给出了各种类型下的再分配效应模拟计算结果，其中类型 0 复制了表 6.9 中 2007 年实际再分配效应，类型 1～类型 6 适用的免征额为 2,000 元，类型 7～类型 9 适用的免征额为 3,500 元。结果显示，当标准化免征额从 1,600 元提高到 2,000 元的条件下，居民收入增长速度越快，平均税率越高，虽然税收集中系数和累进指数下降，但再分配效应仍然增强。而且，即使免征额增速超过居民收入增长（类型 3、4、5），尤其是平均税率比 2007 年有所下降（类型 4、5）的情况下，再分配效应仍然没有下降。只有在标准化免征额增长速度两倍于居民收入增长的条件下（类型 6），才出现平均税率和再分配效应下降。在标准化免征额从 2007 年的 1,600 元提高到 3,500 元的条件下，也有类似的结果，类型 7、8、9 的再分配效应都比 2007 年有所提高：免征额提高速度低于居民收入增长的情况下（类型 7），平均税率和再分配效应明显提高；在免征额和居民收入同步提高的情况下（类型 8），平均税率和再分配效应仍然都提高，但是提高幅度较小；在免征额增长速度超过居民收入增长速度的条件下（类型 9），平均税率降低，但再分配效应仍然有小幅的提高。

表 6.11 不同免征额与居民收入增长类型的再分配效应比较

类型	G_B	G_A	RE	$RE\%$ (%)	C_T	K	t (%)
0	0.358,3	0.341,0	0.017,3	4.83	0.796,9	0.438,6	3.81
1	0.358,3	0.338,8	0.019,4	5.43	0.783,0	0.424,7	4.40
2	0.358,3	0.339,6	0.018,6	5.20	0.796,0	0.437,7	4.10
3	0.358,3	0.340,2	0.018,1	5.06	0.804,1	0.445,8	3.92
4	0.358,3	0.340,5	0.017,7	4.95	0.809,7	0.451,4	3.80
5	0.358,3	0.340,8	0.017,5	4.87	0.813,8	0.455,5	3.71
6	0.358,3	0.341,0	0.017,2	4.81	0.816,9	0.458,6	3.64
7	0.358,3	0.334,1	0.024,2	6.74	0.805,9	0.447,6	5.15
8	0.358,3	0.337,4	0.020,9	5.84	0.836,5	0.478,3	4.21
9	0.358,3	0.339,7	0.018,6	5.19	0.856,3	0.498,0	3.62

资料来源：作者自行测算。

上述模拟结果的启示有两点：第一，如果免征额提高幅度小于居民收入增长速度，平均税率和再分配效应都不会下降；即使免征额增加略高于居民收入增长速度，也不必然导致平均税率和再分配效应下降。因此，2011 年 9 月免征额的调整尽管已经不符合适应性调整的要求，存在平均税率和再分配效应下降的可能，但仍不能判断再分配效应必然下降。免征额是在居民收入增长的条件下调整的，正常情况下并不会降低平均税率和再分配效应，只有免征额增速明显超过居民收入增长才会导致再分配效应下降，而这种情况显然是不合理的，也是不会经常性发生的。第二，居民收入增长是提高平均税率和改善个税再分配效应的关键的因素。对于相同收入分配，免征额提高必然导致平均税率和再分配效应下降，但这只是模拟计算而不是实际情况；实践中，免征额调整必然是随着居民收入增长而进行的，居民收入增长的税收效应是关键，税收规模增长依赖于居民收入增长的税收增长效应。发挥个税再分配调节作用，主要不是依赖于提高免征额带来的税收累进性提高，更不会依赖于免征额不提高甚至降低带来的平均税率提高，而必须依靠居民收入长期、持续的增长。

6.6 本章小结

通过本章研究，我们主要有以下结论：

（1）2006 年之前，我国个税免征额长期不调整，导致后期（估计从 2002 年开始）免征额标准不足。2006 年开始，我国个税免征额开始调整，但采取累积性调整方式。

（2）免征额累积性调整方式是指免征额标准若干年集中调整一次，所调整的免征额数量是累积量。累积的方式有后向累积（补救性累积）和前向累积（留有余量）两种方式，实际执行中将存在向后累积和向前累积共存的混合型累积性免征额调整。2011 年 9 月的免征额调整可以解释为后向累积和前向累积共存的累积性调整，相对于 2011 年或者 2012 年的居民基本生活费用支出偏高。

（3）免征额累积性调整方式存在严重弊端。后向累积性调整是不及时的调整，导致经常性免征额不足和过头税，纳税人税负负担过重；前向累积导致调整年免征额偏高，税收不足，免征额调整年与前一年形成大幅税收规模波动，也将导致平均税率和再分配效应存在不合理波动，在免征额适用期间存在免征额偏高、适当和不足的波动，相应存在税收不足、税收适当和税收过重的波动。

（4）在免征额累积性调整方式之下，对调整年和调整年上一年税收规模、平均税率、再分配效应的直接比较应当慎重。这种比较发现的税收规模下降不一定是免征额调整当年的免征额标准不合理，而可能是免征额调整方式导致的税收规模、平均税率和再分配效应的不合理波动，调整年税收规模、平均税率、再分配效应比上一年下降，并不一定表明免征额幅度过大。在累积性调整方式之下，要分析免征额调整对税收规模、平均税率和再分配效应的影响，应当进行调整年和调整年比较、调整区间内变化趋势分析和调整区间之间的整体比较。

（5）按照 2007 年的城镇住户收入调查数据和 2007—2012 年城镇

居民收入的实际增长情况，我们模拟估计 2006 年、2008 年的免征额调整不会降低税收规模、平均税率和再分配效应，而 2011 年 9 月的调整则可能降低税收规模、平均税率和再分配效应，这与我国实际的税收规模和税收占 GDP 比重的变化一致。而之所以出现这种结果，是因为 2011 年 9 月的免征额调整承担了太多的使命，既要弥补过去免征额不足进行后向累积，还要应对舆论呼声，形成一定的前向累积，2011 年免征额不足（从而存在过头税）和 2012 年的免征额偏高（从而导致税收不足），形成了两年之间的平均税率的较大落差，且 2012 年经济增长下滑，加剧了税收规模向下波动。利用 2007 年 CHIP 数据为基础进行模拟估计表明，2008 年和 2011 年 9 月的免征额调整导致个别年份的平均税率下降，但再分配效应不会下降，而由于 2011 年 9 月的免征额调整超过了 2008—2012 年的居民收入增长，平均税率提高缓慢。

（6）现有文献中关于以免征额调整为核心的税制改革降低了平均税率和再分配效应的结论值得商榷，其证明方法存在三个方面的问题：一是以微观模拟代替实际情况，而实际结果与微观模拟测算并不一致；二是比较同一收入分配适用不同免征额下的平均税率、再分配效应，这种方法忽视了经济增长的税收效应，看不到居民收入增长对平均税率的决定性作用，而将免征额看作是决定平均税率的变量；三是用免征额调整年与调整前一年的税收规模、平均税率和再分配效应的比较来说明免征额调整恶化再分配效应，其错误在于没有认识到我国个税免征额累积性调整方式的特征。

第7章
我国个人所得税免征额制度改革

在关于个税免征额理论研究、我国个税免征额特点的分析和国际比较借鉴的基础上，结合中央提出的个税改革相关要求，本章提出我国个税免征额制度改革建议。

7.1 改革和完善个人所得税免征额制度的目标和原则

7.1.1 改革和完善个人所得税免征额制度的目标

个人所得税是良税，是具有再分配调节作用的"罗宾汉税"，是具有充分的经济增长弹性的潜在主体税种，也能够在提高直接税比重中发挥重要作用。改革和完善个税税制，与任何税种一样，也要遵循公平和效率原则。其中，个税免征额具有极其重要的作用和地位。

我国个税免征额制度改革和完善的目标应当是逐步建立免征额标准适当、免征额调整方式合理、免征额价值充分实现的免征额制度，处理好免征额制度和税制模式改革的关系，在此基础上，更好地发挥个税功能。

免征额标准适当、调整方式合理是个税免征额价值实现的基础，具有优先性，也是发挥个税功能的前提条件。改革和完善免征额标准制度，遵循个税免征额的基本准则，要借鉴先进国家的经验，也要尊重我国自身的文化传统，保持政策的一贯性。个税功能在免征额价值实现的基础上，主要依靠居民收入增长，而得到不断发挥。

7.1.2 充分认识改革和完善个人所得税免征额制度的重要意义

个税免征额是个人所得税税制因素之一，绝不是局部的小问题，而是大问题。免征额制度的核心目标是实现免征额价值，使居民基本生活费用支出充分扣除，实现生计收入不纳税。这既是现代个税理论的要求，符合我国传统的社会心理，也是我国个税免征额立法精神的体现。"苛政猛于虎"的关键不在于税收多不多，而是税收会不会侵蚀居民基本生活。①个人免征额的首要价值就在于个税不侵蚀居民基本生活，从而被认为是良税，成为处理国家和公民关系的一个基本准则。但是，居民的情况千差万别，既要公平对待，又要区别对待，相当复杂。美国联邦个税复杂，很多都体现在个人免征额制度、标准扣除（或分项扣除）和税收抵免制度上，并主要围绕怎么使居民基本生活费用充分扣除尤其是中低收入纳税人的基本生活费用充分扣除展开的，即使其中包括了一些社会政策比如慈善捐献、避免重复课税、劳动和就业激励等，也最终与居民基本生活的照顾密不可分。因此，个税可以区分为两个问题，一是确定具有纳税能力的收入；这就需要有良好的免征额制度；二是确定具有纳税能力的收入课征多少税收，这主要通过税率结构来实现。

7.1.3 确定个人所得税免征额标准和水平的原则

个人免征额标准是免征额制度的核心内容。这有三个方面的重大

---

① 《礼记·檀弓下》记载：孔子过泰山之侧，有妇人哭于墓者而哀。夫子轼而听之。使子路问之曰："子之哭也，壹似重有忧者。"而曰："然！昔者吾舅死于虎，吾夫又死焉，今吾子又死焉！"夫子曰："何为不去也？"曰："无苛政。"夫子曰："小子识之，苛政猛于虎也。"

问题。

（1）居民基本生活和基本生活费用的科学界定。从各国实践看，这的确是一个不确定的问题，各国差异较大。各国差异大，就有不同的界定标准和选择。最关键的是要有一个大致合理的、符合民众社会心理和国家历史传统的、一贯的标准。

（2）个税免征额的标准化和不同纳税人基本生活费用实际差异之间的关系。一方面，免征额要求每个纳税人都应当按照纳税人及其家庭的基本生活费用实际准予减除。但是，这又有三个方面的问题。一是，低收入者纳税人的基本生活费用实际支出可能很低，而高收入家庭实际支出较高，按照实际支出准许扣除对低收入纳税人是不公平的；二是，准许每个纳税人按照实际基本生活支出进行减除，可能产生纳税人支出行为扭曲，也就是说，纳税人会选择准许扣除的项目进行支出，结果可能在法定支出项目上支出过高，影响社会资源配置，也不利于纳税人进行最优选择，还减少了国家税收；三是，每个纳税人都按照法定支出项目据实申报，税务机关要为每个纳税人算账，必然导致极高的征管成本。另一方面，一国人民在基本生活费用项目相同的条件下，维持生存和基本权利的费用不会相差很大，考虑设立平均化的免征额标准也是有可行性的，这样能覆盖较多的人群。最后，平均化、标准化的免征额部分与考虑纳税人实际基本生活费用支出部分相结合，对发生非正常的、风险事件的以及具有其他特殊情况纳税人可以在基本生活的支出项目上准予据实申报扣除，这样就力图取得考虑一般情况和特殊情况的大致均衡，公平和效率的大致均衡。但是，这绝对不是完美的均衡，标准化免征额的局限性必然存在，国家税法可以进一步设计一些制度抑制标准化免征额的局限性。抑制免征额的局限性不是完全抑制，抑制局限性并不等于消除局限性。

（3）税制精细化和征管成本的关系。理论上说，免征额也可以根本不设计，个税征收不设起征点，对居民基本生活需要的考虑通过社会保障制度来实现，也就是说，低收入纳税人一边纳税，另一边从国家领取救济金，从而使居民基本生活得到保障。但是，从行政效率看，这是徒劳的课税，提高了税收征管成本和社会保障管理成本。同样，每个纳税人全部据实申报费用扣除仅从免征额内涵看是合理的，但是将导致巨大征管成本。所以，至少部分采取标准化免征额标准是合理的，目的是减少征管成本，免征额标准需要做到大致的、总体上公平，剔除明显的不公平，需要抑制免征额的局限性，但也不是完全消除免征额的局限性。但是，我国个税免征额存在过度平均化、标准化的问题，应当进行改革。

7.1.4 个人所得税免征额调整的原则

个税免征额调整是必然的，税收指数化是客观要求，不调整只能是暂时的、局部的、特殊的。免征额不调整，就无法保证免征额价值的持续实现，也就不能保证个税是良税；免征额不调整，通货膨胀就将改变个税的性质，损害税法规定国家和人民的分配关系。本书已经在对现有文献评述的基础上，对免征额调整的必要性进行了阐述，并提出了免征额适应性调整方式理论。我国个税免征额调整采取累积性调整方式，后向累积性调整导致某些年份过头税、税负过重，而前向累积性调整则导致某些年份免征额标准偏高、税收不足，免征额价值不能持续实现，总体上导致税收规模、平均税率甚至再分配效应的不合理波动，应当进行改革。

7.1.5 个人所得税免征额与个人所得税功能的关系

坚持免征额价值，进行免征额标准确定和免征额调整方式改革，建立符合公平和效率原则的免征额制度，这将是完善和改革个税税制的组成部分，并为充分发挥个税功能打下基础。但是，个税功能并不主要依靠免征额制度实现，免征额调整的个税功能效应有限，而且也有局限性。本书已经论证，免征额适应性调整不导致税收规模下降、平均税率下降和再分配效应降低，不能简单将免征额调整与不调整的结果对比来论证免征额不应当调整。如果免征额标准偏低，免征额就应当调整，免征额调整优先于个税功能，个税功能要在持续实现免征额价值的基础上不断得到发挥。建立合理的免征额制度，将是建立个税功能持续扩大的重要条件，而绝不是相反，为扩大个税功能而保持免征额不调整甚至降低免征额，结果将是舍本逐末。

7.2 免征额标准确定方法的改革和完善

7.2.1 我国个人所得税免征额标准确定方法的特点、优势和弊端

本书已经重点阐述了工资薪金所得的标准免征额制度存在过度平均化、标准化的问题。我国对工资薪金所得设立了标准化免征额，完全不考虑每个纳税人的生计状况实际差别以及家庭抚养、赡养负担和各种基本生活费用支出（例如住房、医疗、教育）的实际差别。我们可以将免征额标准确定方法区分为三种：完全标准化的免征额；考虑纳税人重点基本生活费用支出实际差别和标准化免征额相结合的免征额；按照每个纳税人基本生活费用实际支出确定免征额，如图 7.1 所示。那么，我国个税免征额制度处于左端，这种方法之下，征管成本最低，但是不公平问题最严重，也不利于再分配调节。美国个税免征额制度则处于中间，比较公平，考虑到了更多的因素，对标准化部分和考虑纳税人实际差别部分进行了权衡取舍。比如，美国的联邦个人所得税制度中，每个家庭成员都享有一个个人免征额，而不是按照全国平均家庭人口确定免征额数量，但个人免征额本身是标准化的，进一步，超过一定收入水平的高收入者享受的纳税人个人免征额又要递减，这就是标准化与考虑纳税人实际的差别化的结合。我国单一标准化免征额制度则过于简单，无法贯彻税收公平原则。

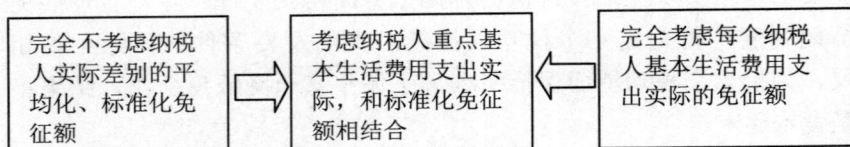

图 7.1 免征额标准的不同确定方法

我们还应当看到，我国个税实行分类所得税模式，对一些不同类型收入设立不同水平的免征额标准，对储蓄利息收入、红利所得等则没有设立免征额，这对于依靠投资（含储蓄）收入维持生活需要的人来说，就失去了免征额的待遇，这是不公平的。在综合模式之下，这个问题将不复存在。在这个意义上，如果免征额标准确定建立在综合和分类相结合的税制基础上，将会更加有利于实现免征额公平。我国个税实行简单易行的标准化免征额制度，加之实行分类税制模式，忽略了很多事关公平的因素，不利于再分配调节功能的发挥，也不利于免征额制度功能的实现，应当进行改革和完善。

7.2.2 完善我国个人所得税免征额标准确定方法

完善我国个税免征额标准确定方法，应针对现在完全不考虑纳税人实际差别的平均化免征额的弊端进行，但也要看到完全考虑每个纳税人基本生活费用支出实际确定免征额标准的不合理性，选择标准化免征额与考虑纳税人重点基本生活费用支出项目相结合的免征额确定方法，统筹考虑，建立相关制度，减少标准化免征额制度的不公平性，更好地实现免征额价值。

1. 免征额标准确定制度的两种选择

在标准化免征额部分和考虑纳税人实际免征额部分相结合的安排上，有两种方式可以选择。第一种是参照美国联邦个税个人免征额和分项扣除额相结合的方式，这不仅需要对我国当前个税免征额标准制度进行比较大的改革，而且需要改革当前的分类税制模式；第二种是建立以标准化纳税人免征额为主，以考虑纳税人家庭重点基本生活费用支出并据实申报附加免征额为辅的免征额标准确定制度，这可以在现行个税免征额标准制度的基础上，进行相对小的调整。

2. 个人免征额和分项扣除相结合的免征额标准

在第一种方式下，需要设立个人免征额和分项扣除（以及可供选择的标准扣除）。

（1）关于个人免征额的设计。个人免征额是纳税人自身及其赡养人口的免征额，每人一份。设立个人免征额的目标是改变过去赡养负担平均化的问题。这是一种公平的方法，原则上没有问题，但实际上面临一些选择。我国现实面临的问题可能是纳税人赡养老年人的负担确定问题。我国很多人大学毕业后进入城市工作，在较大程度上承担赡养父母及其他长辈的责任，如何确定纳税人准予扣除的个人免征额份数，可能是较大的问题。一方面，需要识别父母及其他长辈是不是独立的纳税人，如果父母是独立的纳税人，则纳税人显然不应该在其他纳税人的纳税申报中再次扣除个人免征额，赡养父母及其他长辈的支出不能在子女纳税人申报中再次申报个人免征额。另一方面，父母及其他长辈有若干个赡养人，不应该每个子女纳税人都申报一次被赡养人的个人免征额，需要由纳税人自己确定，这难免会产生大家庭内部的麻烦甚至矛盾。所以，在纳税人税收申报中考虑的个人免征额，应当以家庭为限，否则税制将过于复杂。但是可以在设立纳税人免征额标准的时候给予平均化、标准化考虑。由于要设立分项扣除，所以个人免征额应当比当前的纳税人免征额（当前每月 3 500 元即为纳税人免征额）水平低，个人免征额中不包括分项扣除项目中的支出。比如，当前纳税人免征额为 3 500 元，个人免征额相当于 1 842 元，但是如果要将其中住房支出、医疗费用支出、教育培训费用支出设为分项扣除项目，则个人免征额中就要减除这些项目上的支出。

（2）分项扣除额和标准化扣除额的设计。在个人免征额基础上，设计分项扣除制度，允许纳税人根据规定的项目进行据实申报扣除，分项扣除的支出项目可以包括住房支出、医疗费用支出、教育培训支出以及房产税、契税支出等。具体哪些支出应当纳入分项扣除额，需要深入研究，本书这里只是举例说明其原理。与个人免征额相配套，个人免征额中不包括这部分额度。为降低征管成本，同时照顾分项支出额较低的纳税人，应当设计标准化扣除额供纳税人选择，标准化扣除额按照上述分项支出的一般标准确定，包括住房支出、医疗费用支出、教育培训支出以及房产税、契税支出等。如果进一步考虑标准化扣除可能存在的平均化，可以增加诸如老年人附加标准化扣除、儿童附加标准化扣除、残疾人士附加标准化扣除等。

需要指出的是，参考美国联邦个税免征额标准确定方法，不是照搬，也不是简单挑选。美国联邦个税免征额标准与收入排除项目、"线上扣除项目"、税收抵免是相互关联的，也与美国社会保障制度等相关联，不能简单挑选拿来使用。比如，当前政策信息显示，新税制方案下将增加分项扣除，比如将个人住房贷款利息支付进行扣除，我们以此为例进行分析。美国联邦个税分项扣除的确有住房抵押贷款利息扣除一项，但是，不能说我国个税分项扣除就必须有该项，而应当进行全面分析。我国已经建立了住房公积金制度和比美国覆盖面更广的保障性住房制度，对住房贷款利息这种个人住房费用再次提供税收支持，是不是合理、是不是有影响房地产市场发展的效果？这就需要研究；如果对居民住房费用加以考虑，是不是可以考虑设立房产税、契税的扣除？

3. 标准化免征额与附加分项免征额相结合的免征额标准

在第二种方式下，设计纳税人标准免征额和附加免征额项目。纳税人标准化免征额按照城镇居民基本生活费用支出的一般水平，全面考虑基本生活支出的所有项目确定，附加免征额则对于超过一定水平的单项基本生活费用支出允许申报扣除，比如纳税人及其家庭成员的住房支出、医疗费用支出、教育培训费用支出等，允许纳税人申请附加免征额。需要进行严格测算和制定相关制度，使符合申请附加免征额的纳税人控制在纳税人的一定比例如 30%以下，否则提高标准化免征额。附加免征额对同一时期不同的纳税人可能存在横向不公平，但是应尽可能使每个人在其生命周期中都能在某个阶段获得附加免征额，实现生命周期的公平。

这种方式的免征额标准制度，可以在现有的工资薪金标准免征额制度基础上进行相对较小的改革和调整来实现。标准化免征额仍然可以按照现有水平确定，全部考虑了各种基本生活费用支出的平均水平，并且按照每个纳税人具有平均的赡养负担确定，但是免征额水平可以调低较小数量，比如 10%～20%，这部分通过附加免征额给予实际存在基本生活费用支出的纳税人。比如说，将 3,500 元调低至 3,000元，同时增加在医疗费用支出、教育支出、房产税和契税、赡养人口数量、老年人、残疾人等方面的附加免征额申报扣除，但是需要规定一个标准（这个标准是包含在标准免征额之中的），对超过上述项目的标准支出的部分，才可以申请附加免征额，比如超过平均赡养负担的，可以申请赡养人口的免征额。总体上看，与美国个税免征额制度比较，这样实际上不设立分项扣除制度，只有标准免征额（包括了个人免征额和标准扣除）和附加免征额，附加免征额与美国的标准免征额附加也相同，美国附加标准免征额是标准化的，而我们这里设立的附加免征额是纳税人据实申报的。

4. 纳税人免征额缩减制度

设立纳税人免征额缩减机制和分项附加免征额限额申报机制。在第一种方式之下，为避免高收入者个人免征额比低收入者带来更多的税收减免，以及高收入纳税人分项扣除额过多，可以参考美国联邦个税的个人免征额缩减机制和分项扣除限制机制，设立个人免征额缩减的税前所得阈值，超过所得阈值的，每超过一定数额，免征额缩减一定比例，直至全部个人免征额消失，分项扣除则允许缩减后留有一定数量，并且对其中某些分项扣除不予缩减。在第二种方式之下，可以不对标准化免征额缩减，因为标准化免征额是基础部分。分项附加免征额也应加以限制，但是限额多大，还有待于研究。

上述两种免征额确定方法改革方案比较如表 7.1 所示。

表 7.1　免征额标准确定方法改革方案比较

	个人免征额与分项扣除相结合方案	纳税人标准化免征额与附加免征额相结合方案
改革目标	克服完全标准化纳税人免征额弊端，尽可能体现纳税人及其家庭基本生活费用支出实际	克服完全标准化纳税人免征额弊端，尽可能体现纳税人及其家庭基本生活费用支出实际
主要内容	（1）纳税人及其赡养人口每人一份个人免征额，统一个人免征额标准； （2）分项扣除按照纳税人家庭在法定支出项目上的支出实际申报扣除，同时设立标准化扣除供纳税人选择； （3）纳税人个人免征额设立缩减制度，分项扣除设立限制制度，标准化扣除设立附加	（1）纳税人标准化免征额根据全国职工负担的平均基本生活费用支出确定，统一标准； （2）附加免征额由纳税人根据法定支出项目，对于超过一定支出标准的部分另行申请附加免征额进行扣除； （3）附加免征额建立数量限制制度
特点	（1）借鉴美国联邦个税免征额确定方法，但分项扣除选择需要根据中国实际确定； （2）需要建立综合型税制模式或者综合与分类相结合的税制模式； （3）需要实行纳税人申报纳税	（1）在我国现行工资薪金所得税免征额基础上加以改进和创新，保留纳税人标准化免征额，但数量降低，作为免征额的主体但不是全部； （2）增加考虑纳税人及其家庭基本生活费用支出实际的附加免征额； （3）仍然可以在现行分类税制模式和源泉课征方法基础上实施，但附加免征额需要按年度申报，并与税务机关结算
与现行制度比较	（1）将纳税人免征额区分为个人免征额与分项扣除（或标准化扣除）两部分，将免征额完全标准化转变为标准化部分与差异化部分相结合； （2）为避免免征额局限性和更好地考虑纳税人实际，增加纳税人个人免征额缩减、分项扣除限制和标准化免征额附加制度	（1）现行纳税人免征额保留，但数量适当调低； （2）设立重要基本生活费用支出项目，允许纳税人对于超过一定标准的支出据实申请附加免征额； （3）对附加免征额进行数量限制，但纳税人标准化免征额可以不缩减。

7.2.3 个人所得税免征额标准与地区差异

我国个税免征额中实际存在争议比较大的一个问题是免征额标准与地区差异的关系。实际上，在免征额没有调整之前以及 2008 年免征额调整之前，一些经济发达城市（省份）自行设定了高于国家法律规定标准的免征额，其基本理由是这些地区的物价水平较高，按照全国统一标准不能使城镇职工家庭基本生活费用进行充分扣除。

我们认为，这种理由是不能成立的，我国不应当专门考虑地区因素而设立差异免征额。免征额没有调整前，如果因为一些经济发达城市率先进行了经济体制改革，居民基本生活费用支出因此增加，适当提高免征额是合理的，这属于本书阐述的免征额提高的一种理由，如果其他地方没有改革，而有的地方改革了，这种做法有合理性。但是，如果仅仅由于经济发达城市（省份）物价水平高，从而确定比较高的免征额标准，则是不合理的。如果国家统一的标准化免征额不能给予经济发达城市的居民基本生活费用充分扣除，一定是标准化免征额偏低，而不是仅仅经济发达地区偏低。如果在一个时期某地区的物价上涨高于全国平均水平，这只能是短期现象，不可能一个地区的物价水平持续上涨高于全国平均水平，无须通过免征额标准的差异化设置加以处理。如果一个地区短期内生活必需品物价水平确实上涨很多，比全国其他地区价格高很多，那么该地方政府可以采取价格补贴办法解决低收入家庭的困难，而不应该动用具有固定性的税法。一个国家不能因为一个地区短期内物价更高就允许其提高免征额，这样不仅容易导致不公平，成本也太高，也会导致道德风险。再者，考虑免征额的局限性，经济发达省份提高免征额，也使该地区高收入者获益，这对经济不发达地区居民来说是不公平的。按照本书的观点，免征额应该是一个标准化免征额加重点考虑纳税人实际生活费用支出情况相结合的免征额标准，地区物价水平不应当成为重点考虑的因素，但如果的确出现某种支出方，可通过分项扣除解决。随着全国统一市场的建立，价格水平将不会有较大的地区差异，即使有，也将是季节性、短期的，不应当动用税法解决。

当然，本书不否认经济发达城市（省份）物价水平高可能导致一些低收入家庭免征额扣除不足，这也可以理解为免征额的局限性。但是为发达地区设立较高的免征额，则会导致同样收入的居民在经济发达地区少纳税，这与个税的宗旨是相背离的，显然后者的损害更大。所以，可能存在的一些局部问题不能成为经济发达地区要求确定比其他地区更高免征额的理由。再者，地区的范围是什么，农村和城市也存在类似的情况，税法无法如此之精细化，且精细化又会导致反向的问题，合理的选择是不实行免征额地区差异化。

7.3 个人所得税免征额调整方式改革

7.3.1 我国个人所得税免征额调整问题的实质

根据第 5、6 章的分析，我国个税免征额调整的焦点问题可以概括为两个方面。

1. 免征额不是应否调整，而是如何调整的问题

免征额调整是必然的，问题是如何进行调整，如果沉溺于免征额是否应当调整，说明我们还缺乏对免征额内涵、价值和标准的认识或者认同。免征额调整的基本依据是免征额价值，这就是使居民基本生活费用支出充分扣除，免征额应当根据居民基本生活费用支出变化进行及时性、适应性调整。我国 2006 年以来进行个税免征额调整的理论依据是正确的，居民基本生活费用支出变化、物价水平变化和经济体制改革导致的居民基本生活费用支出变化，免征额就应当进行调整。但是，我国个税免征额调整的间隔、幅度不都是适应性的，不是适应性的逐年调整，违背了适应性调整的要求，这是问题的实质所在。在调整幅度方面，2006 年和 2008 年的调整并无不当，而 2011 年 9 月的免征额提高超过了期间居民收入增长，后向调整无法解释超过

居民收入增长的基本生活费用增长来自何方，而只能解释为前向调整或者经济体制改革的因素，但没有理由说绝对不合理。2006 年、2008 年和 2011 年 9 月的调整都是若干年集中调整一次，是累积性调整方式，调整是不及时的，免征额调整之前年份的居民基本生活费用支出已经不能得到充分扣除，产生了国家征收过头税的问题；而调整年的调整规模必然很大，税收规模即使比上一年下降也是可以预期的，从而出现税收规模的不合理波动，平均税率和再分配效应也就会产生时间上的不稳定性。在免征额累积性调整方式之下，即使出现调整年税收规模、再分配效应比前一年下降，也不能说明提高免征额一定不合理，而是说明免征额没有采取及时性、适应性的免征额调整方式。我们不能混淆免征额调整方式和免征额调整的概念。

2. 免征额价值与个税功能能否协调问题

免征额价值要求免征额随居民基本生活费用支出变化而进行及时性、适应性调整，个税功能则要求个税税制有利于筹集税收收入和发挥税收再分配调节作用。有关文献提出的反对免征额提高的观点很重要的理由是免征额提高不利于税收规模增长和再分配效应、不利于实现个税功能，这样就将免征额价值与个税功能对立起来。个税免征额价值是个税作为良税的基础，它保障税收不侵蚀居民基本生活，如果破坏了这个基础，追求个税税收规模就没有任何意义了，甚至可以说不是个税了。因此，免征额价值是基础，优于个税功能目标。众所周知，设立免征额、提高免征额肯定减少了税收（静态考虑），与不设立、不提高相比，计算出来的税收和平均税率肯定减少，但如果将此作为反对免征额调整的理由，实质是缺乏对个税性质的认识和认同。免征额调整与个税功能之间是不是存在矛盾？问题的根本应当是免征额及其调整是不是会从根本上损害税收规模增长和个税再分配效应，也就是说，在实现个税免征额价值的基础上，是不是能够不断提高税收规模和提高税收再分配效应，而不是免征额设立与不设立相比较、免征额调整与不调整相比较，因为设立免征额、调整免征额是必须的。我们认为，免征额与居民基本生活费用支出相适应，居民基本生活费用增长必然是居民收入增长的一部分，如果免征额标准是按照免征额的内涵和价值确定的，免征额调整是及时性、适应性调整，免征额增加不会超过居民收入增加，那么应税所得必然不断增长，税收规模也不断扩大，再分配效应也会随平均税率提高而扩大。因此，个税功能目标是可以在免征额价值基础上实现的，简单地将提高免征额与税收功能目标对立起来是不可取的，免征额价值与个税功能是可以协调的。

7.3.2 我国个人所得税免征额调整方式及其缺陷

标准化免征额是一个名义额，实际额会由于通货膨胀而发生变化，居民基本生活费用支出也随着社会经济发展而发生变化，这就需要适应性地调整免征额数量。不调整免征额，原来合理的免征额会变得不合理。从这个角度看，我国从 2006 年开始调整免征额的方向无疑是必要的、正确的，体现了税收制度的基本要求。但是，我国个税免征额调整不是适应性的年度调整，而是若干年调整一次，我们称之为"累积性调整"，这种累积性调整不能及时反映通货膨胀的影响和居民基本生活费用支出的变化，比不调整好，但也有明显不合理之处。我们注意到，免征额数量调整问题成为我国个税税制改革的重心，除了与具有平均化特征的标准化免征额方法有关之外，还与免征额数量累积性调整方式有关。

免征额数量累积调整方式的问题是，调整（改革）年之前年份的免征额得不到及时调整，已经变得不合理，免征额不合理，税收规模也不合理，没有及时调整年份的免征额偏低、税收偏高（存在"过头税"），纳税人税收负担过重，虽然税收收入增加，有利于预算安排，但免征额调整年会存在免征额偏高、税收偏低，明显减少税收规模，也影响预算平衡。合理的免征额调整应当是适应通货膨胀和居民基本生活支出实际增长逐年调整。1986 年，美国联邦个税的个人免征额和标准扣除已经指数化，其调整是适应性的，在微观上更加合理，值得借鉴。我们已经证明，基本生活费用支出是居民家庭支出的一部分，正常情况下其增长速度必然小于居民收入增长，在其他税制因素不变的条件下，扣除新增免征额之后仍然有部分收入用于新增税收，税收规模必然增加，平均税率也必然增加，再分配效应变化方向虽然不能从理论上确定，但改善的可能性最大。

免征额增加速度超过了居民收入增长速度的情况一般是不会发生的，但在我国也是有可能的，但不是常态。可能性之一是，经济改革所导致的国家福利减弱而居民住房、医疗、教育培训支出增加较快，免征额适应这种增长而提高，可能超过了居民收入增长。可能性之二是，采取了前向调整的累积性调整方式的情况下，免征额调整幅度超过了过去时间内居民收入增长的幅度。我国将免征额从 2008 年的 2,000 元提高到 2011 年 9 月的 3,500 元，4 年（因为 2011 年的大部分时间还是适用 2,000 元，所以按照 2012 年开始实施考虑）名义增长 75%，年均名义增长 15.02%，即使扣除物价因素，也超过了居民收入实际增长，既可能有期间城镇居民住房、医疗、教育等基本生活支出费用增加的适应性调整的因素，也可能是采取前向调整方式导致的，预期税收规模和平均税率都可能下降，结果也的确下降了。从 2008 年的 2,000 元到 2011 年 9 月的 3,500 元如此高强度提高免征额可能是考虑 3,500 元的标准要适应一段时间，而不是仅仅适用于 2012 年，这就需要从更宽的时间段考察免征额调整幅度的适当性。以上考虑的结果是，免征额标准在 2012 年可能是偏高了，并导致税收规模、平均税率的不合理下降，这种情况在适应性调整方式下是可以避免的。从实际情况看，到 2015 年仍然适用 3,500 元标准，考虑从 2008 年到 2015 年，免征额每年名义增长只有 8.32%，将低于期间物价上涨和实际居民收入增长之和，实际免征额增长低于实际居民收入增长，2015 年的税收规模、平均税率比 2008 年必然会提高。根据最新的数据资料，2015 年国内生产总值（GDP）为 67.67 万亿元，同比增长 6.9%。全国税务部门组织税收收入为 110,604 亿元（已扣减出口退税），增长 6.6%；个税收入为 8,618.15 亿元，增长 16.8%。[①]计算可以得出，2015 年个税收入占税收的 7.79%，占 GDP 的 1.27%，无论个税税收占

---

① 财政部："2015 年财政收支情况"，http://gks.mof.gov.cn/zhengfuxinxi/tongjishuju/201601/t20160129_1661457.html，2016-4-13。

全部税收的比例还是按照个税税收占 GDP 的比重计算的平均税率，都达到了 2000 年以来的最高水平，超过了之前 2005 年的个税占全部税收的最高比重（7.28%），超过了 2011 年最高平均税率（1.25%）。因此，2012 年的确有免征额偏高的情况，但是从 2008—2015 年区间看，不能简单地说我国个税免征额调整过高。这里的关键是，我国个税免征额是累积性调整的，而且每次调整之时也没有确定要适用多长时间。

因此，我国个税免征额实行累积性调整方式，存在严重弊端，而对这种累积性调整方式特征缺乏认识也导致了关于免征额调整效应的不合理认识。受此影响，将调整（改革）年的个税再分配调节情况与前一年相比，并不能说明税制改革的真实效果，而应该比较两个免征额时期，否则就会做出不符合实际的结论。同样的道理，按照不同免征额计算的税收差额作为国家减税的说法，也不合理，因为上一年已经征收了过头税，不能作为比较的合理依据。我国 2012 年个税税收规模下降，部分原因是免征额调整所致，免征额偏高导致税收规模偏低，但不能简单地与 2011 年相比，因为按照适应性调整方式，2011年已经不应当适用 2,000 元的免征额，而是应当更高一些，这样 2011年税收规模也就不会那么大。免征额数量的适应性调整不带来减税，除非税制进行了改革，比如将纳税人更多支出项目纳入了免征额扣除范围；免征额数量的适应性调整也不会降低平均税率，也没有弱化再分配效应的必然性。免征额数量的适应性调整将使税收增长更加平稳，不仅有利于公平税负和实现免征额价值，也有利于国家安排预算。

7.3.3 我国个人所得税免征额调整方式改革和完善的建议

1. 免征额调整方式应当以实现免征额价值为准则

与免征额标准确定方法问题类似，在免征额调整方式的问题上，必须牢牢把握住个税免征额保障居民基本生活费用不课税的基本价值，守住个税作为良税的基础，不能以牺牲免征额价值和原则为代价追求税收规模或者再分配效应。在坚持免征额价值优先的基础上，免征额价值与个税功能是可以协调的。个税规模究竟有多大，个税能否成为多数公民纳税的普通税，主要取决于居民收入水平，而不应当通过免征额调整来主观实现。更好实现个税功能目标依赖于经济和居民收入长期增长，不可急功近利，认为要提高再分配效应、提高个税比重而降低免征额的观点，是不可取的。

2. 免征额调整不等于免征额提高，也不等于减税

在观念上，不能将免征额调整简单理解为提高。免征额调整方式改革与免征额标准制定改革要保持一致，不能将免征额方式改革简单等同于免征额调整，不能将免征额调整等同于免征额提高。免征额适应物价变化而调整，并不减少税收，而不调整增加的税收是通货膨胀税，是不可持续的税收，不应该是国家追求的税收。

3. 实现向免征额适应性调整方式转变

我国需要改变当前的免征额累积性调整方式，建立免征额适应性调整方式，从而建立税收规模、平均税率和再分配效应持续、稳定增加的机制，避免过头税和税收不合理波动。真正建立一个合理的、可实施的免征额调整方式是一个系统工程。免征额累积性调整方式不能使居民基本生活费用支出及时扣除，导致"过头税"经常性存在，免征额偏高而税收不足也在免征额调整年经常存在，税收增长、平均税率和再分配效应不合理波动，甚至导致免征额调整的客观要求与税收再分配效应目标之间的短期冲突。解决这个矛盾的出路在于将免征额累积性调整方式改革为适应性调整方式。适应性调整方式包括三个方面：①对于通货膨胀引起名义值变化的部分通过指数化方式，实现逐年调整。当然，其前提是物价指数能够反映居民基本生活费用的物价变动，这在我国当前也是一项艰难的工作。②对社会经济发展导致的基本生活费用实际增长，进行社会居民基本生活费用调查（居民生计调查），及时进行调整。一般来说，这种调整并不是逐年发生的。③对于经济体制改革引起居民基本生活费用支出增加，进行充分研究，将之纳入免征额以消化改革的负面效应。总体上看，第②、③部分仍然应当进行及时调整，但不是逐年调整。

免征额随通货膨胀调整是必然的要求，是不能回避的问题。但在初期阶段，我们可以考虑只进行免征额标准的指数化调整，而税率等级可以多年调整一次。

7.4 综合与分类相结合税制模式与免征额制度的关系

我国已经确立了建立综合与分类相结合的税制方向，并且已经启动。如何正确认识并完善免征额标准制度、免征额调整方式与建立综合与分类相结合的税制的关系，就成为一个重要问题。我们认为，可以从四个方面理解和把握。

7.4.1 综合和分类相结合税制模式改革具有基础性

建立综合与分类相结合税制是我国个税改革的既定政策，能够从税制模式上解决各类来源收入普遍、均等课税的问题，能够建立有利于衡量纳税人经济能力的机制，新税制也为各类收入获得同等的免征额待遇提供基础条件，是积极的、可取的、有益的。但是，综合和分类相结合税制模式改革是有条件的，因为要处理各种来源收入的关系，进行权衡，问题复杂，需要进行系统性设计，逐步推进。

7.4.2 税制模式改革也需要进行包括免征额制度在内的税制改革

综合和分类相结合税制也要求在税收征管、其他税制因素方面进行全面建设，这其中就包括改革和完善免征额制度，仅实现各类收入同等课税并不是新税制的唯一目标。免征额标准制定和免征额调整方式是个税税制的组成部分，免征额制度的改革和完善是个税税制改革和完善的组成部分，免征额价值决定了免征额制度在整体税制改革中具有重要地位和作用，改革和完善免征额制度是个税制度建设中的重要部分。

7.4.3 税制模式改革有利于全面推进免征额制度改革

一些免征额制度改革需要在综合与分类相结合的税制基础上才能实施或者才能更好实施，税制模式改革与免征额制度改革密切相关。如果选择个人免征额和分项扣除相结合的免征额标准制度并进行免征额缩减和分项扣除限制（类似于美国联邦个税），就只能在建立新税制模式的基础上才能实施。当然，也不是所有免征额制度的改革和完善都需要依托新税制模式。

7.4.4 免征额调整和部分免征额制度改革不一定坐等税制模式改革

免征额制度改革完善不必坐等新税制模式。在如何看待免征额制度改革与实行综合和分类相结合的税制的关系方面，当前有一种倾向，认为税制模式改革更重要，免征额调整问题不重要，这是不正确的。新税制是 1996 年提出的税制改革任务，是正确的方向，但是建立新税制模式工程庞大，20 年来仍刚刚处于启动阶段。如果 2006 年以来都坐等新税制模式建立，恐怕现在的免征额已经严重丧失了其价值，个税性质严重变化。新税制模式没有建立之前，也可以进行某些免征额制度的改革和完善，过去如此，当前也是这样。比如，免征额适应通货膨胀的调整，并不实际增加免征额，与新税制建立没有实质联系，没有必要一定要等新税制；再比如，对于家庭人口超过平均负担系数的，每超过一人，可以为纳税人增加当前标准化免征额 50%的费用扣除，这样就在负担系数平均化上有所改进，本来也是税收制度应有之义，没有必要一定等待新税制模式。实际上，即使实施综合和分类相结合税制模式，也不会一步到位实施全部的税制改革，而是重点解决当前的迫切问题。

2011 年 9 月免征额调整时候，我们估计存在前向累积和后向累积两种考虑，后向累积考虑主要消除过去免征额不足的问题（调整针对2009 年、2010 年和 2011 年前 9 个月），而前向累积考虑使本次调整保持调整后的免征额可以持续适用一段时间，但是自 2011 年 9 月调整以来已经持续了四年半的时间，前向累积空间不会这么大，免征额调整窗口应当已经进入开启时间。之所以没有开启，很重要的理由是认为在现有税制下调整免征额存在不公平的问题，而在综合和分类相结合的税制的基础上进行调整更加合理。财政部部长楼继伟 2014 年、2015 年和 2016 年三次在"两会"记者会上表达了免征额不宜简单提高（调整）的观点。在现有税制上继续调整免征额的确有问题，但是不代表不调整就没有问题。在税制不变的条件下，是不调整导致的问题大，还是调整导致的问题大，应当进行比较分析，而简单以"简单提高免征额不公平"拒绝免征额调整起码存在过于片面之嫌。国家政策是权衡取舍的结果，而不应当仅仅强调一个方面。根据国家统计局《2015 年国民经济和社会发展统计公报》，2015 年城镇居民人均消费支出为 21,392 元，按照负担系数 1.9 测算，城镇职工负担的消费支出为每年 40,644.8 元，每月为 3,387.07 元，已经接近 3,500 元的免征额。按照 2015 年城镇居民消费支出的增长速度（7.1%），2016 年城镇职工负担的消费支出将达到每月 3,627.55 元，超过 3500 元的免征额，免征额扣除将不充分。如果新税制模式能够尽快建立（比如 2016年），则免征额调整也就可以放到新税制建设方案中一同实施，这也是比较理想的做法。如果新税制模式不能尽快建立和实施，就应该先进行免征额调整方式若干方面的改革和完善，及时进行免征额调整（比如从 2017 年 1 月起调整为 3,800 元）。免征额是个税税制要素之一，是局部的，但是科学确定免征额标准和调整免征额绝不是小问题，而是事关个税性质的大问题。

改革与完善免征额制度与建立新税制模式的要求是完全一致的，免征额制度改革也应当是税制改革的重点之一。综合与分类相结合税制有利于实施更加合理的免征额制度，某些免征额制度改革完善措施在新税制下才能得到更好、更全面的实施，但并不等于说免征额仅仅是局部的小问题，也不是全部免征额制度改革和完善措施都必须等待新税制建立后才能实施，以分类和综合相结合税制改革重要而否定免征额制度改革的重要性，是没有道理的。如果新税制模式不能很快建立，而面对 2016 年可能出现的免征额标准不足的情况，进行适当调整也是合理的选择。

7.5 本章小结

本章对我国个税免征额制度改革及其与其他税制改革的关系进行探讨，主要阐述了以下四个方面的问题。

（1）关于我国个税免征额制度改革的目标。我国个税免征额制度改革和完善的目标应当是逐步建立免征额标准适当、免征额调整方式合理、免征额价值充分实现的免征额制度，处理好免征额制度和税制模式改革的关系，在此基础上，更好地发挥个税功能。免征额标准适当、调整方式合理是个税免征额价值实现的基础，具有优先性，也是发挥个税功能的前提条件。改革和完善免征额标准制度，要遵循个税免征额的基本准则，借鉴先进国家的经验，尊重我国自身的文化传统，保持政策的一贯性。在免征额价值实现的基础上，个税功能主要依靠居民收入增长而得到更好发挥。

（2）关于我国个税免征额标准存在的弊端和改革方向。我国个税实行简单易行的单一的标准化免征额标准，加之实行分类税制模式，忽略了很多事关公平的因素，不利于再分配调节功能的发挥，也不利于免征额制度功能的实现，应当进行改革和完善。免征额标准构成方面，有两种方式可以选择。一是参照美国联邦个税个人免征额和分项扣除额相结合的方式，建立标准化免征额和差异化免征额相结合的免征额标准，这需要对我国当前个税免征额标准制度进行比较大的改革；二是以标准化纳税人免征额为主，考虑纳税人家庭重点基本生活费用支出据实申报的附加免征额为辅的免征额标准构成，这可以在现行个税免征额标准制度的基础上，进行比较小的调整。

（3）关于免征额调整方式的改革。我们分析认为，免征额客观上需要调整，讨论免征额应不应该调整是没有意义的，关键在于免征额应当如何调整。在免征额适应性调整方式之下，免征额价值与个税功能并不存在冲突，将为免征额价值持续实现而进行的免征额调整与个税功能对立起来的观点是不合理的。我国个税免征额采取累积性调整方式，导致经常性免征额过度或不足，并导致税收不足或过度，进一步导致税收规模、平均税率的不合理波动，影响个税再分配调节作用连续性，是问题的症结，需要将免征额累积性调整方式改革为适应性调整方式，按照通货膨胀和居民基本生活费用支出增加进行年度调整。而且从长远来看，为更好地实现免征额价值，仅仅调整免征额是不够的，税率收入等级阈值也需要进行调整。随着我国逐渐进入富裕国家，涉及居民基本生活费用支出的经济体制改革基本到位，居民基本生活费用支出增加将逐渐减少，免征额调整主要是适应通货膨胀进行调整，实施税收指数化的条件已经逐步具备，将实现免征额调整规范化。

（4）关于免征额调整与税制模式改革的关系。中央提出的建立综合和分类相结合的个人所得税税制既包括实行综合和分类相结合的税制模式，也包括在此税制模式基础上的其他税制改革，当然也包括免征额制度改革，将免征额制度改革与建立综合与分类相结合的个人所得税制对立起来是不合适的，以分类和综合相结合税制改革重要而否定免征额制度改革的重要性缺乏合理性。我国分类型个人所得税既不利于衡量纳税人纳税能力，也不利于进行充分合理的免征额扣除，建立综合和分类相结合的税制有利于免征额制度改革和完善。根据我国现行的免征额标准确定方法，2017 年免征额调整窗口已经打开，如果综合和分类相结合税制模式改革不能及时推出，进行免征额调整也是必要的。

第8章
总结和建议

8.1 主要观点总结和建议

本书对我国个税免征额制度进行了较全面的研究，主要创新观点和建议总结如下。

1. 研究了免征额的内涵、价值和局限性

本书提出免征额价值的概念，认为应当坚持我国个人所得税立法文件中提出的免征额是对居民基本生活费用扣除的理念，并作为免征额之基本价值，作为个人所得税的"立身之本"。在处理个税免征额价值与个税功能关系上，应当坚持免征额价值优先性。本书提出了免征额局限性的概念，认为存在免征额导致税负不公平的局限性，但免征额局限性是局部的，并且可以通过税制设计加以抑制，不应当将免征额局限性作为弊端，也不能以此否认免征额价值和免征额调整的必要性。

2. 研究了免征额标准确定方法理论和我国的实际问题

免征额标准应当体现免征额价值，但是具体标准如何确定是非常重要的。在具体的概念上，我国个税免征额的"费用扣除"应当相当于美国个税的"个人免税额"和"标准扣除（或分项扣除）"两部分，不能拿我国个税免征额直接与美国个税的个人免税额相比较。免征额不可能是完全个人化的，总会有很大部分平均化、标准化，但是我国个税免征额标准是完全平均化、标准化的，不公平问题突出，免征额价值就不能很好实现，这是我国个税免征额标准制度的特征和弊端。合理的免征额标准应当是标准化免征额与差异化免征额相结合。财政部部长楼继伟连续三年在"两会"记者会上表达"简单提高个人免征额并不公平"应当包含了对于我国个税免征额过度平均化的考虑。

3. 研究了免征额调整理论和我国个税免征额调整方式的实际问题

免征额调整与免征额价值、免征额标准确定方法相联系，不过是其动态要求而已，承认免征额价值就必然要承认免征额调整的必然性。我国个税免征额调整除了进行通货膨胀的适应性调整之外，还要根据居民基本生活费用支出的实际增长、经济体制改革（社会保障制度改革）引起居民承担基本生活费用支出的变化进行调整。免征额调整应当采取适应性调整方式，免征额适应性调整不会导致税收规模和平均税率下降。我国免征额调整采取了累积性调整方式，2006 年之前的特征是长期不调整，而 2006 年以来的特征是采取累积性调整方式，且 2006 年、2008 年 3 月采取的是向后累积的调整方式，而 2011 年 9 月采取了前向累积调整的方式，这种调整方式引起了税收规模、平均税率甚至个税再分配调节效应的不合理波动。累积性调整方式是我国个税免征额调整的特征，也存在弊端，但是，我国个税免征额调整没有从总体上降低税收规模和平均税率。在免征额累积性调整方式之下，不能简单比较调整年和调整年前一年的情况而对免征额调整效应做出判断，而是要进行调整年与调整年、调整区间与调整区间之间的比较。

4. 研究我国免征额调整的效应，并对现有文献中关于免征额调整不公平和免征额调整弱化再分配效应的观点进行辨析

免征额及免征额调整存在局部不公平性，这是免征额制度自身的局限性，但不能夸大这种局限性来否认免征额价值和免征额调整的必要性。简单地认为"简单提高免征额不公平"也是不合理的，应当权衡利弊得失，而不能简单以一个方面否认另一个方面。提高工资薪金所得免征额的确存在高收入纳税人减税较多的问题，但是纳税人的减税率、减负率是随着收入而递减的，平均税率降低也不是随着收入提高而直线上升，中低收入者平均税率降低最多，税收减少的数量达到一定收入水平后也不再增加，以提高免征额给高收入者带来好处、最低收入者没有增加利益、产生反向调节而反对提高免征额，根本不能成立，否则免征额就应当永远停留在初始水平甚至一开始就不应当设立，认为 2006 年以来的税制改革都是做无用功，这无论在理论上还是政策实践中都是有害的。认为我国个税免征额调整弱化个税再分配效应的现有文献在研究方法上存在三个方面的问题：以微观模拟方法测算的结果代替实际并与实际结果严重不符，忽略经济增长的税收增长效应而简单比较统一收入分配在不同免征额下的平均税率和再分配效应，以及忽略我国个税免征额累积性调整方式特征而简单比较免征额调整年与调整前一年的情况。将我国实际的累积性调整规模调整为免征额适应性调整方式的微观模拟分析结果表明，2006 年和 2008 年我国个税免征额调整的总体幅度是适应性的，而由于 2011 年 9 月确定的免征额标准仍在适用，尚无法对其整个区间的适当性做出判断。累积性调整方式导致的主要问题是税收规模和平均税率的不合理波动，不利于财政收入的稳定，也影响了个税再分配功能的发挥，但不是总体上恶化。

5. 研究了免征额价值和个税功能发挥之间的关系

现有文献倾向于反对免征额调整的重要依据之一是免征额增加，减少了应税所得，必然减少税收、降低平均税率，而平均税率又是个税再分配效应的决定性因素，免征额提高必然导致个税再分配功能不能很好地发挥作用，从而将免征额价值和个税功能对立起来，将本来理论上清晰的免征额调整置于尴尬境地。我们认为，以为免征额调整会弱化个税功能的观点在认识方法上静态、孤立地看问题。所谓静态，就是忽略居民收入增长及其税收效应，简单比较同一收入之下免征额高低与个税功能的对比关系，而免征额调整都是在居民收入增长的背景下进行的，简单计算的免征额高低与个税功能的对比关系，并不反映免征额调整实际。所谓孤立，就是局限于税制内部的变量关系去扩大个税功能，将免征额作为决定平均税率的因素，而看不到居民收入及其增长这个税制之外因素对个税功能的决定性作用。现有文献中提出，为扩大个税规模、提高直接税比重、强化个税再分配调节能力而要求降低免征额的观点，是这种静态、孤立认识方法论的极致。免征额价值是个税功能的基础，免征额价值必然优先于个税功能，没有免征额价值基础，一个国家将无从追求个税功能。如果良好的个税税制都不复存在，那么国家也就无从追求税收规模和再分配效应。免征额调整与不调整相比，数字计算的不调整条件下的税收更多、平均税率会更高甚至再分配效应也更大，但是这将损害免征额价值，也将危害个税税制本身，是不可取的。问题的关键是，免征额的合理的调整是不是影响个税功能发挥。我们分析认为，免征额适应性调整方式之下，个税规模、平均税率将随着居民收入增长而正常提高，而我国个税免征额累积性调整方式的确导致某些年份免征额偏高、税收不足的问题，也有的年份免征额不足、税收过度，所以重点是改革免征额调整方式，而不是不调整甚至降低免征额。我国个税改革和完善的目标是扩大个税功能，但是个税功能不是来自于免征额不调整、不提高，而主要来自于居民收入增长和严格的税收征管，将累积性调整方式转变为适应性调整方式，才是扩大税收规模和强化个税再分配调节能力的正确之路，保证免征额价值的免征额调整与个税功能是相容的，在免征额价值实现的基础上，个税功能能够正常发挥，降低免征额的方法必然事与愿违。

6. 研究了免征额调整、免征额制度完善与建立综合与分类相结合税制模式的关系

我国个税免征额确定方法、免征额调整方式存在弊端，应当进行改革和完善，如果采取类似美国联邦个税免征额确定方法，则非常需要建立综合与分类相结合的税制模式作为实施条件。应该说，建立综合与分类相结合税制模式是完善免征额标准确定方法的重要条件，一些免征额标准确定方法的实施需要以综合和分类相结合税制模式为基础。但是，综合和分类相结合税制是复杂的系统工程，不能以税制没有建立为由而拒绝免征额调整，免征额调整的要求始终存在，不是说税制模式没有改，就没有通货膨胀，免征额就不需要调整。再者，免征额制度的完善并不完全以综合和分类相结合税制模式为条件，比如考虑纳税人的实际赡养负担，可以按照现有标准增加赡养负担高的纳税人的费用扣除；如果免征额调整的窗口已经具备开启条件，当前的免征额水平已经偏低，就需要进行调整，而不必坐等税制改革。免征额标准确定方法、免征额调整方式改革与综合和分类相结合税制模式改革同步实施，是理想的方案；如果综合与分类相结合税制不能很快实施，那么应当尽快转变免征额调整方式，对一些能够实施的免征额标准确定方法进行改革，使税制更加公平，免征额价值得以充分实现，这也必然有利于发挥个税功能。

7. 研究了美国联邦个税的免征额制度及其启示

美国个税免征额标准制度复杂，具有平均化、标准化的免征额部分，也有考虑纳税人基本生活费用支出实际的差异免征额部分，两个方面相结合，共同形成免征额标准制度，更好地体现了公平和效率的税制要求。美国个税免征额中的个人免税额、亲属免征额、标准扣除、附加标准扣除、亲属标准扣除、分项扣除、纳税人个人免征额缩减制度、纳税人分项扣除限制制度，都具有重要的借鉴价值。在免征额调整方面，1986 年开始实行系统化的税收指数化，个人免征额、标准扣除、纳税等级、个人免征额缩减区间阈值等，都要进行指数化调整，建立了免征额正常调整机制。同时，美国联邦个税免征额制度也与社会保障政策、慈善捐献政策、个税与其他税收关系、税收优惠（税收抵免）政策形成较好的衔接关系，比如地方税扣除政策、慈善捐献扣除政策、社会保险甚至私人保险的优惠政策、考虑儿童等家庭因素的税收抵免等。这些制度安排也是值得借鉴的，但正是由于美国个税免征额制度安排与其他政策相联系，所以我们不能不考虑我国总体制度而简单照搬其一。当然我们更不能全盘照搬，需要借鉴美国的做法和理念，形成对个税免征额制度的系统理论认识，深入研究中国的实际和客观需要，才能更好地改革和完善我国个税免征额制度。

8. 研究了改革和完善我国个税免征额制度的对策

我国个税免征额制度改革和完善的目标应当是逐步建立免征额标准适当、免征额调整方式合理、免征额价值充分实现的免征额制度，处理好免征额制度和税制模式改革的关系，更好地发挥个税功能。

完善我国个税免征额标准确定方法，应当将标准化免征额与考虑纳税人重点基本生活费用支出项目的差异化免征额相结合，统筹考虑，建立相关制度，减少标准化免征额制度的不公平性，更好地实现免征额价值。免征额标准适当、调整方式合理是个税免征额价值实现的基础，具有优先性，也是发挥个税功能的前提条件。改革和完善免征额标准制度，遵循个税免征额的基本准则，既要借鉴先进国家的经验，也要尊重我国自身的文化传统，保持政策的一贯性。个税功能在免征额价值实现的基础上，主要依靠居民收入增长，得到不断发挥。在标准化、平均化的基础上，引入一些能够照顾纳税人及其家庭基本生活费用支出的重要实际的差异化免征额，建立标准化免征额部分和差异化免征额部分相结合的免征额标准制度，以更好地实现免征额价值，体现税制公平和效率的要求，有利于实现个税功能。我们提出了类似于美国个税免征额制度的"个人免征额+分项扣除（标准化扣除）相结合"和"标准化免征额为主、附加分项免征额为补充"两种改革方案，前者改革力度更大，而后者则需要复杂的测算。在第二种方式下，标准化免征额应当能够覆盖多数纳税人的基本生活费用支出；对于在一些基本生活费用支出项目上超过一般支出水平的，允许对于超过标准的部分申请附加分项免征额，这需要细致的测算。

在免征额调整方面，要建立合理的调整方式，实行常态化调整，这就需要实现从现有的累积性调整方式向适应性调整方式转变，保证免征额价值实现，避免税收规模、平均税率的不合理波动，形成税收规模和个税再分配效应正常增长机制。除了适应物价水平的调整之外，由于我国处于经济体制改革时期，还应当注意根据居民生活水平变化实际提高个税免征额，与经济体制改革配套调整个税免征额。

最后，本书测算，2015 年我国城镇职工负担的消费支出已经接近3,500 元的免征额，按照 2015 年的增长速度，2016 年城镇职工负担的消费支出将高于 3,500 元的免征额，无论采取何种方式，2017 年已进入免征额调整窗口期。

8.2 不足和展望

限于研究时间和能力，本书在基本生活费用支出标准、统筹考虑个税免征额与其他社会政策之间关系、结合新税制模式的个税免征额标准的具体对策建议等方面深入研究不够，这应当是未来研究的重要领域。

1. 关于基本生活和基本生活费用的科学界定问题

当前，关于免征额是否高的争论中，实际上缺乏对基本生活费用的共识。这是免征额标准确定的基础性问题，但不是单纯的理论问题，需要进行深入的生计调查。尤其是随着我国社会保障制度改革、教育体制改革、医疗体制改革和住房制度改革，对居民基本生活费用支出影响很大，国家应该组织调查，摸清情况，统筹考虑。

2. 统筹考虑个税免税收入、免征额、税前扣除和税收抵免政策

应该说，我国税制总体比较简单，这是与过去我国居民收入总体不高、纳税人不多、税收规模不大、实行相对简易的征收办法相适应的，转移性收入基本全部免税、"三险一金"全部税前扣除、工资薪金所得实行完全平均化的免征额、没有税收抵免，都是与这种税制相适应的。当前，个税已经提高到国家财政、税收和再分配的重要位置，要建立综合和分类相结合的税制，居民收入水平逐步提高，需要建立符合公平、效率要求，有利于个税主体税种建设，有利于全面发挥个税功能的日益完善的税制和征管体系。在这种情况下，免征额制度也需要与免税收入、社会保障缴纳扣除、税收抵免制度设计统筹考虑，比如转移性收入中最重要的养老金（包括机关事业单位的离退休工资）全部免税，可能就存在较大的不公平性，但对依靠善款收入的个人与工资薪金收入的个人同等理税，也不合理。工资收入高的缴纳的社会保险费和住房公积金比平均水平高很多，全部允许税前扣除也存在很大不公平，且由于获得社会保障待遇时，其收入完全负税，不公平更加严重。如果通过税收抵免能够充分考虑养老收入等项目，可以避免免征额平均化的局限。

3. 结合综合和分类相结合的税制模式改革，建立个税免征额标准制度

我们虽然提出了建立我国个税免征额标准的两种方式，但是缺乏实际调查，对策建议建立侧重于理念和框架，没有给出具体方案。

参考文献

[1] 〔美〕阿特金森，斯蒂格利茨．公共经济学[M]．上海：上海三联书店、上海人民出版社，1994．

[2] 〔美〕安·瓦沙．公共支出分析[M]．北京：清华大学出版社，2009．

[3] 白彦锋，许嫚嫚．个税免征额调整对政府税收收入和居民收入分配影响的研究[J]．财贸经济，2011（11）：66—73．

[4] 曹桂全．构建和谐社会的收入分配制度[J]．天津大学学报（社会科学版），2007（1）：45—51．

[5] 曹桂全．我国个人所得税再分配效果的实证分析：一个文献综述[J]．经济研究参考，2013（24）：50—61．

[6] 曹桂全．政府再分配调节的国际经验及其对我国的启示[J]．华东经济管理，2013（7）：85—90．

[7] 曹桂全，任国强．加强个人所得税分配调节的政策选择[J]．经济问题探索，2014（2）：80—85．

[8] 曹桂全，任国强．个人所得税再分配效应及累进性的分解分析——以天津市 2008 年城镇住户为样本[J]．南开经济研究，2014（4）：123—140．

[9] 曹桂全．论我国个人所得税免征额制度改革[J]．天津大学学报（社会科学版），2016（3）：217—223．

[10] 迟福林．破题收入分配改革[M]．北京：中国经济出版社，2011．

[11] 陈炜．英国个人所得税征收模式的实践经验与启示[J]．国

际税收，2013（1）：44—48.

　　[12] 陈宗胜. 经济发展中的收入分配[M]. 上海：上海三联书店、上海人民出版社，1991.

　　[13] 代金涛，宋小宁. 工薪所得税免征额及其指数化调整研究[J]. 税务与经济，2009（5）：90—94.

　　[14] 樊勇明，杜莉. 公共经济学[M]. 上海：复旦大学出版社，2007.

　　[15] 高培勇. 规范政府行为：解决当前中国收入分配问题的关键[J]. 财贸经济，2002（1）：5—10.

　　[16] 高亚军，周曼. 个人所得税改革目标不应局限免征额的调整[J]. 中国财政，2011（18）：52—53.

　　[17] 郝秀琴. 我国政府收入再分配能力与规模的国际比较[J]. 经济研究参考，2007（34）：17—21.

　　[18] 洪兴建. 基尼系数理论研究[M]. 北京：经济科学出版社，2008.

　　[19] 胡鞍钢. 加强对高收入者个人所得税征收，调节居民贫富收入差距[J]. 财政研究，2002（10）：7—14.

　　[20] 胡鞍钢，王绍光，周建明. 第二次转型：国家制度建设[M]. 北京：清华大学出版社，2009.

　　[21] 胡佳妮. 对财政收入分配职能的理论综述[J]. 财税纵横，2009（2）：72—74.

　　[22] 华生. 个税免征额调整的三大问题与改革方向[N]. 中国证券报，2011-6-9（A19）.

　　[23] 黄凤羽. 对个人所得税再分配职能的思考[J]. 税务研究，2010（9）：14—18.

　　[24] 贾康. 调节居民收入分配需要新思路[J]. 当代财经，2008（1）：5—8.

　　[25] 李克强，刘海龙，周亚，等. 税率对收入分配差异的影响分析[J]. 北京师范大学学报（自然科学版），2006（3）：327—330.

　　[26] 李实，赵人伟. 中国居民收入分配再研究[J]. 经济研究，

1999（4）：3—17.

[27] 李实，〔日〕加藤宏，〔日〕式泰丽. 中国收入差距变动分析——中国居民收入分配研究Ⅳ[M]. 北京：人民出版社，2013.

[28] 〔美〕罗森，盖亚. 财政学（第八版）[M]. 北京：中国人民大学出版社，2009.

[29] 〔英〕伦纳德·霍布豪斯. 社会正义要素[M]. 长春：吉林人民出版社，2006.

[30] 李伟，王少国. 再分配机制对城镇居民收入差距逆向调节的实证分析[J]. 云南财经大学学报，2008（6）.

[31] 李一花，董旸，罗强. 个人所得税收入能力与税收流失的实证研究——以山东省为例[J]. 经济评论，2010（2）：94—99.

[32] 李宇，刘穷志. 收入不平等与最优个人所得税——转移支付再分配系统[J]. 财经论丛，2012（3）：44—50.

[33] 李延辉，王碧珍. 个人所得税调节城镇居民收入分配的实证研究[J]. 涉外税务，2009（1）：38—42.

[34] 刘柏惠，寇恩惠. 政府各项转移收支对城镇居民收入再分配的影响[J]. 财贸经济，2014（9）：36—50.

[35] 刘汉屏. 个人所得税免征额提高之悖论[J]. 山东财政学院学报，2005（6）：3—6.

[36] 刘黎明，刘玲玲. 我国个人所得税流失的规模测算[J]. 2005（4）：26—28.

[37] 刘树艺. 工资薪金所得税免征额的内涵及扣除的理论依据[J]. 当代经济，2010（6）：118—119.

[38] 金人庆. 关于《中华人民共和国个人所得税法修正案（草案）》的说明[Z]. 全国人民代表大会常务委员会公报，2005（7）：627—628.

[39] 彭海艳. 个人所得税收入分配效应的因素分解[J]. 统计与决策，2007（23）：48—50.

[40] 彭海艳. 我国个人所得税的再分配效应分解分析——以我国中部某地区为样本[J]. 经济经纬，2008（3）：125—128.

[41] 彭海艳. 我国个人所得税再分配效应及累进性的实证分析[J]. 财贸经济, 2011 (3): 11—17.

[42] 彭海艳. 我国个人所得税再分配效应及国际比较[J]. 华东经济管理, 2011 (11): 63—66.

[43] 彭海艳. 中美比较视域下个人所得税制演进逻辑与改革效应[J]. 税务与经济, 2012 (5): 93—99.

[44] 彭月兰, 李霞, 王丽娟. 由我国个人所得税免征额调整引发的思考[J]. 经济问题, 2008 (4): 126—128.

[45] 蒲明, 陈建东, 胡斌. 我国城镇居民收入差距的实证研究[J]. 经济研究参考, 2010 (71): 49—52.

[46] 钱晟. 我国税收调节个人收入分配的累退倾向及其对策[J]. 税务研究, 2001 (8): 2—6.

[47] 裘伟. 个人所得税对调节收入分配问题研究[D]. 浙江大学硕士学位论文, 2004.

[48] 权衡. "收入分配—经济增长"的现代分析: 转型期中国经验和理论[M]. 上海: 上海社会科学院出版社, 2004.

[49] 权衡. 收入分配与社会和谐[M]. 上海: 上海社会科学院出版社, 2006.

[50] 〔美〕萨缪尔逊, 诺德豪斯. 经济学 (第 17 版) [M]. 北京: 人民邮电出版社, 2004.

[51] 佘红志. 个人所得税调节城镇居民收入分配的机制和效果研究[D]. 天津大学硕士学位论文, 2010.

[52] 石子印, 张燕红. 个人所得税的累进性与再分配效应——以湖北省为例[J]. 财经科学, 2012 (3): 116—124.

[53] 万广华. 经济发展与收入不平等: 方法和证据[M]. 上海: 上海三联书店、上海人民出版社, 2006.

[54] 万广华. 不平等的度量与分解[J]. 经济学季刊, 2008 (8): 347—368.

[55] 万莹, 史忠良. 税收调节与收入分配: 一个文献综述[J]. 山东大学学报 (哲学社会科学版), 2010 (1): 40—45.

[56] 万莹. 个人所得税对收入分配的影响：由税收累进性和平均税率观察[J]. 改革，2011（3）：53—59.

[57] 王韬，朱跃序，鲁元平. 工薪所得免征额还应继续提高吗？——来自中国个税微观 CGE 模型的验证[J]. 管理评论，2015（7）：76—86.

[58] 王小鲁. 灰色收入与居民收入差距[J]. 中国税务，2007（1）：48—49.

[59] 王小鲁. 灰色收入拉大居民收入差距[J]. 中国改革，2007（1）：42—46.

[60] 王亚芬，肖晓飞，高铁梅. 我国收入分配差距及个人所得税调节作用的实证分析[J]. 财贸经济，2007（4）：18—23.

[61] 魏明英. 从税收的课税原则看中国个人所得税的免征额[J]. 经济与管理，2005（9）：25—27.

[62] 谢旭人. 关于《中华人民共和国个人所得税法修正案（草案）》的说明[Z]. 全国人民代表大会常务委员会公报，2011（5）：464—465.

[63] 徐建炜，马光荣，李实. 个人所得税改善中国收入分配了吗？——基于对 1997—2011 年微观数据的动态评估[J]. 中国社会科学，2013（6）：53—71.

[64] 许评. 影响收入分配的个人所得税累进度研究[D]. 华中科技大学硕士学位论文，2004.

[65] 杨力. 论收入分配的公平性与累进所得税的再分配效应[D]. 厦门大学硕士学位论文，2002.

[66] 杨卫华，钟慧. 强化个人所得税对居民家庭收入的调节作用——以广州市城镇居民家庭收入为例[J]. 税务研究，2011（3）：36—40.

[67] 余显财. 个人所得税免征额制度化调整：长周期、固定式[J]. 财贸经济，2010（5）：84—89.

[68] 岳树民，卢艺. 我国个人所得税免征额界定的比较分析[J]. 税务与经济，2009（5）：1—5.

[69] 岳树民，卢艺，岳希明. 免征额变动对个人所得税累进性

的影响[J]. 财贸经济, 2011 (2): 18—24.

[70] 岳希明, 徐静. 我国个人所得税的居民收入分配效应 [J]. 经济学动态, 2012 (6): 16—25.

[71] 岳希明, 徐静, 刘谦, 等. 2011 年个人所得税改革的再分配效应[J]. 经济研究, 2012 (9): 113—124.

[72] 张世伟, 万相昱. 个人所得税制度的收入分配效应——基于微观模拟的研究途径[J]. 财经科学, 2008 (2): 81—87.

[73] 张文春. 个人所得税与收入再分配[J]. 税务研究, 2005 (11): 46—49.

[74] 周建明, 胡鞍钢, 王绍光. 和谐社会构建: 欧洲的经验和中国的探索[M]. 北京: 清华大学出版社, 2007.

[75] 周肖肖, 杨春玲. 个人所得税对浙江省城镇居民收入分配的影响[J]. 经济论坛, 2008 (17): 19—22.

[76] 周振华, 杨宇立. 收入分配与权利、权力[M]. 上海: 上海社会科学院出版社, 2005.

[77] 周云波, 〔美〕覃晏. 中国居民收入分配差距实证分析 [M]. 天津: 南开大学出版社, 2008.

[78] 中国 (海南) 改革发展研究院. 政府转型与社会再分配 [M]. 北京: 中国经济出版社, 2006.

[79] 中国 (海南) 改革发展研究院. 收入分配改革的破题之路 [M]. 北京: 中国经济出版社, 2012.

[80] 中国经济改革研究基金会、中国经济体制改革研究会联合专家组. 收入分配与公共政策选择[M]. 上海: 上海远东出版社, 2005.

[81] 周肖肖, 杨春玲. 个人所得税对浙江省城镇居民收入分配的影响[J]. 经济论坛, 2008 (17): 19—22.

[82] 周光辉, 殷冬水. 政府: 一个公正社会不可或缺的角色 [J]. 吉林大学社会科学学报, 2006 (6): 3—13.

[83] Immervoll, H., L.Richardson. Redistribution Policy and Inequality Reduction in OECD Countries: What Has Changed in Two

Decades[EB/OL]. http://dx.doi.org/10.1787/5kg5dlkhjq0x-en,2011-10-04.

[84] Jeffrey Owens. Fundamental Tax Reform: An International Perspective[J]. National Tax Journal,Vol. LIX, No. 1,March 2006.

[85] Kakwanni, N.C.. Measurement of Tax Progressivity: An International Comparison[J].The Economic Journal, 1977(87):71-80.

[86] Kakwanni, N.C.. On the Measurement of Tax Progressivity and Redistributive Effect of Taxes with Application to Horizontal and vertical equity[J]. Advance in Econometrics, 1984(3):149-68.

[87] Kim, K., P.J.Lambert. Redistributive Effect of U.S. Taxes and Public Transfers: 1994-2004[J]. Public Finance Review, 2009(37):3-26.

[88] Kuznets, S.. Economic Growth and Income Inequality[J]. American Economic Review, 1955,45(1):1-18.

[89] Musgrave, R.A., T.Thin. Income Tax Progression 1929-48[J]. Journal of Political Economy, 1948(56):498-514.

[90] Oberhofer,T.. The Redistributional Effect of the Federal Income Tax[J]. National Tax Journal, 1975(28):127-133.

[91] Paul, G. S., T.Verdier. Inequality, Redistribution and Growth: A Challenge to the Conventional Political Economy Approach[J]. European Economic Review, 1996(40):719-728.

[92] Pfähler. W.. Redistributive Effect of Income Taxation: Decomposing Tax Base and Tax Rate Effects[J]. Bulletin of Economic Research, 1990, 42(2):121-129.

[93] Steuerle, E., M.Hartzmark. Individual Income Taxation, 1947- 79[J]. National Tax Journal, 1981(34):145-166.

[94] Wagstaff, A., E.V.Doorslaer. What Makes the Personal Income Tax Progressive? a Comparative Analysis for OECD Countries[J]. International Tax and Public Finance, 2001(8):299-315.

[95] Wagstaff, A., other 24 Authors. Redistributive Effect, Progressivity and Differential Tax Treatment: Personal Income Taxes in Twelve OECD Countries[J]. Journal of Public Economics, 1999(72): 73-98.

后 记

　　本书是作者主持教育部人文社会科学规划项目"我国个人所得税收入分配调节作用的实证分析"（12YJA790004）的部分研究成果。该项目2012年底立项，2016年3月得到批准结项（2016JXZ0354）。期间，我国个人所得税免征额问题成为焦点和热点，我们考虑免征额的确是影响个人所得税再分配调节作用的重要因素，是课题研究的一部分，遂于2014年初开始专题研究个人所得税免征额制度，经过两年的工作，于2016年4月形成本书书稿，申请南开大学出版社出版。经过出版社编辑审阅和修改，最终定稿付梓出版。

　　作者研究个人所得税收入分配调节作用，一方面来源于在天津大学讲授"公共经济学"和"财政学"课程的体会和思考，另一方面也来源于承担南开大学陈宗胜教授主持的国家社会科学基金重大项目（07&ZD045）。陈教授安排我进行政府再分配调节作用的研究。在研究过程中，逐渐认识到再分配调节的重要性，结合个人所得税税制改革、调节效果、免征额调整等热点问题，提出了教育部人文社会科学规划项目申请，并得以立项。为此，我向陈教授表示感谢，感谢他引导我走入个人所得税再分配调节作用研究领域。

　　在该课题立项之前，我指导的天津大学管理与经济学部公共管理专业硕士研究生佘红志、杨帆以个人所得税收入分配调节作用、中美个人所得税比较为题撰写硕士论文，进行了有关资料收集和问题讨论，为课题申请做了前期准备，为此，向佘红志、杨帆表示感谢。课题立项之后，我指导的天津大学管理与经济学部公共管理专业硕士研究生仇晓凤参加了课题研究工作，并撰写了硕士学位论文，其中关于个人所得税免征额调整效应的模拟测算成为本书的一部分，仇晓凤为此做了大量的资料收集整理和测算工作，在此向她表示感谢。

在课题申请和研究过程中，当时在南开大学攻读经济学博士学位的李清彬博士、天津理工大学管理学院任国强教授、天津市统计调查总队杨维副总队长、天津市统计局苏涛副所长，作为课题组成员，分别参加了课题申请讨论、资料提供、数据测算、论文讨论、论文共同发表等工作，在此向他们表示感谢。南开大学收入分配课题组的周云波教授、沈扬扬博士、文雯博士为课题开展提供了帮助，在此一并表示感谢。

天津大学人文社科处张俊艳处长以及刘俊卿、刘辰羽、郭金石等为本课题申请、课题结项、课题管理提供了支持和帮助，在此向他们的辛勤工作表示感谢，并向天津大学财务处的相关课题财务管理工作人员表示感谢。

《天津大学学报》郑建辉女士对书稿做了精心审读和校阅，并提出了宝贵意见，深表感谢。

最后，感谢南开大学出版社王乃合副编审为本书所做的精心安排和编辑工作，也感谢出版社其他工作人员为本书出版所做的努力。